Kurt Hennig

# Esslinger Predigten

## über Gott und die Welt

Hänssler-Verlag
Neuhausen-Stuttgart

CIP-Kurztitelaufnahme der Deutschen Bibliothek

Hennig, Kurt:
Esslinger Predigten über Gott und die Welt / Kurt Hennig.
Neuhausen-Stuttgart; Hänssler, 1981
   (EDITION – C : C ; 56 : Paperback)
NE: Hennig, Kurt: [Sammlung]; EDITION – C / C
ISBN 3-7751-0579-4


EDITION-C-Paperback, C 56
© 1981 by Hänssler-Verlag, Neuhausen-Stuttgart
Die Bibelzitate sind der Lutherbibel mit dem
revidierten Text von 1956/64 entnommen.
© Deutsche Bibelstiftung Stuttgart
Umschlaggestaltung: Heide Schnorr von Carolsfeld
Umschlagfoto: Werner Stauch
Satz: Bauer & Bökeler Filmsatz GmbH, Denkendorf
Druck: Salzer – Ueberreuter, Wien

Meiner lieben Frau

# Inhaltsverzeichnis

# Gott und die Welt

»Mein Reich ist nicht von dieser Welt« – dieses Königswort Jesu Christi ist der bleibende Hauptsatz für alles, was in der christlichen Kirche zum Thema »Gott und die Welt« gesagt werden kann. Weltliche Predigt – das aber heißt: Predigt über Themen und Thesen dieser Welt – ist immer zugleich auch Abgrenzung gegen die Tagesordnung der Welt, die nicht die Tagesordnung der Kirche sein kann.

Weil Gott aber, der diese Welt »also geliebt hat«, dennoch der Herr der Welt ist, dieser Welt »in ihren tausend Plagen und großen Jammerlast«, darum ist es Aufgabe der Predigt, zu den Themen, Hauptworten, Reizworten, Ängsten und Sehnsüchten dieser Welt dann das Wort zu nehmen, wenn dies das Wort Gottes in einem Predigttext erkennbar tut und wenn seine Auslegung dies also gebietet. Weil die Heilige Schrift, die alleiniger Grund und Maßstab der christlichen Predigt ist, auch den Wortführern der Welt mit dem Wort des Herrn der Welt gegenübertritt, darum kann es Auftrag der Predigt sein, je und dann auch auf die Fragen zu antworten, die die Welt bewegen – die Welt und auch die Kirche, die in dieser Welt lebt.

Dazu gehört zum Beispiel die Frage, was es um das Wohl des Menschen, um die Gerechtigkeit und um den Frieden sei – und was Gottes Wort nun wirklich unter diesen Wörtern verstehe.

Oder die Frage, ob die Kirche etwa die Aufgabe habe, an der Veränderung der Verhältnisse mitzuwirken, und ob sie sich also solidarisieren müsse mit den Massen, sich einflechten, integrieren in die Strukturen dieser Welt. Oder ob es gar eine »Bekehrung der Strukturen« geben könne.

Oder ob Jesus ein Anwalt der Armen und der Unterdrückten habe sein wollen, ein Brotkönig für die Welt und zutiefst ein Sozialrevolutionär.

Und ob Männer und Mächte Geschichte und Weltpolitik machen, oder ob Gott sie mache, auch allem Augenschein zuwider.

Die vorliegenden Predigten wollen ein Versuch sein, die Antwort Gottes auf diese und ähnliche Fragen für unsere Zeit zu Wort kommen zu lassen. Sie bilden also keine Sammlung von Predigten, die die ganze Fülle der Botschaft und des Glaubens ausbreiten oder wenigstens andeuten möchten, sondern sie weisen alle – wenn auch in keiner Predigt ausschließlich – auf dieses Thema hin: Gott und die Welt.

Wenn man diese Predigten dann als politische Predigten bezeichnen will, dann besteht ihr Merkmal doch immer darin, daß das gerade nicht die Aufgabe der Kirche ist: politisch zu predigen im landläufigen Sinn des Wortes, sondern daß ihre Aufgabe das ist, von den politischen Argumenten wegzuführen zur biblischen Antwort.

Dabei wird unverkennbar sein, daß diese Predigten in einem bestimmten Zeitabschnitt gehalten worden sind: in dem von vielerlei Umbrüchen gezeichneten, unruhigen Jahrzehnt zwischen 1970 und 1980. Der Versuch, diesen Prägestempel nachträglich zu retuschieren, wurde bewußt nicht gemacht, auch dort nicht, wo sich manche einst brandaktuellen Tagesfragen erstaunlich rasch als Asche der Geschichte erwiesen haben. Auch das gelegentlich erkennbare Lokalkolorit ist nicht durchweg getilgt worden. Dies sind Esslinger Predigten. Nichtsdestoweniger wollen aber alle ihre Bibeltexte die Frage stellen, ob das, was sie in diese siebziger Jahre hinein zu sagen hatten, nicht doch allezeit zu sagen wäre.

Dem Verfasser ist es nicht entgangen, daß einige Gedanken und biblische Hauptlinien in mehr als einer der vorliegenden Predigten wiederkehren. Dies entspricht der Sache des Wortes Gottes, nicht nur der von Philipper 3, Vers 1.

Gott und die Welt, das heißt immer und zu aller Zeit neu, daß der Herr seine Diener, seine Kirche in diese Welt sendet – aber immer »wie Schafe unter die Wölfe« (Matth. 10, 16) und nie als solche, die mit der Welt konform werden. Er sendet sie als seine »erwählten Fremdlinge« (1. Petr. 1,1) gewiß in die Welt, aber mit dem ausdrücklichen Auftrag, Menschen dort herauszurufen, sie wegzurufen vom breiten Weg der Vielen auf den schmalen Weg der Wenigen (Matth. 7,13 ff.). Die Frucht des Wortes ist die Sendung, und die Frucht der Sendung ist das Wort, das weitergesagte, gepredigte Wort des Herrn.

# Jesus zeigt die neue Welt Gottes, nicht die bessere Welt des Menschen

19. Sonntag nach dem Dreieinigkeitsfest
12. Oktober 1969

*Markus 1, 14.15.32–39*
»Nachdem aber Johannes gefangengelegt war, kam Jesus nach Galiläa und predigte das Evangelium Gottes und sprach: Die Zeit ist erfüllt, und das Reich Gottes ist herbeigekommen. Tut Buße und glaubt an das Evangelium!

Am Abend aber, da die Sonne untergegangen war, brachten sie zu ihm alle Kranken und Besessenen. Und die ganze Stadt versammelte sich vor der Tür. Und er half vielen Kranken, die mit mancherlei Gebrechen beladen waren, und trieb viele böse Geister aus und ließ die Geister nicht reden; denn sie kannten ihn.

Und des Morgens vor Tage stand er auf und ging hinaus. Und er ging an eine einsame Stätte und betete daselbst. Und Simon mit denen, die bei ihm waren, eilte ihm nach. Und da sie ihn fanden, sprachen sie zu ihm: Jedermann sucht dich. Und er sprach zu ihnen: Laßt uns anderswohin in die nächsten Städte gehen, daß ich daselbst auch predige; denn dazu bin ich gekommen. Und er kam und predigte in ihren Synagogen in ganz Galiläa und trieb die bösen Geister aus.«

Der Blick von der Höhe über der Stadt Tiberias bleibt mir unvergeßlich. Die Abendsonne lag über dem See Genezareth da unten, und in der Ferne des Nordufers waren deutlich die Bäume zu sehen, die die Ruinen von Kapernaum verdeckten. Vom »Berg der Seligpreisungen«, dem Ort der Bergpredigt, schimmerte die dort erbaute Kirche herüber, in der wir am Vormittag gewesen waren. Es war sehr still auf der Höhe von Tiberias, kein Mensch war in der Nähe, und ich schäme mich ganz und gar nicht der Andacht des Pilgers in einer Stunde der Erfüllung. Dort drüben war es also: Der See der Fischer, die dann seine

Jünger wurden; das Gestade Jesu, an dem er vom Boot aus predigte; der schmale, weltvergessene Uferstreifen, an dem die Botschaft vom nahe herbeigekommenen Reich Gottes ausgerufen wurde.

Dort drüben spielte auch jener Abend, an dem sie in Kapernaum »alle Kranken und Besessenen zu ihm brachten«. Auch diesen Nöten der Menschen da vor der Haustür lieh Jesus seine Hand, auch wenn er traurig darüber war, daß die Menschen das Reich Gottes hartnäckig mit einer veränderten Welt und mit besseren Lebensbedingungen verwechselten.

Dort drüben irgendwo muß auch die stille Stätte gewesen sein, an die sich Jesus vor Sonnenaufgang zum Gebet zurückgezogen hatte. Ja, und dann waren seine eifrigen Jünger gekommen: »Meister, komm, du hast einen Bombenerfolg gehabt! Die Leute stehen Schlange zum Gesundwerden! Jetzt komm bloß!« Und dann also das konsternierende Nein Jesu, das Unfaßliche, daß er diese Menschen da alle stehenließ und erklärte: Ich habe jetzt Dringenderes zu tun. »Laßt uns in die nächsten Städte gehen, daß ich daselbst auch predige; denn dazu bin ich gekommen!«

Und dann kreist der Blick vom See weit über das galiläische Land, und der Satz, mit dem der Bericht hier schließt, bekommt Atem und Leben: »Und er kam und predigte in ihren Synagogen in ganz Galiläa und trieb die dämonischen Feinde des Reiches Gottes vor sich her.«

Es ist nicht leicht zu verkraften, was dieser Bericht von Jesus hier also sagt, gar nicht leicht. Denn der Kardinalpunkt dieser Doppelepisode heißt: **Jesus zeigt die neue Welt Gottes, nicht die bessere Welt des Menschen.**

Da ist zuerst die Episode am Abend des Tages mit den Kranken und den vielen Zuschauern. Ihr Leitsatz lautet: *Jesus setzt die Wegzeichen zur neuen Welt.*

Dieser Bericht ist deshalb von so hohem Gewicht, weil er am Anfang des Weges Jesu steht und also einer Torinschrift über dem Eingang zum Evangelium gleichkommt. Freilich ist er derart gefüllt, daß wir manche seiner Einzelzüge, die eine Predigt für sich wären, kaum andeuten können.

So müssen wir heute auf die Frage nach dem Ziel der Wunderheilungen Jesu verzichten, so laut sie auch unser Text stellt. Jene Wunder, die wir ruhig einmal so nehmen wie sie berichtet werden, und die dennoch diese Welt nicht vom Leiden und vom Leid befreit haben und die aller logischen Erwartung zum Trotz auch den großen Durchbruch zum Glauben nirgends gebracht haben. Nur so viel sei heute angedeutet: Die Wunder in Gestalt einer realen Lebenshilfe in Krankheit oder in anderer Not sind bei Jesus dasselbe wie Hinweistafeln, Wegweiser zum Eigentlichen, zur neuen Welt des kommenden Reiches Gottes. Jesus setzt gelegentlich solche Wegzeichen zur neuen Welt. Wo aber das greifbare Wunder, wir würden heute sagen: wo die Veränderung der äußeren Verhältnisse durch eine alles umstülpende Lebenshilfe das Eigentliche werden soll – und das wollten sie ja dort in Kapernaum von ihm! –, da geht Jesus weg, da hat Jesus mit solchen Zielen nichts zu tun: »Laßt uns anderswohin gehen«, so sagt er erstaunlich brüsk. Denn sein Auftrag ist nicht die Veränderung der Verhältnisse.

Ebenso können wir die merkwürdige Sache mit der Besessenheit heute nur ansprechen. Das Evangelium unterscheidet hier ja auffällig zwischen Kranken und Besessenen, wenn es von einer für uns schwer zu verstehenden Austreibung böser Geister aus solchen Besessenen redet. Wenn wir heute für die oft weithin gleichen Tatbestände fremdsprachige psychiatrische Fachausdrücke haben und wenn wir so etwas wie Besessene kaum einmal zu sehen kriegen, weil sie bei uns in geschlossenen Abteilungen hinter Schloß und Gitter kaserniert sind, dann ist die Frage selbst dadurch ja nicht im geringsten gelöst. Es gibt so viele dieser armen, seelisch geplagten Menschen, auch unter Christen, daß man bei genauerem Hinsehen ziemlich schweigsam wird. Wer da laienhaft drauflosplaudert, daß man heute mit Elektroschock und Medikamenten vieles heilen könne, der weiß einfach nicht Bescheid. Man sollte seinen diesbezüglichen Bildungsmangel wenigstens nicht gar so forsch auch noch öffentlich zur Schau stellen. Dieses Kapitel bleibt eine ganz schwere Sache.

Wir stellen uns statt dessen jetzt einfach noch einmal jene abendliche Szene in Kapernaum vor die Augen, als sie die Kranken zu Jesus brachten. Brachten, wohlgemerkt! Es ist nicht so, daß Jesus von sich aus kranke, leidgeplagte, deklassierte, entrechtete Menschen aufgesucht und ihnen gesagt hätte: Ich will euch helfen, eure, unsere gesellschaftlichen Verhältnisse zu ändern; ich will eine bessere Welt, eine bessere Gerechtigkeit schaffen! Daß er dies gerade nicht tat, unterscheidet ihn fundamental von unseren Sozialrevolutionären von heute. Er ging nicht zu denen, die in äußerer Not waren, er scharte sie nicht um sich, sondern er tat je und dann im Einzelfall etwas überaus Hilfreiches, wenn sie zu ihm kamen. Das ist nachdrücklich zweierlei.

Womit Jesus aber von sich aus zu den Menschen ging, das war etwas anderes. Das war seine Botschaft, sein Wort, sein Evangelium. Und der Kern dieser neuen Botschaft heißt: »Tut Buße!« – also: Ändert eure Herzen und kehrt um zu Gott. »Denn Gottes Herrschaft hat begonnen« und Gottes neue Welt kommt. Damit ging Jesus zu den Menschen; seine Botschaft, seine Predigt vom Reich Gottes war das Eigentliche, worauf alles ankam.

Die Leute von Kapernaum aber – und Kapernaum ist hier und ist überall – hörten genauso weg wie wir alle, wenn es um das Eigentliche geht, um die Umkehr zu Gott, um die totale Veränderung des Menschen und um die Herrschaft Gottes in unserem eigenen Leben. Darüber konnte man ja später einmal reden; Hauptsache ist jetzt, daß die Arthrose, der grüne Star, die Lepra, die multiple Sklerose, die Epilepsie, der Tumor, die Malaria geheilt werden ...

Wir könnten da heute noch einen großen Wunschzettel anfügen: Soziale Ungerechtigkeit, Hunger in aller Welt, Bildungsnotstand, Explosion der Weltbevölkerung, Reformen, Reformen, Reformen. Erst muß die Welt geändert werden, dann kann sich auch der Mensch ändern, so sagt man.

Und Jesus? Er heilt tatsächlich je und dann Kranke und hilft anderen Notleidenden. Aber genauso geht er auch weg und tut oft genug nichts dergleichen. Wo er aber Wunder tut, da sind es Einzeltaten, jene einzelnen Wegzeiger zum kommenden Reich der neuen Welt Gottes, einzelne Oasen in der Wüste des Leides und des Unrechts dieser Welt, die trotz der Oasen Wüste bleibt – so lange bis der große Regen Gottes, bis seine neue Welt kommen wird.

In Kapernaum hatten sie seine Predigt überhört und dafür ihre Erwartungen, ihre Wünsche, heute würde man sagen: ihre Forderungen auf ein besseres Leben, angemeldet. Das wollten sie. Daß aber Jesus mit seinen Heilungen nichts anderes wollte als damit Wegzeichen zur neuen Welt setzen, das ignorierten sie in Kapernaum und verlangten mehr, alles, das Paradies. Wo aber wäre da nicht Kapernaum? Wollen wir es denn anders? Wollen wir denn uns ändern? Nicht die Verhältnisse, sondern uns? Wollen wir denn den Anbruch der Herrschaft Gottes? Oder warten wir genauso nur auf Lebenshilfen und Lebensverbesserungen?

Damit wir's nicht überhört haben: Jesus will ausdrücklich solche Wegzeichen zur neuen Welt. Er will, daß Hungrige gespeist oder Kranke besucht werden. Jesus will ganz gewiß, daß wir uns mit aller Kraft um den Ausbau der Oasen in der Wüste mühen und dadurch zeigen, daß dort, wo Menschen auf Jesu Wort hin ihr Herz, also sich selber, geändert haben, auch die äußeren Verhältnisse anders, barmherziger, menschlicher werden. Das ist alles richtig und wahr. Aber es muß immer klar bleiben, daß die Heilungen in Kapernaum, daß also alle Diakonie der Kirche, alles Tatchristentum, alles christliche Helfen, Heilen und Handeln immer nur Hinweise auf das Eigentliche bleiben und nie das Eigentliche selbst sind. Das Eigentliche ist die Herrschaft Gottes, jetzt und dann, dann, in seiner neuen, kommenden Welt.

Deshalb wird in diesem Zusammenhang erzählt, daß Jesus daraufhin in die Einsamkeit gegangen sei, um zu beten. Nämlich für die zu beten, die vor lauter Verlangen nach einem gesünderen, gerechteren, besseren Leben nicht merken, daß Gott im Kommen ist und daß zuerst sein Gericht naht, ehe die neue, heile, gute, todfreie Welt Gottes anbrechen wird. Jesus betet für die, die dauernd das Vorläufige mit dem Eigentlichen verwechseln, daß ihnen aufgehe, wie wenig Zeit sie noch haben, wie nahe Gott vor den Toren steht und wie dies Eine not ist: zu seinem Reich zu gehören.

Und dann die andere Episode, der Aufbruch Jesu zur Predigt in Galiläa. Ihr Leitsatz heißt: *Jesus will die Proklamation der neuen Welt.*

»Und da ihn seine Jünger beim Gebet fanden, sprachen sie: Jedermann sucht dich!« Wo steckst du denn bloß? Du hast dich doch jetzt auf caritativem Gebiet so glänzend bewährt, du ersetzt ja ein ganzes Hospital!

Also wie bei uns: Christus, das Christentum, die Kirche sind immer dann willkommen, wenn es sich um soziale, diakonische, caritative Tätigkeit handelt. Für Kindergärten, Diakonissenstationen, Altersheime, Hilfswerkmaßnahmen und jede sonstige Art praktischer Lebenshilfe darf man eines gewissen Beifalls immer sicher sein. Aber da ist es nun ausgesprochen aufregend, daß Jesus dem Applaus für soziale Aktivität den Rücken kehrt. Er überhört und übergeht die Aufforderung, sich möglichst umgehend weiteren Maßnahmen eines entschiedenen Tatchristentums zuzuwenden und auf diese Weise etwas Effektives für die Reform der gesellschaftlichen Verhältnisse beizutragen. »Und er sprach zu ihnen: Laßt uns anderswohin gehen, daß ich daselbst auch predige. Denn dazu bin ich gekommen.«

Also zum Predigen, zur Verkündigung der neuen Botschaft Gottes von der Veränderung der Menschenherzen. Seine eigentliche Aufgabe ist, zu predigen, zum Glauben und zur Umkehr zu rufen, die Proklamation der kommenden Welt überall bekanntzumachen. Jesus sucht zuerst unseren Glauben, unsere Nachfolge, nicht unsere Leistung.

Darum lehnt Jesus jede noch so wohlwollende Anerkennung ab, die die persönliche Nachfolge ausklammert, weil das ja Privatsache sei. Es kann darum jedem Christen und gerade auch der Kirche nicht unbehaglich genug sein, wenn ihre sozialen, diakonischen und sonstigen Leistungen in der Öffentlichkeit anerkannt werden, wenn dabei aber der Glaube an Gott, die Nachfolge Jesu Christi und die Umkehr des Menschen mit unmutigem Schweigen übergangen werden.

Darum geht Jesus nicht durch die offene Tür des Beifalls der Welt hindurch. Es wirkt hier sehr hart, wenn er sich auch von den Nöten der Kranken von Kapernaum nicht bestimmen läßt, in erster Linie einmal effektive äußere Lebenshilfe zu leisten. Er muß eben dort am See und hier in unserer Stadtkirche ganz eindeutig klarstellen, daß er gekommen ist, um die Herzen der Menschen, nicht um die Welt der Menschen zu verändern, also gekommen, das Heil zu bringen, auch wenn die Menschen statt dessen nur an Heilung interessiert sind. Er bringt den Frieden mit Gott und sagt nirgends, daß zuerst einmal die bessere und die soziale Gerechtigkeit unter Menschen kommen müsse. Er proklamiert nicht die bessere Welt, sondern die neue Welt. Dies alles klingt scharf, ja hart. Aber es ist angesichts der heutigen Verwirrung über das, was denn das Eigentliche am angeblich wahren Christentum sei, höchste Zeit, unzweideutig die christliche Wahrheit zu sagen, wie sie im Buch steht.

Ja, dieser Text aus Markus steht gegen die Rede vom sozialen Jesus, gegen die Leute, die Jesus die Maske eines Sozialrevolutionärs umhängen wollen. Daß Jesus damals auf seine Art wie in unserer Zeit Che Guevara, bloß nicht ganz so gut, oder etwas seriöser Albert Schweitzer, bloß nicht ganz so vorbildlich, der Freund, Anwalt und Bannerträger der Entrechteten, Armen, Kranken und Deklassierten gewesen sei, das ist nicht wahr. Dies alles kam zwar gewiß bei Jesus ständig auch vor, Gott sei Dank, aber das Eigentliche, das Jesus predigte, war die Veränderung eines nicht glaubenden in einen glaubenden Menschen. »Dazu bin ich gekommen.« Jesus verkündet und proklamiert nicht die umfassende Reparatur der Welt, sondern das Heil der Welt. Das Heil der Welt ist die Entmachtung des Todes in der Auferstehung Jesu und ist die kommende, neue Welt Gottes, an der wir deshalb Anteil haben, weil durch Jesus auch für uns der Tod nicht mehr das letzte Wort hat. Gott wird nicht die durch die fortgesetzte Schuld des Menschen heillos gewordene Welt Zug um Zug heilen, sondern er wird ihr ein Ende setzen und die neue Welt schaffen.

Diese Proklamation der Herrschaft Gottes ist die Mitte der Botschaft Jesu, nichts anderes. »Dazu bin ich gekommen«, im Auftrage meines Vaters gekommen, »daß ich daselbst auch predige«, im Urtext wörtlich: »als Herold die Botschaft ausrichte«. Dies ist Jesu Botschaft an uns: daß die Reiche dieser Welt samt allen ihren Fortschritten, Reformen, Verbesserungen vergehen und daß das Reich unseres Gottes kommt.

Das ist eine ernste Sache. Denn diese Botschaft Jesu ist die Botschaft von der Bedrohung der Welt durch Gott. Man muß das heute wieder so klar sagen. Die eigentliche Bedrohung der Welt ist nicht Mao und nicht die Atombombe, nicht die entsetzliche Bevölkerungsvermehrung der Welt und nicht ihr Hunger, die eigentliche Bedrohung der Welt kommt von Gott. Er hat dieser Welt nicht die stufenweise Höherentwicklung und die allmählich erkennbar werdenden Schleichwege zur Rückkehr ins verlorene Paradies versprochen oder dies sich gar vom Menschen als Verpflichtung auferlegen lassen, sondern er hat dieser Welt das Ende und das Gericht angekündigt. »Tut Buße und glaubt an das Evangelium!«

Also besteht die Sendung Jesu darin, unser ganzes Verhältnis gegenüber Gott zu verändern und uns durch Gottes Gericht hindurchzuretten in das neue, heile Reich Gottes. Auf dem Weg dorthin aber ist ihm um der rettenden Umkehr willen der Mensch wichtig, dieser preisgegebene und heillose, kleine und verirrte Mensch so wichtig, daß Gott sich um des Ewigen willen auch um das Zeitliche gnädig annimmt, um des Heiles willen auch um das Unheil des Menschen, um seiner Rettung willen auch um seine Nöte. Gott läßt sich konfrontieren mit unserer Krankheit, mit unserer Lebensangst, mit allem Elend dieser Welt, mit allen ungelösten Fragen unserer Schuld. Gott will darum auch, daß seine Nachfolger und also seine Kirche an der Not des Mitmenschen nicht vorbeigehen, sondern nach Kräften zu lindern und zu helfen suchen, auch in den Straßen und Häusern unserer Stadt. Wir werden es dabei zu ertragen haben, daß es immer bei den Hilfen der kleinen Schritte bleiben wird und daß wir niemals die Welt als solche verändern werden. Aber er sucht an uns, daß wir dort, wo wir es können, dennoch dem einzelnen Mitmenschen zum Nächsten werden und ihm zeigen, daß dort, wo Jesu Geist und Kraft wirken, der Mensch in dieser Welt besser daran ist. Bis zu seinem großen Jüngsten Tag. Bis dann an dieser alten, vergänglichen Welt endgültig nicht mehr repariert wird, weil sie vergeht, und bis dann die neue Welt, das Reich Gottes, unsere Heimat sein wird. Amen.

# Gott ist anders

*Jesaja 55, 6–13*
»Suchet den Herrn, solange er zu finden ist; rufet ihn
an, solange er nahe ist. Der Gottlose lasse von seinem Wege und der Übeltäter von seinen Gedanken und bekehre
sich zum Herrn, so wird er sich seiner erbarmen, und zu
unserm Gott, denn bei ihm ist viel Vergebung. Denn meine
Gedanken sind nicht eure Gedanken, und eure Wege sind
nicht meine Wege, spricht der Herr, sondern so viel der
Himmel höher ist als die Erde, so sind auch meine Wege
höher als eure Wege und meine Gedanken als eure Gedanken. Denn gleichwie der Regen und Schnee vom Himmel
fällt und nicht wieder dahin zurückkehrt, sondern feuchtet
die Erde und macht sie fruchtbar und läßt wachsen, daß
sie gibt Samen, zu säen, und Brot, zu essen, so soll das
Wort, das aus meinem Munde geht, auch sein: Es wird
nicht wieder leer zu mir zurückkommen, sondern wird
tun, was mir gefällt, und ihm wird gelingen, wozu ich es
sende. Denn ihr sollt in Freuden ausziehen und im Frieden
geleitet werden. Berge und Hügel sollen vor euch her froh-
locken mit Jauchzen und alle Bäume auf dem Felde in die
Hände klatschen. Es sollen Zypressen statt Dornen wachsen und Myrten statt Nesseln. Und dem Herrn soll es zum
Ruhm geschehen und zum ewigen Zeichen, das nicht vergehen wird.«

Hier spricht einer mit der Sicherheit souveräner Vollmacht, der nichts in Händen hat außer dem Beweis des
Gegenteils. Alles spricht gegen ihn. Die Gegenbeweise sind
erdrückend. Niemand kann etwas daran ändern, daß die
Deportierten Israels dort in den Weiten des Ostens im Irak
– damals hieß es Babylonien – in einer Zwangsumsiedlung
ohne Wiederkehr leben. Hier schuftete man, hier verzwei-
felte man, hier starb man – jetzt dann bald ein halbes Jahr-

hundert. Niemand kam gegen die Großkönige Babels an. Die Realitäten sind hart und klar. Von Wiedervereinigung mit den fremd gewordenen Resten Israels in der alten Heimat wird nicht mehr gesprochen. Es ist alles sinnlos geworden.

»Ihr sollt in Freuden ausziehen und im Frieden geleitet werden.« Ist der Mann verrückt? Hat er den berüchtigten Lagerkoller gekriegt? Auszug aus Babel? Wo gibt's denn so was?

Wo es das gibt? Dort, wo ein Mensch mit Gott rechnet. Mit dem Gott, der ein Gott der Möglichkeiten mitten in den Unmöglichkeiten ist. Mit dem Gott, dessen Wort gilt. Mit dem Gott, dessen Sache gegen alle Voraussagen weitergeht.

**Gott ist anders** – das ist die Melodie dieses Lobgesangs, mit dem das Buch des großen Propheten ohne Namen schließt, dieses unbekannten Predigers Gottes, den wir den zweiten Jesaja nennen.

Vierfach wird dieser Hauptsatz »Gott ist anders« erläutert. Erstens: *Gottes Wege sind anders.*

»Ihr werdet ausziehen.« So wie einst Israel allen Realitäten zum Trotz aus der Pharaonensklaverei Ägyptens ausbrach, allen Verschmelzungen mit dieser Welt absagte und sich aus seinen Ketten und ihrem Glanz löste, so soll jetzt ein zweiter Auszug, ein genauso symbolstarker Exodus aus der Umklammerung durch Babylon vollzogen werden. Babylon aber und die Sache mit jenen zwangsumgesiedelten Israelis damals ist weit mehr als ein Politikum vor zweieinhalbtausend Jahren, das uns heute nachgerade egal sein könnte. Diese babylonische Gefangenschaft ist das zeitlose, zeichenhafte Vorbild für die Umklammerung des Volkes Gottes durch die Mächte und durch die Angebote der Welt, für die Verstrickung der Gemeinde Gottes in die versucherische Selbstaufgabe dieser ja doch belanglos gewordenen Kirche durch ihre Angleichung an die Welt, durch Integration in die Gesellschaftsordnung. Man konnte es nämlich zu etwas bringen in Babel! Diese gescheiten, einfallsreichen Israelis konnten es dort zu den höchsten Staatsstellen bringen, wenn sie bereit waren, dafür ihren

Glauben preiszugeben und ihre Seele zu verkaufen, wie dies das Buch Daniel in plastischer Schilderung zeigt. Und die übrigen hatten immerhin ihre Hütte und ihr Brot. Man muß sich mit der Welt abfinden und mitspielen ...

»Ihr sollt ausziehen!« Auch die Frommen unter den Deportierten schüttelten da den Kopf. Das sind doch Hirngespinste, was der Mann da erzählt! Nie lassen die uns wegziehen, wir sind doch gänzlich machtlos! Man muß eben mit den Wölfen dieser Welt heulen. Israel, die Kirche, kommt doch nie gegen die da oben an; die machen mit uns doch, was sie wollen!

So denken sie, so denken wir. Kirche, Bibel, Abendmahl, Choräle, Gebet, Jesus Christus, Reich Gottes, Gemeinschaft der Gläubigen, eine christliche Moral, das geht doch heute alles nicht mehr. Heute muß man eben mitmachen, einschwenken, die Kirche in die Welt integrieren, man muß auch politisch werden, Reformen durchführen, auch die neue Sexualmoral praktizieren und was man sonst alles auch muß. Das sind doch oft genug auch unsere Gedanken. »Meine Gedanken sind nicht eure Gedanken, spricht der Herr.« Gott will, daß wir uns mit den Gesetzen und den Sünden dieser Welt nicht arrangieren, sondern daß wir uns davon absetzen. Gott erlaubt seinem Volk nicht, die Sache Gottes und sich allmählich aufzugeben, sondern er will, daß sich sein Volk neu sammelt und seinen Weg, Gottes Weg geht, aber nicht auf den Straßen der Welt hinter den andern hertrottet. Denn Gott ist anders. Himmelhoch über unseren Gedanken der Müdigkeit sind seine Gedanken und himmelweit verschieden von unseren Wegen der Resignation sind seine Wege zur Erhaltung seiner Gemeinde. »Eure Wege« – der Einpassung der Kirche in die Welt – »sind nicht meine Wege.«

Wobei Gottes Gedanken etwas ganz anderes sind als etliche nachdenkliche Erwägungen. Gottes Gedanken sind Wille, sind Taten. Und Gottes Wege sind nicht sogenannte »neue Wege«, die man mal durchspielen könnte wie neue kirchliche Methoden – eure Methoden sind nicht meine Methoden –, sondern Gottes Wege sind die Sammlung und die Herausführung seines Volks, seiner Kirche aus der

Umgarnung durch diese Welt. Gottes Wege sind anders. Es wird Zeit, daß die christliche Gemeinde den Taumelkelch, von dem Jeremia einst sprach, die Rauschgifte der totalen Weltangleichung wieder entschlossen von sich schiebt und »in Freuden auszieht«, – nicht aus den Alltagsaufgaben dieses Lebens, dies nicht, aber auszieht aus dem Panoptikum der falschen Götter, denen zu verfallen tödlich ist, und daß sie im neuen Frieden wieder die Straße ihres Herrn zieht.

Zweitens: *Gottes Worte wiegen anders.*

»Meine Gedanken sind nicht eure Gedanken«. Aber Gottes Gedanken sind kein verborgenes Geheimnis, sondern er tut sie kund. »Gleich wie der Regen und Schnee vom Himmel fällt, so soll das Wort, das aus meinem Munde geht, auch sein.« Gott setzt sein Wort in Marsch, er läßt uns seine Gedanken wissen. Durch seine Propheten und abschließend durch seinen Sohn teilt er uns mit, was sein gültiges Wort ist. Darum ist die Bibel unaufgebbares Gefäß für das, was Gott heute und künftig zu sagen vorhat.

Dieses Wort wirkt bis heute, wirkt wie der Schnee und der Regen, der die Erde fruchtbar macht. Gottes Wort ist also nicht wieder mal eine neue Theorie, nach der man die Welt beschreiben oder verändern könnte, sondern, wo Gott spricht, da geht etwas vor. Da senkt sich eine Waagschale eines Lebens, auf der nichts zu liegen schien, mit einem Mal wieder tief nach unten, weil auf die Waage der Lebensentscheidungen dieses Menschen dieses Wort aus Gottes Mund gelegt worden ist. Gottes Worte wiegen anders als alle die Wörter der Diskussionen, der Forderungen, der Proteste, der »Theologie ohne Gott«, anders als alle Programme der Menschen. Wo Gott spricht, da geschieht etwas.

Es gibt gewiß keinen anderen Erweis für diese Wahrheit, daß Gottes Worte anders wiegen als alle Wörter der Menschen, als den, daß immer neu Menschen von diesem Wort gepackt und überwältigt sind, sich ihm stellen und sich ihm unterstellen und daß in jeder Generation, auch in jeder jungen Generation dieses Wunder der Macht des Wortes Gottes geschieht, gegen alle Vorhersagen, gegen allen Hohn, Übermut und gegen alle Verzagtheit geschieht. Wir meinen aber, dies sei wahrhaftig Erweis genug, Illustration genug zu Gottes Versprechen: »Das Wort, das aus meinem Munde geht, wird nicht wieder leer zurückkommen, sondern wird tun, was mir gefällt, und ihm wird gelingen, wozu ich es sende.« Es geschieht eben, und niemand wird es hindern. Gottes Wort wiegt auch heute anders, ganz anders als diejenigen wähnen, die wieder einmal das Ende der Bibel ausposaunen. »Gott wird sich so verhalten, daß du dich wundern wirst!«

Natürlich können ein andermal Gottes Gedanken und Wege auch ganz anders sein, als unsere Hoffnungen es sich ausgemalt hatten, gewiß. Aber ganz sicher ist dies: daß Gottes Wort nie dem Fischernetz gleichen wird, das leer bleibt und schließlich ganz ausgedient hat, »sondern es wird tun, was mir gefällt«.

Darum wird die Kirche Jesu Christi sich so wenig mit den nun einmal vorhandenen Verhältnissen abfinden wie jenes deportierte Israel, dem der Prophet eingeschärft hat, daß Gottes Volk nicht so allmählich in dieser Welt eben aufgeht und verschwindet, nachdem es dort ein bißchen christlich verfärbten Sozialismus und ein paar Versuche mit sogenannter politischer Diakonie eingebracht hat, sondern daß es aus der Macht Gottes frei werden und nach dem Wort seines Gottes die andere Straße ziehen wird.

Daß wir in dieser Welt freilich dieses Wort unseres Gottes nie anders bekommen können als durch den Handlangerdienst gewöhnlicher Menschen, die Gottes Buch sichtlich als Menschen niedergeschrieben haben oder die sich schlecht und recht bemühen, das weiterzusagen, was dort steht, das soll uns nicht anfechten. Wir wissen gut, daß es so ist. Aber wir wissen das andere noch viel mehr: daß dieses Wort trotz aller menschlichen Gewänder sein Wort ist und daß es dann auch Frucht bringt, wieder und wieder. Unseres Gottes Wort wiegt anders.

Drittens: *Gottes Stunde schlägt anders.*

»Suchet den Herrn, solange er zu finden ist, rufet ihn an, solange er nahe ist!« Gottes Wort bleibt immer lebendig, aber es ist keineswegs immer verfügbar. Für die Zeit dieser Welt ist Gottes Wort eine gegenwärtige, unausrottbare Tatsache, aber für den einzelnen und auch für das Volk Gottes hat Gottes Wort seine Stunde. »Gleichwie der Regen und Schnee vom Himmel fällt«, nämlich keineswegs allezeit, so ist das mit Gottes Wort in unserem Leben. Es gibt auch den Gott, der schweigt, den Gott, der sich verbirgt. Wir haben das ›Jetzt‹ Gottes nicht in der Hand. Gottes Stunde schlägt anders, sie ist nicht einplanbar. Es ist höchstens ein frommer Wunsch, dieses wenig christliche Sprüchlein: »Gott macht schon immer ein Türlein auf.« Gott ist anders. Gott macht auch Türen zu. Das ist hart, aber wahr. »Suchet den Herrn, solange er zu finden ist!«

Solange er zu finden ist – und dort, wo er zu finden ist. Gewiß kann der Glaube Gottes Fußspuren in allem und jedem Geschehen dieser Welt wiederfinden, im Gang der Geschichte, in den Sehnsüchten der Menschen, im Ablauf der Natur. Aber alle diese Bereiche sind zugleich der oft grell ausgeleuchtete Schauplatz des Übels, des Kampfs ums Dasein, des Übermuts, der Dämonien, des Häßlichen und aller Schuld. Suchen kann man darum Gott nicht in den Ideen und Programmen der Menschen, nicht in den Gefühlen der Seele mit ihrer unheimlichen Widersprüchlichkeit, nicht in den Leistungen des Menschen, nicht in den Geschichtstaten der Mächtigen und nicht in den Wutschreien der Ohnmächtigen, nicht im Ablauf der Geschichte mit ihren Höhen und ihren Greueln, nicht in der Natur mit ihrer Schönheit und ihrer Bestialität. Suchen kann man Gott nur dort, wo er zu finden ist: in seinem Wort, in seinem Sohn Jesus Christus, in seinem Evangelium, an seinem Abendmahltisch, in seinem gewiß oft allzumenschlichen Volk, seiner Gemeinde, in der sich trotz uns und gegen uns Gottes Heiliger Geist durchsetzt. »Suchet dort den Herrn, solange er zu finden ist«, solange seine Stunde, die anders schlägt, als wir es planen möchten, nicht verstrichen ist.

Viertens und letztens: *Gottes Ruhm klingt anders.*

Das Bild ist ja von betäubender Kühnheit, aber auch von großartiger, satter Anschaulichkeit: daß beim Auszug Israels aus Babylonien, beim Zug des Volkes Gottes in die

Freiheit sogar die Berge und Felsen in den Lobgesang für Gottes große Tat einstimmen und daß die Bäume beim Durchzug des Rückkehrertrecks Beifall klatschen und Gottes Tat rühmen. »Und es soll dem Herrn zum Ruhm geschehen.«

Sie haben also der großen Versuchung widerstanden, nun eben angesichts der veränderten Verhältnisse vollends aufzugehen in der babylonischen Gesellschaft und ein Bestandteil der Welt zu werden. Sie haben sich, genauso wie es Jesus später seinen Jüngern, seiner Gemeinde aufgetragen hat, herausgelöst aus der Eingliederung in die Welt und sind Gottes Gemeinde geblieben, »das Volk des Eigentums«. Der Auszug aus Babylon ist das große Wahrzeichen dafür, daß die Kirche sich in dieser Welt nie häuslich einrichten wird, sondern immer weiß, daß sie nach anderen Gesetzen lebt. Ihre Glieder nehmen gewiß an allen Lebensaufgaben dieser Welt teil. Sie sind – hoffentlich – vorbildliche Könner im Beruf und im Studium, gute Hausfrauen, gute Kollegen, gute Autofahrer (ja, auch das!), gute Wissenschaftler, gute Sekretärinnen, gute Nachbarn. Sie kleiden sich natürlich so wie andere Leute, sie lachen wie andere, sie reisen wie andere, sie leben mit der Technik ihrer Welt, sie fahren im Schritt ihrer Zeit.

Aber ihr Leitstern steht trotzdem nie am Bug des eigenen Schiffes. Ihr Leitstern steht am Himmel. Sie opfern sich nicht den Göttern dieser Welt. Sie unterwerfen sich nicht den Höchstwerten der Gesellschaft. Sie anerkennen den Menschen nicht als das Maß aller Dinge, sondern sie »ziehen aus in Freuden« aus den geistigen Konzentrationslagern dieser Welt und entdecken, daß sie dann »im Frieden geleitet werden«. Sie wissen, daß das Volk Gottes im Exodus aus dieser Welt bleibt, bis es einziehen wird in die neue Welt ihres Herrn. Sie sind damit schon in dieser Welt in all ihrer Menschlichkeit und manchmal Kümmerlichkeit Hinweis auf jenen Ruhm, den ihr Gott sich bereiten will: »Und dem Herrn soll es zum Ruhm geschehen.«

Die Herren dieser Welt setzen sich und ihrem Ruhm Denkmäler: Pyramiden, babylonische Türme, Mausoleen, Burgen, Triumphbögen, Prunkstraßen. Gottes Ruhm ist anders. Gottes Ruhm ist sein Volk, seine Gemeinde, seine Kirche. Dieser Ruhm Gottes bleibt auf Erden und im Himmel, »zum ewigen Zeichen, das nicht vergehen wird«. Es ist unbegreiflich groß, als ein Glied seines Volkes selbst ein kleiner Klang sein zu dürfen im Lobgesang des Ruhmes und der ewigen Ehre unseres großen Gottes. Amen.

# Gott hat immer recht

13. Sonntag nach dem Dreieinigkeitsfest    23. August 1970

*1. Mose 4, 1–16*

»Und Adam erkannte sein Weib Eva, und sie ward schwanger und gebar den Kain und sprach: Ich habe einen Mann gewonnen mit Hilfe des Herrn. Danach gebar sie Abel, seinen Bruder. Und Abel wurde ein Schäfer, Kain aber wurde ein Ackermann. Es begab sich aber nach etlicher Zeit, daß Kain dem Herrn Opfer brachte von den Früchten des Feldes. Und auch Abel brachte von den Erstlingen seiner Herde und von ihrem Fett. Und der Herr sah gnädig an Abel und sein Opfer, aber Kain und sein Opfer sah er nicht gnädig an. Da ergrimmte Kain sehr und senkte finster seinen Blick. Da sprach der Herr zu Kain: Warum ergrimmst du? Und warum senkst du deinen Blick? Ist's nicht also? Wenn du fromm bist, so kannst du frei den Blick erheben. Bist du aber nicht fromm, so lauert die Sünde vor der Tür, und nach dir hat sie Verlangen; du aber herrsche über sie. Da sprach Kain zu seinem Bruder Abel: Laß uns aufs Feld gehen! Und es begab sich, als sie auf dem Felde waren, erhob sich Kain wider seinen Bruder Abel und schlug ihn tot.

Da sprach der Herr zu Kain: Wo ist dein Bruder Abel? Er sprach: Ich weiß nicht; soll ich meines Bruders Hüter sein? Er aber sprach: Was hast du getan? Die Stimme des Blutes deines Bruders schreit zu mir von der Erde. Und nun: Verflucht seist du auf der Erde, die ihr Maul hat aufgetan und deines Bruders Blut von deinen Händen empfangen. Wenn du den Acker bebauen wirst, soll er dir hinfort seinen Ertrag nicht geben. Unstet und flüchtig sollst du sein auf Erden. Kain aber sprach zu dem Herrn: Meine Strafe ist zu schwer, als daß ich sie tragen könnte. Siehe, du treibst mich heute vom Acker, und ich muß mich vor deinem Angesicht verbergen und muß unstet und flüchtig sein auf Erden. So wird mir's gehen, daß mich totschlägt, wer mich findet. Aber der Herr sprach zu ihm: Nein, sondern wer Kain totschlägt, das soll siebenfältig gerächt werden. Und der Herr machte ein Zeichen an Kain, daß ihn niemand erschlüge, der ihn fände. So ging Kain hinweg von dem Angesicht des Herrn und wohnte im Lande Nod, jenseits von Eden, gegen Osten.«

Dieser Tage ist das fünfundzwanzigjährige Gedächtnis zweier der schwärzesten Tage in der Geschichte der Menschheit begangen worden: der Zerstörung von Hiroshima und Nagasaki durch die Atombombe. »Da erhob sich Kain wider seinen Bruder Abel und schlug ihn tot.«

Gott bewahre uns jetzt bloß vor der verheerenden Vereinfachung, die Amerikaner so geschwind mit Kain und die Japaner mit Abel gleichzusetzen! Da käme man aus den weltgeschichtlichen Aufrechnungen nicht mehr heraus und der Kain wäre überall. Denn der Kain sitzt in uns allen, allen, und an unserem Abel sind wir alle schuldig. Die Geschichte von Kain und Abel ist nicht ein Märchen aus uralten Zeiten, denn diese Tragödie von Schuld und Gericht wiederholt sich bei uns täglich neu.

Darum sollten wir uns keine Minute mit nutzlosen Fragen aufhalten: wo denn plötzlich andere Menschen herkommen sollten, die den Kain eventuell erschlagen könnten – und was derlei Unsinn mehr ist. Denn diese Geschichte ist nicht nur einst passiert, als der Mensch noch die Steinkeule schwang, sondern sie ist unsere Geschichte, und sie ist ständig Gegenwart. Sie ist auch kein Familiendrama aus grauer Vorzeit, sondern sie ist der Bericht davon, wie die Zerstörung des Verhältnisses zu Gott auch das Verhältnis zum Mitmenschen hoffnungslos ruiniert. Am verströmenden Blut Abels stehen wir an der Quelle des weltgeschichtlichen Blutstroms von Mord und Krieg, von Revolution und Guerillakämpfen, von Geiselmord und Folterkellern, von russischen Straflagern und deutschen Konzentrationslagern, von geschundenen Galeerensklaven und vergasten Juden, von Lebach, Auschwitz, Stalingrad und Hiroshima. Wo das Verhältnis zu Gott ruiniert ist, ist das Verhältnis des Menschen zum Menschen im Kern zerstört.

Schwer eingehen will es uns nun aber, daß diese mit bleibenden Wahrheiten schwer überfrachtete Geschichte in all ihrer Vielfalt der Gedankengänge dennoch von einer Klammer zusammengehalten wird, von einer Balkenüberschrift, die uns nur schwer oder gar nicht eingehen will. Sie heißt: **Gott hat immer recht.**

An diesem Satz gehen wir einigen der Hauptgedanken dieser schwergewichtigen Geschichte nach.

Gott hat immer recht – erstens: *Wenn er entscheidet*

»Und der Herr sah gnädig an Abel und sein Opfer, aber Kain und sein Opfer sah er nicht gnädig an.« Keine Silbe verlautet darüber, warum Gott diesen diametralen Unterschied macht. Ein Grund ist auch nicht andeutungsweise zu erkennen. Wir müssen das zur Kenntnis nehmen, daß Gottes Entscheidung ganz allein bei ihm liegt, und daß er uns keine Rechenschaft schuldig ist über das Geheimnis, warum er sich beim einen Menschen so und beim andern anders verhält. Seine Entscheidungen sind unsrer Kontrolle entzogen. Gott ist nicht an unsere Maßstäbe gebunden, was wir für gerecht halten. Nicht was wir für gerecht halten, muß Gott tun, sondern was Gott tut, das ist gerecht. »Es bleibt gerecht sein Wille.« Gott hat immer recht. Auch Abels Verdienst ist es nicht, daß sein Opfer Annahme vor Gott findet. Es ist allein Gottes grundlose Gnade, daß dies geschieht.

Kain ist der Mensch, der sich damit nicht abfinden kann, daß Gott so groß, so souverän, so heilig ist. Er zweifelt an Gottes Gerechtigkeit, und er hadert mit Gott, und daraus erwächst alles weitere Unheil. Darum ist Kains Geschichte unsere Geschichte. Auch wir fragen und hadern: Das will der Gott der Liebe sein, der solches Unrecht zuläßt? Warum ist Gott so? Warum erhört er meine Gebete nicht? Was hat denn das Beten da noch für einen Zweck? Bin ich denn schlechter als Abel, schlechter als andere?

Aber was Gott tut, ist gerecht, und wenn er entscheidet, hat er immer recht, und sei es so undurchschaubar wie bei Abel und Kain. Das ist's, was diese alte Geschichte zuerst einmal von uns will, daß sie um unseren Glauben wirbt, der auch Glauben gegen den Augenschein ist. Wirbt, um dieses ABC des Glaubens, um das Zutrauen: Gott hat immer recht.

Zweitens: *Wenn er warnt*

Wie eine leise, wehmütige Totenklage der Mutter an der Wiege, so klingt die Namensgebung Abels. Abel heißt zu deutsch Vergänglichkeit, verwehender Hauch. Denn jetzt weiß der Mensch, daß es außerhalb des Paradieses Gottes kein Leben gibt, das nicht Sterben wäre. Mit der Geburt beginnt das Sterben.

Und Kain heißt Lanze. Sein Name ist nicht weniger Ahnung und Erschrecken. Er kündet an, was der Mensch in die jetzt beginnende Weltgeschichte einbringt: Neid und Mord und dann Angst und die Ungeborgenheit, die lebenslange Heimatlosigkeit, die ihn nirgends für immer bleiben läßt. Die Ursünde des Menschen, sein zu wollen wie Gott, schwillt alsbald lawinenartig an. Jetzt gibt es kein Halten mehr. Die Geschichte der Menschheit beginnt mit dem Paukenschlag eines Mordes. So ist der Mensch, so sind wir. Darum steht Gottes Zorn über der menschlichen Schuld.

Wo aber der Mensch den Garten Gottes verscherzt hat, da kann er sich keinen Garten des Menschen danebenbauen. Darum ist es nichts damit, wenn sie uns etwas von kommenden Paradiesen erzählen, die die neue Gesellschaft bringen werde, und vom Glück, zu dem der Mensch des künftigen Fortschritts gelangen werde. Wo der Mensch mit Gott zerfallen ist, folgt der Zerfall mit dem Mitmenschen auf dem Fuße. Wo sich der Mensch gegen Gott aufgelehnt hat, da ist der Mensch, der nun selber Herr sein möchte, vor seinesgleichen nie mehr sicher. Wo der Mensch das Maß aller Dinge geworden ist, da sind alle mitmenschlichen Beziehungen lebensgefährlich gestört. Die Sache mit Kain und Abel lehrt uns das Grundgesetz des Menschen, das lautet: Der Mensch ist dem Menschen im Wege. Ob sich das als einfache Konkurrenz zeigt oder als blanke Feindschaft, als gewöhnlicher Neid oder als kalte Mordgier: Der Mensch ist dem Menschen ein Wolf.

Das ist der Kain in uns, und der ist nicht wegzureden, weder durch Entrüstung noch durch Beschönigung. Der

Kain ist nicht bloß das exorbitante Gelegenheitsungeheuer, das man dann auf der Anklagebank des Lebach- oder des Mansonprozesses entdeckt, sondern der Kain in uns ist mit seinem Grundgesetz, daß der Mensch dem Menschen im Wege ist, der Normalfall, den jeder ingrimmig oder erschrocken in sich selber wiederentdeckt. Man muß den Mut haben, das zu verallgemeinern.

»Da sprach der Herr: Warum ergrimmst du? Und warum senkt sich dein Blick? Ist's nicht also? Wenn du fromm bist, so kannst du den Blick frei erheben. Bist du aber nicht fromm, so lauert die Sünde vor der Tür und nach dir hat sie Verlangen. Du aber herrsche über sie!« Gott warnt Sie und mich. Und wenn Gott warnt, hat er immer recht. Er warnt ernstlich und väterlich, ehe es zu spät ist. Gott kümmert sich nämlich um uns. Er läßt das Unrecht nicht einfach hingehen. Sünde ist kein Naturereignis, sondern sie ist Schuld. Darum gibt es keine Tat, für die Gott nicht Rechenschaft fordert.

»Du aber herrsche über sie!« Der Mensch ist und bleibt verantwortlich für sein Tun. Es ist nicht wahr, was gewisse Leute uns einreden wollen, daß ja in Wirklichkeit die Verhältnisse schuld seien, das Milieu, die Gesellschaft, das Establishment, bis hin zu dem bösen Schlagwort: Nicht der Mörder, der Ermordete ist schuld. Gewiß, es gibt da Grenzfälle, die ein Abwägen vieler Gesichtspunkte erfordern. Aber es soll uns niemand einreden, daß der Sünder nicht selbst Verantwortung trage für seine Sünde. Vor Gott hilft da keine Ausflucht und keine Maske. Gott warnt *mich*, nicht die Verhältnisse. Gott warnt, und er hat immer recht.

Drittens: *Wenn er straft*

»Da sprach der Herr zu Kain: Wo ist dein Bruder Abel?« Gottes Gerechtigkeit stellt sich auf die Seite derer, denen Unrecht geschieht, über deren Rufen man zur Tagesordnung hinweggeht. Gott will nicht, daß die Welt zugrunde geht an den Gewalttätigen und an denen, die die Macht haben, durch Mord und Totschlag, durch Kanonen und Atomraketen, durch die tödliche Verseuchung des Wassers und der Luft, durch giftige Auspuffgase und durch abgeholzte Wälder. »Wo ist dein Bruder Abel?« fragt Gott alle die, die seine Welt mißhandeln, die einen durch ihre unersättliche Profitgier, die andern durch ihre Lohnforderungen. Es wird weiterhin eingehauen auf den Bruder Abel, der keine Stimme hat, dessen Blut aber, dessen chemievergiftete Lungen, dessen im Straflager stumm gewordene Lippen und dessen verhungerte Kinder zum Himmel schreien.

»Wo ist dein Bruder Abel?« Der Mensch ist heute genauso kaltschnäuzig, wie es Kain mit seiner frechen Antwort war: »Ich weiß nicht; soll ich meines Bruders Hüter sein?« Was geht mich der andere an? Jeder ist sich selbst der Nächste!

Darum hat Gott recht, immer recht, wenn er zum Strafgericht ausholt. »Was hast du getan? Verflucht seist du auf der Erde ... Unstet und flüchtig sollst du sein auf Erden.« Gott trifft keine Unschuldigen. Irgendwo sitzt die eigene Schuld bei jedem, auch die Schuld unterlassener Liebe gegenüber unserem Nächsten, für den wir keine Hilfe, kein Geld, keine Liebe, keine Zeit hatten, als es wichtig gewesen wäre.

Vielleicht ist unser Bruder Abel irgend so ein Stiller, Bedeutungsloser neben uns im Geschäft. Er sitzt im Bahnabteil neben uns oder im Gottesdienst, oder er kommt am Bankschalter nicht zurecht. Er ist der Kollege mit seinen ständigen Magengeschichten oder die Putzfrau mit ihren stillen Nöten, er ist der eigene Vater (was weiß ich von dem schon wirklich?), er ist mein Kind, das unbekannte Wesen. Er ist der Gastarbeiter, um den sich kein Mensch kümmert, er ist der Nächste, die Mutter, der Bruder, für den ich kein gutes, lösendes Wort habe und keine Zeit für den unbedingt nötigen, alte Zerwürfnisse endlich bereinigenden Brief. »Wo ist dein Bruder Abel? ... Die Stimme des Blutes deines Bruders schreit zu mir von der Erde.«

Wenn Gott straft, hat er immer recht. Unsere einzige Rettung ist die, daß es außer dem Blute Abels, das nach Vergeltung schreit und nach Bestrafung des Schuldigen, noch ein anderes Blut gibt, das Blut, das nach Vergebung ruft: das Blut Christi. Man kann nicht über Abels Blut predigen, ohne sich im Glauben des Blutes Christi zu trösten. »Christi Blut und Gerechtigkeit, das ist mein Schmuck und Ehrenkleid.«

Als unbegreiflicherweise Gott dem Kain das verwirkte Leben nicht nimmt, sondern es sogar unter seinen Schutz stellt, »da machte der Herr ein Zeichen an Kain, daß ihn niemand erschlüge«. Wir wissen nicht, was für ein Zeichen das war; aber wer kann denn schon an das Überleben des schuldigen Sünders vor Gott denken, ohne daß er dabei das Kreuz vor Augen hat, das Kreuz Christi, in dem alle Begnadigung des Schuldigen begründet ist? Es hat etwas Erschütterndes an sich, auf den Fotos zu sehen, daß sich dieser Ausbund aller Kainsnaturen unsrer Tage, der Mordstifter Manson, ein Kreuz auf die Stirn geritzt hat. Niemand weiß, was er sich in seiner abgründigen Seele dabei gedacht hat. Aber daß es keine Gnade gibt, wenn Gott richtet, außer im Zeichen des Kreuzes Christi, das wissen wir.

Abels Blut schreit nach Rache. Das Blut Christi ruft nach Barmherzigkeit und Gnade für seine Mörder und für alle, die schuldig geworden sind. Daß Gott auf Christi Blut mehr hört als auf Abels Blut, das ist Evangelium, das ist rettende Botschaft. Gott straft, und er hat immer recht, wenn er straft. Aber der Glaube weiß dennoch: Stärker als Gottes Strafgericht ist sein Erbarmen. Gott übt lieber Vergebung als Vergeltung. Das ist die große, die eine Hoffnung für uns Nachfahren Kains.

Gott hat immer recht – viertens: *Wenn er bewahrt*

»Kain aber sprach zu dem Herrn: Meine Strafe ist zu schwer, als daß ich sie tragen könnte.« Diese elende Gesinnung ist ganz normal. Sie ist die miserable Dutzendgesinnung des Menschen, der bis zuletzt konsequent nur an sich denkt. Er geht über Leichen, aber er erhebt ein Zetergeschrei über das Unrecht in der Welt, wenn die gerechte Vergeltung auch ihm einmal ein Haar krümmen könnte.

Aber nun ist es fast verwirrend, zu vernehmen, wie groß Gottes Erbarmen ist, wenn er auch den in tiefe Schuld Gefallenen noch in seinen schier unbegreiflichen Schutz nimmt. Gottes Gericht hat den Schuldigen getroffen, durchaus. Aber es bleibt eine letzte Chance der Gnade auch für den tief Gefallenen. Wie könnte ich, wie könnten Sie vor Gott überleben, wenn es nicht so wäre! Wir sind alle Kainiten. Nun aber tritt neben Gottes Strafe Gottes Erbarmen, Gottes Bewahrung, und nur mit Zittern wagen wir den Satz zu stammeln: Gott hat immer recht, wenn er bewahrt. Das Kainszeichen aber, was immer es auch war, ist nun beides zugleich: Brandmal und Schutzmarke, Brandmal des Bestraften und Eigentums-Schutzzeichen des großen Herrn. Das doppelte Geheimnis des Kainszeichens – fasse es, wer kann! Aber die Wahrheit Gottes ist es.

Denn alles Leben gehört Gott. Der das Leben geschaffen hat, ist auch sein Eigentümer. Das Leben Abels *und* das Leben Kains steht unter Gottes Eigentumsschutz. Es ist nicht dem Nichts preisgegeben, wir sind bewahrt in Gottes Hand, sogar im Sterben. Auch die endlose Straße der Kainiten, auch die Straße der Unruhe, des Schuldiggewordenen ist noch die Straße Gottes. Gott verwirft die Sünde, aber er umgreift auch den Sünder noch mit seinem Erbarmen. Wir brauchen doch alle Gottes Erbarmung – bis in den Sarg und ins Gericht. Gottes Erbarmen aber heißt Jesus Christus. Der Mörder, der Kainsnachfahre, der neben ihm gekreuzigt wurde, er begriff, wo seine letzte Chance war: »Herr, gedenke an mich, wenn du in dein Reich kommst!« Da sprach Jesus zu Kain, zu dem Schächer, zu dem schuldig gewordenen Sünder: »Wahrlich, ich sage dir: Heute wirst du mit mir im Paradiese sein.«

»Der sich den Erdkreis baute, der läßt den Sünder nicht. Wer hier dem Sohn vertraute, kommt dort aus dem Gericht.« Amen.

# Es kommt auf diesen Jesus an

Palmsonntag                                         4. April 1971

*Markus 15, 1–19*
»Und alsbald in der Frühe hielten die Hohenpriester einen Rat mit den Ältesten und Schriftgelehrten, dazu der ganze Hohe Rat, und banden Jesus und führten ihn hinweg und überantworteten ihn dem Pilatus. Und Pilatus fragte ihn: Bist du der König der Juden? Er antwortete aber und sprach zu ihm: Du sagst es. Und die Hohenpriester beschuldigten ihn hart. Pilatus aber fragte ihn abermals und sprach: Antwortest du nichts? Siehe, wie hart sie dich verklagen! Jesus aber antwortete nichts mehr, so daß sich Pilatus verwunderte.

Er pflegte aber ihnen zum Fest einen Gefangenen loszugeben, welchen sie begehrten. Es war aber einer, genannt Barabbas, gefangen mit den Aufrührern, die im Aufruhr einen Mord begangen hatten. Und das Volk ging hinauf und bat, daß er täte, wie er pflegte. Pilatus aber antwortete ihnen: Wollt ihr, daß ich euch den König der Juden losgebe? Denn er merkte, daß ihn die Hohenpriester aus Neid überantwortet hatten.

Aber die Hohenpriester reizten das Volk auf, daß er ihnen viel lieber Barabbas losgäbe. Pilatus aber antwortete wiederum und sprach zu ihnen: Was soll ich denn tun mit dem, den ihr den König der Juden nennet? Da schrien sie abermals: Kreuzige ihn! Pilatus aber sprach zu ihnen: Was hat er denn Übles getan? Aber sie schrien noch viel mehr: Kreuzige ihn! Pilatus aber gedachte, dem Volk zu Willen zu sein, und gab ihnen Barabbas los und ließ Jesus geißeln und überantwortete ihn, daß er gekreuzigt würde.

Die Kriegsknechte aber führten ihn hinein in die Burg, das ist ins Richthaus, und riefen zusammen die ganze Schar, und sie zogen ihm einen Purpur an und flochten eine Dornenkrone und setzten sie ihm auf und fingen an, ihn zu grüßen: Gegrüßet seist du, der Juden König! Und schlugen ihm das Haupt mit einem Rohr und spieen ihn an und fielen auf die Knie und huldigten ihm.«

Kommt es im Christentum auf das Wesentliche an? Also zum Beispiel auf das Gebot der Nächstenliebe oder auf die Gleichheit aller Menschen vor Gott oder auf den Frieden auf Erden, den Jesus habe bringen wollen? Es kommt auf Jesus an! Er ist das Wesentliche.

**Es kommt auf diesen Jesus an** – das ist die Mitte dieses Abschnitts aus der Passionsgeschichte, den wir zum heutigen Palmsonntag soeben vernommen haben. Es kommt auf diesen Jesus an, auf den Jesus vor Pilatus, auf den Jesus mit Barabbas und auf den Jesus mit den Soldaten.

Also erstens: *Auf den mit Pilatus*

Der Pilatus steht hier plötzlich wie aus dem Boden gewachsen da. Vorher war von ihm mit keinem Wort die Rede, und wer er ist, wird nicht einmal extra erläutert. »...und überantwortete ihn dem Pilatus« heißt es einfach. Dabei wird also vorausgesetzt, daß auch ohne nähere Vorstellung jedermann in der Christenheit weiß, wer das ist. »Unter Pontius Pilatus gekreuzigt« – das ist ein Glaubenssatz von der ältesten Kirche an.

Eigentlich müßte das sehr auffällig sein, wenn wir uns nicht so gut daran gewöhnt hätten. Ausgerechnet dieser heidnische Römer wird im Glaubensbekenntnis der Christen mit Namen aufgeführt, eine Ehre, die keinem Apostel und keinem Frommen widerfährt. Was hat das zu bedeuten? Es bedeutet, daß es genau auf das ankommt, was sich unter dem römischen Statthalter Pontius Pilatus zu einer ganz bestimmten Zeit der Menschheitsgeschichte mit diesem Jesus aus Nazareth abgespielt hat. Es kommt nicht auf einen sagenhaften Gottessohn an, von dem die Mythen der Völker künden und der das eine Mal Apollo heißt, Osiris, Zarathustra, das andre Mal Mithras oder sonstwie, und wo es auf den Namen wenig ankommt, weil die Sache, die Lehre, die Idee, das Wesentliche doch immer dasselbe ist, sondern es kommt genau auf diesen Jesus an, auf den mit Pilatus.

Vielleicht kann man den entscheidenen Punkt mit einem

Beispiel klarmachen: mit der Kyffhäusersage aus der deutschen Geschichte. Nach dieser Sage sitzt tief im Kyffhäuserberg Kaiser Friedrich Barbarossa mit seinen Getreuen wie versteinert. Der Bart sei ihm durch die Tischplatte gewachsen, und der Kaiser warte da unten auf den kommenden Tag, um wieder emporzusteigen und ein neues, mächtiges deutsches Reich aufzurichten. Da ist es mit Händen zu greifen, daß das keine Begebenheit ist, sondern ein Mythos, eine Idee, die Idee vom kommenden neuen Reich. Diese Idee ist das Wesentliche an der Kyffhäusersage, und nur darauf kommt es an. Darum ist es auch sehr bezeichnend, daß diese Sage ursprünglich gar nicht vom Kaiser Barbarossa erzählt wurde, sondern von dem anderen großen Staufenkaiser, von Friedrich II. – und daß es sogar anderwärts die gleiche Sage gibt, nur diesmal von Karl dem Großen, wobei sie nicht im Kyffhäuser, sondern im Untersberg bei Salzburg spielt. Auf die Person und die geschichtliche Zeit kommt es ja auch nicht an, nur auf das Wesentliche, auf die Idee, auf die Idee vom neuen deutschen Reich.

Pontius Pilatus – das hält fest: Bei Jesus handelt es sich nicht um eine Idee, sondern um eine geschichtliche Tatsache. Es kommt alles darauf an, was sich damals unter Pilatus abgespielt hat. Dieser Jesus ist eine geschichtliche Gestalt, und er ist nicht auswechselbar durch andere Gestalten und Personen. Es kommt auf diesen Jesus an, der durch sein königliches Schweigen vor jenem Pilatus bekundete, daß er sein Erlöserwerk vollenden und die ganze Bitterkeit des Todesleidens durchschreiten wolle. Nicht ein Scheinmensch aus einer anderen Welt, nicht eine Idee, nicht »das Wesentliche« hat für uns gelitten, sondern Jesus, »wahrhaftiger Mensch, von der Jungfrau Maria geboren«. Nicht das Christentum erlöst uns, sondern Christus. Nicht auf das Wesentliche an der christlichen Idee kommt es an, sondern auf Jesus, auf diesen Jesus, auf den mit Pilatus.

Zweitens: *Auf den mit Barabbas*

Da ist der römische Statthalter also bereit, anläßlich des Passahfestes einen jüdischen Gefangenen freizulassen. Er schlägt rasch entschlossen diesen Jesus vor, dessen politische Ungefährlichkeit er entgegen den Anklagen rasch durchschaut hat. Aber das Volk von Jerusalem fordert in Sprechchören einen anderen, Barabbas mit Namen, einen Untergrundkämpfer gegen die Römer, der bei einem blutigen Aufruhr geschnappt worden war, ein Heros aller Patrioten, dem natürlich die Sympathien aller Nationalgesinnten zufielen.

Und nun ist es eine faszinierende Sache, daß in einer Reihe von alten Handschriften des griechischen Neuen Testaments der Name dieses Mannes berichtet wird. Barabbas ist nämlich kein eigentlicher Name; dieses Wort heißt: Sohn des Abbas. Der Name aber war – Jesus! Jesus gegen Jesus – welchen Jesus wollt ihr haben? Den Sohn des Abbas oder den Sohn Gottes? Für wen entscheidet ihr euch?

Man kann sich für den falschen Jesus entscheiden, das lehrt diese Geschichte aus der Passion des Herrn, die Geschichte von Jesus, dem Sohn des Abbas. Auf den richtigen Jesus aber kommt es an, auf den, der dem Barabbas gegenübersteht und von dem sie damals gebrüllt haben: Kreuzige ihn!

Es kommt also auf die Entscheidung gegen den falschen und für den richtigen Jesus an. Falsch wird es immer, wenn wir in Jesus einen Vorkämpfer für irdische Ziele sehen oder gar für gesellschaftliche und politische Reformen, für gewaltsame Veränderung der Verhältnisse. Das war das Ziel des falschen Jesus, des Sohns des Abbas, der gegen die Kolonialmacht Rom mit Sabotage und Attentaten vorging. Der war ein Che Guevara der alten Welt, ohne Zweifel ein Mann der revolutionären Tat.

Jesus, der Sohn Gottes, aber war kein Umstürzler, er war gerade kein biblischer Fidel Castro, kein Sozialrevolutionär, kein politischer Flammenwerfer, sondern er hat die Umkehr, die Veränderung des Menschen gepredigt, und er hat den offenen Zugang zu Gott gebracht und durch sein Werk den Abgrund des Todes überbrückt. Das ist nicht ungefähr dasselbe, sondern das ist durchaus zweierlei, und die Frage: »*Welchen* Jesus wollt ihr?« ist ganz und gar unsere Frage.

Man kann es gerade am Schicksal des Barabbas zeigen, was in Wirklichkeit Jesu Tat, Jesu Werk ist. Da kauerte dieser Verurteilte in der Todeszelle des Gefängnisses auf dem Schemel des trostlos kargen Raumes und versuchte, in den zerrinnenden Stunden seiner letzten Nacht immer wieder die gräßlichen Bilder von seiner Seele wegzuscheuchen: wie die Tür aufgehen werde, wie die Gerichtsbeamten da draußen stehen werden, wie ein paar handfeste Justizwachtmeister ihn vom Hocker hochziehen werden, wie sie ihn hinausführen werden zur Richtstätte. Es gelingt ihm nicht, die Gedanken flattern immer neu wie schwarze Vögel auf ihn zu. Noch eine Stunde, noch eine halbe Stunde, noch eine Viertelstunde ... Und dann ist alles so, wie er es kommen sah: die sich öffnende Zellentür, die Richter, die uniformierten Wachtmeister – und einer spricht etwas. Aber an ihm rauschen die Worte vorbei. »Hast du nicht gehört, was ich gesagt habe? Du kannst gehen, du bist frei!« – »Frei? Was? Wer? Ich?« – »Ja, du, du bist frei! Komm mit!«

Mehr torkelnd als gehend taumelt er über den kalten unterirdischen Gang des Gefängnisses, immer noch wähnend, es gehe jetzt doch in den Tod. Da, die Treppen hinauf in den Hof – über den Hof – zum großen Tor – ja, sollte es denn wahr sein? Der Beamte schließt tatsächlich auf, das innere Tor, das äußere Tor – und da steht er auf der Straße. »Bitte!« sagt der Wachtmeister kühl. Und jetzt sieht er da auf der Straße den Zug: Geschrei, Leute, ein paar Soldaten, die den Mann in der Mitte nachlässig gegen die Übergriffe des Pöbels schützen. »Aber der trägt doch das Kreuz, das sie gestern für mich gezimmert haben!« – »Ja, so ist das«, sagt der Wachtmeister im Zuschließen, »und du bist frei, Barabbas!«

Der Barabbas, das sind Sie und das bin ich. »Ich bin's, ich sollte büßen« heißt es im Lied. Und das ist's, was Jesus als das große, gute Werk der Passion vollbracht hat: den großen Tausch. Den Tausch vor Gott mit mir, der ich das Todesurteil Gottes hundertmal verdient habe und das *er* auf sich genommen hat. Jetzt bin ich frei vor Gott, es ist nicht zu fassen. Das ist das Werk meines Herrn Jesus Christus.

Wer es noch nie verspürt hat, daß er vor Gott verurteilt ist mit seinem ganzen Leben, verurteilt mit all seinen Sünden und Fehlern, Versäumnissen und Lieblosigkeiten, und wer glaubt, er brauche nicht den großen Tausch, den Jesus ihm bringt, um vor Gott in Ewigkeit überleben zu können, der ist heute nicht gemeint. Wer ohne Jesus auszukommen glaubt, der muß für sich selber geradestehen. Für mich wäre das der ewige Tod, wenn ich das müßte. Für Sie auch. Wer aber nach der Hand Jesu greift, der weiß, der erfährt: Da tritt ein andrer für mich ein.

Auf diesen Jesus kommt es an, auf den mit dem Barabbas.

Drittens: *Auf den mit den Soldaten*

Die Szene im Hof der Burg Antonia, dem Amtssitz des römischen Prokurators, ist zu schrecklich, als daß man sie schildern möchte, die Mißhandlungen durch die Soldaten, den Hohn, die Qual, die Dornenkrone.

Doch, die Dornenkrone. Sie ist nicht nur eine grausige Marter, sie ist ein Bekenntnis. Nämlich ein Bekenntnis Jesu zu uns. Mit der Dornenkrone bekennt sich Jesus dazu, der König seines Volks zu sein, jetzt unter den Schatten des Todes im tiefsten Leiden, dann im Licht des Lebens im höchsten Glanz. In das Geflecht der Dornenzweige flicht sich mitten in der dunkelsten Passion schon der Glanz der Ewigkeit und des kommenden Sieges. »Jetzt um dein Siegerangesicht des ewigen Vaters Glanz sich flicht, jetzt mit des Geistes Kraft und Licht, o König du, verlaß uns nicht!«

Darum sagen die Dornen dieser weltgeschichtlichen Krone dasselbe wie der Titel des Königs, zu dem Jesus sich auf die Frage des Pilatus offen bekennt: daß er der König der Welt ist und daß er ein Volk hat. Ja, daß dieses sein Volk in dieser Zeit ein armes, zerrissenes, dürftiges, oft so müdes Volk ist, das ist uns, die wir dazugehören, schmerzhaft bewußt. Das Volk des Königs, die Kirche mit all ihrem Staub, all ihrer Unglaubwürdigkeit, all ihrer Schuld und Not macht dem König oft sehr wenig Ehre. Umso mehr kommt alles auf den König an, kommt alles auf diesen Jesus an – ja, auf den mit den Soldaten, weil er der mit der Krone ist und wahrhaftig der ewige König.

Wer diesen Jesus hat, der hat den Herrn, den Herrn seines Lebens, den Herrn der Welt. Wer diesen Herrn nicht hat, hat die Herren: die Herren der Welt, die Herren der Politik, die Herren des Geldes, die Herren der Revolutionen, die Herren der Macht, die Herren der Rauschgifte, die Herren des Pornogeschäfts, die Herren des Kampfes und des Krieges, die Herren aller Verknechtung. Wer aber diesen Jesus hat, der hat die Freiheit und das Leben und den Frieden, den großen Frieden. Amen.

# Das Eine, das alles ersetzt

9. Sonntag nach dem Dreieinigkeitsfest     8. August 1971

*Matthäus 13, 44–46*
»Das Himmelreich ist gleich einem verborgenen Schatz im Acker, welchen ein Mensch fand und verbarg ihn; und in seiner Freude darüber geht er hin und verkauft alles, was er hat, und kauft den Acker.
Abermals ist das Himmelreich gleich einem Kaufmann, der gute Perlen suchte, und da er eine köstliche Perle fand, ging er hin und verkaufte alles, was er hatte, und kaufte sie.«

In einem Gesangbuchlied heißt das, was diese beiden Gleichnisse vom Schatz im Acker und von der Perle sagen sollen, so: »Erlang ich dies Eine, das alles ersetzt, so werd ich mit Einem in allem ergötzt!«
**Das Eine, das alles ersetzt**
– das ist das Thema dieser beiden kurzen Gleichnisse.
Dreierlei wird dann neu: der Herr des Lebens, die Freude des Lebens und die Werte des Lebens.
Also erstens: *Der neue Herr*
»Das Himmelreich ist gleich einem verborgenen Schatz im Acker . . .« Das Himmelreich ist also nicht erst die Ewigkeit nach diesem Leben, sondern es ist dasselbe, was im Evangelium sonst das Reich Gottes heißt, die Herrschaft Gottes – und die findet für uns schon mitten in diesem Erdenleben statt. Aber diese Herrschaft Gottes, dieses Reich Gottes ist nicht irgendein Zustand, sondern es ist eine Person. Jesus Christus, der Herr, ist das Reich Gottes in Person. Also müßte man so sagen: Die Sache mit Jesus verhält sich wie mit einem verborgenen Schatz im Acker, wie mit einem Kaufmann, der gute Perlen suchte. Um Jesus geht es hier und wie er der neue Herr des Lebens wird, wie er – dem Schatz und der Perle gleichend – mehr gilt als alle anderen Herren dieses Lebens. Wenn einem Menschen

nichts mehr über Jesus geht, gleich, was dieses Leben sonst zu bieten hat, wie das also ist, das zeigt dieses Doppelgleichnis.

Denn Jesus überstrahlt alle Gegenwart, und Jesus hat alle Zukunft. Sein Friede ist unabhängig von allem Streit und Haß und auch von allem Friedensgeschrei der Menschen. Die Vergebung der Sünden, die er uns bringt, gilt bis in die Ewigkeit hinein und ist darum unendlich viel mehr wert als alle Verdrängung unsrer Schuldgefühle durch den Psychotherapeuten. Die Gerechtigkeit, die er bringt, überragt alle Reden und alle Zeitungsartikel über mehr Gerechtigkeit in dieser Welt. Seine Nähe in schwerer Krankheit und am Sterbebett ist unendlich tröstlicher als all unser menschliches Vertrösten. Seine Gebote sind unvergleichlich besser und heilsamer als alle lauthals gepriesene neue Moral. Seine Zukunft ist die einzig gewisse Zukunft gegenüber all dem, was uns die Propheten dieser Welt als Zukunft vorgaukeln. Wer ihn zum neuen Herrn seines Lebens hat, der ist ein gesegneter Mensch.

Wir sagen das frei heraus, obwohl wir gut wissen, daß es sich damit so verhält wie mit dem Schatz im Acker. Der lag nicht offen vor aller Augen da, sondern der war im Boden verborgen, und erst beim Pflügen stieß jener Bauer an die vergrabene Kostbarkeit. So ist die Wahrheit von Jesus Christus eine verborgene Wahrheit, an die man erst stoßen muß und die die meisten gar nicht wahrnehmen. Wer sie aber entdeckt, ist freudig überrascht. Nur: Man kann sie nicht einfach so mitnehmen wie das Waschpulver im Selbstbedienungsladen. Man muß sie erst in ihrer Verborgenheit entdecken und dann ausgraben. Gott ist in Jesus Christus der Herr der Welt, aber eben dies ist verborgen im Gegenteil, im Anschein der Niederlage am Kreuz. Gott ist in dieser Welt gewiß gegenwärtig, aber dies geschieht verborgen unter den Menschlichkeiten einer oft so kümmerlichen Kirche und verborgen unter unsrer oft so kraftlosen Verkündigung seiner Wahrheit. Der kostbare Schatz ist unter ziemlich viel menschlicher Erde verborgen, das ist wahr.

Nun gibt es gewiß Menschen, die mit dem Schatz, also

mit dem neuen Herrn ihres Lebens, beglückende und entscheidende Erfahrungen gemacht haben. Aber auch seine Glaubenserfahrungen – etwa in den harten Engpässen des Lebens, in Not und Gefahr, in schwerster Krankheit und Verzweiflung – kann man nicht einfach wie ein Beweismittel anderen vorlegen. Man kann den unvergänglichen Schatz, den man entdeckt hat, nicht vorzeigen wie einen Fundgegenstand und andere damit zwangsweise überzeugen. Auch die eigenen Gotteserfahrungen bleiben ein verborgener Schatz, an den andere erst selbst stoßen müssen – und eben das hat keiner für den anderen in der Hand, nicht einmal für die eigenen Kinder.

Eines aber ist ganz sicher: daß es immer gehen wird wie bei dem Mann im Gleichnis, der, um den Schatz zu bekommen, erst den gepachteten Acker kaufen mußte. Den Acker mußte er in Kauf nehmen, anders ging das nicht. »... und kaufte den Acker« heißt es im Gleichnis.

Der Acker aber, gleichsam die Umhüllung, in der der Schatz verborgen liegt, in der Jesus Christus verborgen ist, ist die Bibel, ist die Predigt, ist die oft so allzu menschliche Kirche, ist unsere so gewöhnliche Kirchengemeinde, sind die oft so kümmerlichen Kreise, Grüppchen und Gemeinschaften von Christen, ist die kleine Schar, die zum Abendmahl kommt, sind all die Diener Gottes, die man oft so herablassend das Bodenpersonal Gottes nennt. All das zusammen ist der Acker, bloß der Acker drum herum, aber ohne den Acker kommt man an den Schatz nicht heran. Man muß schon den ganzen Acker der Kirche in Kauf nehmen, wenn man den Herrn, den neuen Herrn, finden will, der sich als das Eine erweist, das alles ersetzt.

Zweitens: *Die neue Freude*

Man darf die beiden Gleichnisse nicht von hinten her aufziehen. Zum Schluß haben der Bauer und der Kaufmann alles drangegeben, um den Schatz, die Perle zu erlangen. Aber damit fängt es gerade nicht an, damit hört es auf. Es fängt vielmehr damit an, daß die beiden eine freudige Überraschung erlebt haben, indem sie an Kostbarkeiten stießen, die sie sich nicht hatten träumen lassen. Mit der Freude fing es an: So groß ist der Schatz, den ich fand!

So geht es dem Menschen, dem Jesus in den Weg tritt und über den da eine neue Freude kommt, die Freude: So groß ist Jesus! Das ist keine lärmende Freude, und man posaunt mit ihr nicht herum. Aber es ist auch als stille Freude die große, neue Freude des Lebens: »Du bist mein und ich bin dein, niemand kann uns scheiden.«

Wem aber diese neue Freude widerfuhr, der weiß: Nicht ich habe Jesus gefunden, sondern Jesus hat mich gefunden. Wobei es wenig Unterschied macht, ob dieses Finden nun gelegentlich einmal in Form eines Durchbruchs in einer Gottesstunde geschah oder ob es im allgemeinen in einer inneren Entwicklung herangereift ist. Das Ergebnis ist dasselbe.

Trotz eines gewissen Unterschieds der beiden Männer im Gleichnis. Der Bauer, der gar nichts gesucht hatte, gleicht dem Uninteressierten, dem außer seinem Alltag so ziemlich alles egal ist. Der Kaufmann, der gute Perlen suchte, sich dabei aber nicht im Traum einfallen ließ, die eine Superperle zu suchen, die es nach seinem fachmännischen Urteil gar nicht gab, gleicht dem Allesinteressierten, der es heute mit dieser Weltanschauung hält, morgen mit jener Philosophie, der einmal als interessant wirken wollender Gottsucher geht, das andere Mal nach dem Glück und das nächste Mal nach der Macht strebt oder die neue Gesellschaftsordnung fordert oder das kommunistische Paradies oder sonst eine Fata Morgana, die nie in Wirklichkeit kommt – oder was er eben sonst gerade für eine gute Perle hält. Als dann aber die Pflugschar an der Schatzkiste festsitzt, als dann aber die unmögliche Superperle doch daliegt – das aber heißt: als ihm dann Jesus in den Weg trat, da war er selbst der Gefundene, da hat der Schatz seinen Finder und die Perle ihren Käufer gefunden, da war die neue Freude über ihn geraten. Denn es ist ganz und gar Geschenk Gottes, wenn einem Menschen die Wirklichkeit Jesu begegnet, wenn einer die neue Freude empfängt.

Aber wo gibt es das denn heute noch? Jesus finden – das ist doch altmodisch. Heute haben wir andere Ziele. Die Kirche von heute muß doch in Gesellschaftsdiakonie und in politischer Stellungnahme mitmachen, sie muß ein Antirassismusprogramm und eine neue Sexuallehre entwickeln. Sie muß heute Gruppendynamik üben oder die Technik der Gesprächsführung trainieren, und sie macht in Reformen und immer noch einmal in Reformen. Aber Jesus finden – was sind denn das für unzeitgemäße Phantasien aus Opas Glaubensleben?

Ja, es ist wahr, man treibt in der Christenheit heute so ungefähr alle Allotria, die der Zeitgeist gebietet – außer der Nachfolge Christi. Die Menschen sind auch in der Kirche rar geworden, die von der köstlichen Perle, von der neuen Freude geprägt sind. Das ist eine ernste Sache, weil sich das Schicksal der Kirche ganz gewiß nicht an denen entscheidet, die irgendwelche fortschrittlichen Umtriebe veranstalten, sondern an denen, die Jesus als ihren persönlichen Herrn erkannt haben und ihm gehören und ihm dienen.

Aber nun sagt uns Jesus eben mit diesen Gleichnissen etwas sehr Tröstliches, nämlich dies: Ich selber sorge dafür, daß schon immer wieder einer, eine, an den großen Schatz, an die kostbare Perle geraten wird. Ich werde schon immer wieder welche finden, die um mich nicht herumkommen und denen das Licht der neuen Freude aufgeht, das Auge aufgeht für »das Eine, das alles ersetzt«. Nur keine Panik! Christus, der Herr sorgt mit aller Sicherheit dafür, daß immer wieder Menschen die große Entdeckung ihres Lebens machen, den Schatz, die Perle finden, weil sie selber Gefundene ihres Herrn sind. Jesu Sache stirbt nicht.

Drittens: *Der neue Mehrwert*

»Und in seiner Freude darüber geht er hin und verkauft alles, was er hat, und kauft den Acker . . . und kaufte die Perle.« Also war es ihm eine große Freude. Denn er hatte den unvergleichlichen Mehrwert entdeckt. Die Hingabe des gesamten seitherigen Besitzes ist überstrahlt von der Freude über den neuen, unermeßlichen Reichtum.

Wo Jesus als der neue Mehrwert erkannt ist, da gelten neue Wertmaßstäbe. Zwar hat und behält auch der Christ die irdischen Werte des Lebens: Hab und Gut, Fortkommen im Beruf, Urlaubsgestaltung, Häusle und Auto, Familie und Freundschaft, aber es gibt für ihn trotzdem den neuen Mehrwert, der ihm über alles geht. Es ist freilich keine Frage, daß an diesem Punkt Christen oft versagen, wenn ihnen Jesus vorgehen müßte. Aber dennoch bestätigt es sich auch im Leben von Christen immer wieder, daß der neue Herr, der ihnen die neue Freude gab, für sie auch der neue Mehrwert geworden ist, die neue Freude, nicht eine abgezwungene Opferbereitschaft, wenn Jesus für sie vorgeht, durchaus vorgeht.

Es wird sehr selten wörtlich so sein wie im Gleichnis: »Er verkaufte alles, was er hatte.« Aber es geht durchaus schon in die gleiche Richtung, wenn die Werte, die seither das Leben bestimmt haben, im neuen Lichte Jesu einen zweitrangigen Stellenwert bekommen und nicht mehr die Götter des eigenen Lebens sind. Das eigene Geschäft und das Sparkonto und das geliebte Ehrenamt in der Öffentlichkeit und im Verein, der Bausparvertrag und der berufliche Aufstieg sind dann nicht mehr der Güter höchste. Jesus ist mehr wert, Jesus geht dann vor.

Auch für die Kirche. Man tut heute so, als sei es das höchste Ziel für die Kirche, sich so weltförmig wie möglich zu geben und sich an allen möglichen politischen, sozialen, kulturellen und anderen Fragen und Vorhaben zu beteiligen, so als sei sie nichts anderes als ein Stück dieser Welt. Sie ist aber etwas anderes! Sie ist von ihrem Herrn in diese Welt gesandt, die Menschen zur Umkehr zu rufen, zur Veränderung ihrer Herzen und ihrer Wege. Die Kirche geht in den Fußspuren ihres Herrn, wenn sie diese selbstgewählte Weltförmigkeit »verkauft«, ablegt und sich wieder ganz dem Sendungsauftrag ihres Herrn öffnet und nichts als sein Evangelium von der Herrschaft Gottes verkündigt. Dies allein ist ihr Auftrag.

Noch eines zum Schluß: Wenn im Gleichnis davon die Rede ist, daß die Männer um des Reiches Gottes willen alles drangegeben haben, was ihnen sonst Inhalt des Lebens war, dann wird niemand glauben, daß das Reich Gottes dadurch gewissermaßen käuflich geworden sei. Man kann da mit Gott doch nicht in ein Geschäft kommen: Ich gebe alles hin und erwerbe mir zum Lohn dafür ein Anrecht auf den Himmel. Nein, der Himmel bleibt immer ein reines Gnadengeschenk Gottes.

Eines aber ist sicher, so unlogisch es sich anhört: Wer um Jesu willen anderes an die zweite Stelle setzt, also hergibt, der wird dadurch nicht ärmer, sondern reicher. Sie müßten es einmal darauf ankommen lassen. Vielleicht, daß Sie dann den Menschen im Gleichnis verstehen, ihm sogar ähnlich werden, der nur noch eines will, weil er das Eine gefunden hat. »Erlang ich dies Eine, das alles ersetzt, so werd ich mit Einem in allem ergötzt.« Amen.

# Die betende Kirche hat eine Zukunft

Sonntag Rogate                                      7. Mai 1972

*Jeremia 29, 1. 4–14 a*

»Dies sind die Worte des Briefes, den der Prophet Jeremia von Jerusalem sandte an den Rest der Ältesten, die weggeführt waren, an die Priester und Propheten und an das ganze Volk, das Nebukadnezar von Jerusalem nach Babel weggeführt hatte:

So spricht der Herr Zebaoth, der Gott Israels, zu den Weggeführten, die ich von Jerusalem nach Babel habe wegführen lassen: Baut Häuser und wohnt darin; pflanzt Gärten und eßt ihre Früchte; nehmt euch Frauen und zeugt Söhne und Töchter; nehmt für eure Söhne Frauen, und gebt eure Töchter Männern, daß sie Söhne und Töchter gebären; mehret euch dort, daß ihr nicht weniger werdet. Suchet der Stadt Bestes, dahin ich euch habe wegführen lassen, und betet für sie zum Herrn; denn wenn's ihr wohlgeht, so geht's auch euch wohl.

Denn so spricht der Herr Zebaoth, der Gott Israels: Laßt euch durch die Propheten, die bei euch sind, und durch die Wahrsager nicht betrügen, und hört nicht auf die Träume, die sie träumen! Denn sie weissagen euch Lüge in meinem Namen. Ich habe sie nicht gesandt, spricht der Herr.

Denn so spricht der Herr: Wenn für Babel siebzig Jahre voll sind, so will ich euch heimsuchen und will mein gnädiges Wort an euch erfüllen, daß ich euch wieder an diesen Ort bringe. Denn ich weiß wohl, was ich für Gedanken über euch habe, spricht der Herr: Gedanken des Friedens und nicht des Leides, daß ich euch gebe das Ende, des ihr wartet. Und ihr werdet mich anrufen und hingehen und mich bitten, und ich will euch erhören. Ihr werdet mich suchen und finden; denn wenn ihr mich von ganzem Herzen suchen werdet, so will ich mich von euch finden lassen, spricht der Herr.«

Dies ist ein politisches Kapitel der Bibel, daran ist auch dann nicht zu rütteln, wenn wir gerade in jüngster Zeit einigen Grund zum Unbehagen darüber hatten, daß politische Stellungnahmen seitens der Kirche und besonders seitens mancher Theologen recht freigebig ausgeboten wurden. Aber das heißt nicht, daß die Bibel überhaupt kein Wort zu politischen Fragen hätte. Jeremia 29 ist eine der klassischen Stellen der Bibel zu diesem gewichtigen Thema. Freilich ist in diesem Kapitel zugleich so deutlich vom Gebet die Rede, daß es ein ebenso klassisches Hauptwort der Bibel zur Frage des Betens ist, also zum heutigen Sonntag Rogate, zu deutsch: Betet! Vielleicht ist es aber so, daß die Stellung der Kirche zur Politik, zum Staat sich gerade im Gebet niederschlägt? Darauf werden wir heute zu hören versuchen, denn **die betende Kirche hat eine Zukunft.**

Das ist die unsichtbare Überschrift dieses Rogate-Textes. In zwei Schritten entfaltet Gottes Wort diese Wahrheit. Der erste heißt:

*Die Kirche lebt in dieser Welt und betet für sie.*

Die Kirche? Ist hier denn von der Kirche die Rede und nicht bloß von zwangsumgesiedelten Israelis, die seinerzeit nach Babylon, dem heutigen Irak, deportiert worden waren? Doch, es ist von der Kirche die Rede, denn das ist eine Grunderkenntnis des Neuen Testaments, daß das Volk Gottes im Alten Bund, also das Volk Israel, im Neuen Bund im Volk Jesu Christi, in der Kirche also, seine Fortsetzung gefunden hat. Die Grundgesetze Gottes mit seinem Volk gelten aber für das alte und für das neue Gottesvolk gleichermaßen.

Um das richtig ins Visier zu bekommen, muß man sich die damalige Lage vergegenwärtigen. Ohne diese geschichtliche Rückblende geht es einfach nicht.

Also, so kurz wie möglich: Im Jahr 597 vor Christus besetzte der Babyloniersultan Nebukadnezar Jerusalem und ließ die geistige und technische Oberschicht Israels nach Babylonien verschleppen. Ein Schattenkönig namens Zedekia, den übrigens zehn Jahre später doch noch das gleiche Schicksal ereilte, regierte über den kümmerlichen Rest des Volkes in Jerusalem weiter. Von dort aus schrieb Jeremia den zwangsumgesiedelten, heimwehkranken Israeliten jenen Brief, den wir eben als Predigttext gelesen haben. Illusionslos macht er darin den Deportierten klar – in scharfem Gegensatz zu dem Zweckoptimismus nationalistischer Demagogen im Prophetengewand –, daß nach Gottes prophetischem Wort eine Rückkehr erst nach siebzig Jahren erfolgen werde. Sie sollten sich also in Babylon auf lange Sicht einrichten und dem neuen Staat – und er *war* ein Sklavenhalterstaat! – als loyale Staatsbürger dienen. Gott werde seinem Volk dennoch eine neue Zukunft geben.

So geschah es. Nach Jahrzehnten kam die Erlaubnis zur Heimkehr. Aber nur eine Minderheit zog nach Jerusalem zurück. Die Mehrheit blieb im längst zur wohletablierten Heimat gewordenen Babel zurück, wo man sich gänzlich integriert hatte und gut lebte. Nur: Was Israel, was die Gemeinde Gottes anbelangt, so ist zu sagen, daß nur jene Minderheit derer, die in die alte Heimat zurückkehrten, Träger der weiteren Gottesgeschichte wurde. Die anderen, die sich in die Welt Babels eingefädelt, integriert hatten, sind spurlos untergegangen, Flugsand der Geschichte, verschollen, vom Winde verweht.

Man muß diesen Hintergrund kennen, um zu begreifen, was Gott über jenes Damals hinaus für unser Heute sagen will, vorab, was er zu der Frage des Verhältnisses von Kirche und Staat, Gemeinde Gottes und Politik sagen will. Denn hier werden politische Fragen ins Licht des Wortes Gottes gerückt.

Daß die Bibel also auch zu politischen Fragen das Wort ergreift, ist sicher. Ebenso sicher ist, daß es dafür auch deutliche Grenzen gibt, vor allem dann, wenn man bestimmte Stellungnahmen zu bestimmten Einzelfragen als die christlich einzig richtigen ausgeben möchte, etwa zu den Fragen der Wählbarkeit einer Partei oder zu den Ostverträgen oder zur Frage des Rechts auf Heimat oder zur gewaltsamen Lösung der Rassenfrage oder was da gerade anliegt. Bei solcher Politisierung der Kirche wurde und wird bei uns des Guten und des Unguten entschieden zu viel getan. Insbesondere ist es durchaus nicht dasselbe, ob ein politisch verantwortungsbewußter Laie das tut oder ob ein Theologe sein Amt als Pfarrer zu politischer Werbung mißbraucht.

Das alles heißt aber nicht, daß es nicht doch Grundlinien des Glaubens in politischen Fragen gäbe. Davon spricht unser Text. Fünf dieser Grundlinien wollen wir heute in aller gebotenen Kürze nachziehen.

Erstens: So wie Israel im babylonischen Weltstaat leben mußte, so lebt die Kirche Gottes in dieser Welt und ihren politischen Gegebenheiten. Sie muß mit diesen Tatsachen leben wie andere Leute auch: »Baut Häuser, pflanzt Gärten, nehmt euch Frauen, suchet dieser Stadt, dieses Staates Bestes«, mit dessen Ergehen euer Ergehen nun einmal gekoppelt ist. Also: Nehmt am wirtschaftlichen, gesellschaftlichen und staatsbürgerlichen Leben eures Landes teil. Das ist christlich. Und das war immer so. Niemand soll so tun, als ob man auf diese Idee erst heute gekommen sei.

Zweitens: In der politisch-staatlichen Welt leben heißt immer auch, unter den Göttern der Politik zu leben. Hießen sie in Babel einst Marduk und Ischtar, so heißen sie bei uns Wohlstand, Konjunktur, Materialismus, Sex, Aberglaube, Lebensüberdruß, Sozialisierung, Macht, Wehrdienstverweigerung, Einheitsparadies der neuen Gesellschaft usw. Davor warnt Gott sein Volk. Man kann nicht Gott und den Göttern dienen. Das haben manche nicht wahrhaben wollen, die sich als Christen allzu rückhaltlos politisch engagiert haben und die prompt in den Bannkreis der Götter unsres modernen Babylon gerieten.

Drittens: Wenn Israel in Babel aufgefordert wird, sich dort zu etablieren und dort politisch, sozial und wirtschaftlich an allem teilzunehmen, bis die Zeit des Exils um sein wird, dann heißt das doch dies: Gott hat sein Volk, seine Kirche nicht aufgegeben, sondern er hat eine Zukunft für sie bereit. Eine Zukunft, die unabhängig ist vom politischen Geschehen. Christen wirken im politischen Leben mit, aber sie wissen, daß Gott für sie eine andere Zukunft bereit hat als die Zukunft des Staates und der Gesellschaft.

Viertens: Der vielzitierte Satz »Suchet der Stadt Bestes« ist eben nur das halbe Zitat. Die andere Hälfte gehört unbedingt dazu: »dahin ich euch habe wegführen lassen«.

Das heißt doch: Bei aller Pflicht des Christen zu staatsbürgerlicher Loyalität und Mitarbeit muß ihm und muß der Kirche doch immer bewußt bleiben, daß der staatlich-politische Bereich nicht die legitime Heimat des Volkes Gottes ist. Sondern er ist der Ort der Wegführung, ist fremdes Territorium. Christen bleiben in der Politik eben doch immer nur Fremdlinge, nur Gastarbeiter – auch wenn sie dort wie jener prominenteste Israeli in Babel, nämlich Daniel, hohe Sprossen der politischen Leiter erreichen. Von einer organischen Hineinverflechtung der Kirche – heute sagt man da also: von einer Integration – in das politische Leben, in den Staat, kann nach der Bibel gar keine Rede sein. Die Kirche, die sich in die politischen und sozialen Aufgaben »Babels«, das heißt dieser Welt, hineinintegrieren würde, geht dort spurlos unter, genauso unter, wie jene Mehrheit Israels, die damals in Babylonien blieb, als man heimkehren durfte, und die sich dann in Babel zu Tode integriert hat. Nur *das* Israel, nur *die* Kirche überlebt, hat Zukunft und Hoffnung, die sich aus Babel, aus der Verflechtung mit den Mächten der Politik löst und demonstrativ ihre eigenen Wege geht, die anderen Wege ihres Gottes. Die Besserung der babylonischen, sprich: der menschlichen, politischen und sozialen Verhältnisse kann ein Stück des Wegs der Kirche auf Erden sein, denn die Kirche lebt in der Welt. Aber ihre eigentliche Aufgabe, ihr Thema und ihr Ziel ist das niemals. Ihre eigentliche Aufgabe ist die Verkündigung der Herrschaft Gottes und das Kommen seiner neuen Welt. Ihr Ziel ist Jerusalem, ist die andere, neue Welt Gottes.

Fünftens: Der entscheidende Beitrag der Kirche und der Christen zur Politik ist das Gebet. »Suchet der Stadt Bestes – und betet für sie zum Herrn.« Das Gebet für Volk und Staat, Regierung und Politiker ist das eigentlich legitime Werkzeug der politischen Bestätigung des Christen. Die Kirche lebt in dieser Welt und betet für sie, nicht nur am Sonntag Rogate. Und zwar ist das Gebet auch dann die einzige Waffe der Kirche, wenn es sich um einen brutalen Machtstaat, um ein Sklavenhaltersystem wie Babel handelt. Revolution und Gewalt gegen ein solches Babel ist keine christliche Möglichkeit der Politik, wenn es nach der Bibel geht – auch wenn die Bibel hier sehr unbequem wird. Bewaffneter Aufstand und Guerilla-Methoden gegen mißliebige Verhältnisse sind kein Mittel christlicher Verantwortung in der Politik. Die Kirche betet, sie betet auch für den Unterdrückerstaat Babylonien. Das politische Mittel der Kirche ist das Gebet. Auch in Deutschland, auch in Rußland, auch in Äthiopien, in Südafrika oder Südamerika. »Suchet der Stadt Bestes und betet für sie zum Herrn.« Denn die betende Kirche hat eine Zukunft.

Und dann der zweite Schritt. Er heißt:

*Die Kirche lebt für jene Welt und betet um sie.*

Jene Welt, das war für das damalige Israel die alte Heimat, war Jerusalem, war der Zion mit den Ruinen des Tempels. Das war die Zukunft und Hoffnung, das waren die »Gedanken des Friedens und nicht des Leides, daß ich euch gebe Zukunft und Hoffnung«. Jene Welt – für die Kirche Jesu Christi ist das die kommende, ewige Welt Gottes. Beidemal aber unterscheidet sich Gottes Volk darin von allen Völkern und Mächten: daß es eine Zukunft hat, daß es nie am Ende ist, daß nach Jesu Wort nicht einmal »die Pforten der Hölle seine Gemeinde überwältigen« werden. Und daß es eine Hoffnung hat, die Hoffnung auf die kommende Welt der vollendeten Gemeinde Gottes. Für diese andere Welt lebt die Kirche und um sie betet sie.

Darum mündet dieses von Hause aus politische Kapitel der Bibel in ein großes Rogate, in den Ruf zum Gebet. »Und ihr werdet mich anrufen und mich bitten, und ich will euch erhören.« Gott will, daß wir beten. Gott will von uns nicht angeschwiegen werden. Darum: Rogate!

Ob Gott uns denn wirklich auch erhört, wenn wir beten? Stimmt das denn? Gibt es – anscheinend dann aber immer bei anderen Leuten – bloß erhörte Gebete und nicht auch unerhört verhalltes Beten?

Zunächst einmal: Beten wir denn eigentlich? Machen wir von der großen Chance, im Gebet unmittelbar mit Gott selbst reden zu dürfen, überhaupt Gebrauch? Ist unser Gebetsleben, soweit wir so etwas kennen, nicht immer wieder am Verflackern? Müßten wir nicht zuerst einmal wieder richtig anfangen, zu beten, beharrlich zu beten, ehe wir allzuviel, allzuklug über Erhörung und Nichterhörung des Gebets reden? Wollen wir nicht heute den Ruf Gottes, mit dem Beten wieder ernstlich anzufangen, mit nach Hause, mit ins »Kämmerlein« nehmen?

Und noch eine Frage: Was ist denn das Gebet? Bei manchen Gebeten – auch in der Kirche – hat man heute doch oft den Eindruck, es sei eine andere Art von Predigt oder Vortrag, in dem der Beter den Hörern noch so etliches beibiegen, schwäbisch: hinreiben will, damit sie in der Vermummung eines Gebets noch eine verpaßt kriegen. Oder es klingt wie ein Selbstgespräch, wo einer laut meditiert, was er innerlich nicht verdaut hat, und wo er andere an seinen seelischen Schwierigkeiten zu beteiligen wünscht. Das versteht die Bibel allerdings kaum unter Beten. Sondern: »Das Gebet ist ein Reden des Herzens mit Gott in Bitte und Fürbitte, Dank und Anbetung«, wie es im Konfirmandenbuch ganz richtig heißt. Dies aber ist auf alle Fälle die Voraussetzung dafür, daß Gott unser Gebet hört. Sonst hört er nämlich nicht zu.

Man muß ihn schon »von ganzem Herzen suchen«, das aber heißt: mit ihm von ganzem Herzen im Gebet sprechen, »so will ich mich von euch finden lassen, spricht der Herr«, so will ich auch antworten, spricht Gott. Denn Gott bleibt sich selber treu. Seine »Gedanken des Friedens und nicht des Leides« zeigen, daß der Heilige Liebe und Güte ist. Aber man muß ihn anrufen, anders geht das nicht. »Wenn ihr mich von ganzem Herzen suchen werdet, so will ich mich von euch finden lassen.«

Das ist die »Zukunft und Hoffnung«, die Gott den Seinen verspricht. Wobei der Weg dorthin nicht nur mit solchen Gebetserhörungen gepflastert zu sein pflegt, wie wir sie uns nach Maß gearbeitet gewünscht hatten. Es gibt auch Gebetserhörungen, die äußerlich – und innerlich! – im Gewand des Leides kommen und uns tief ins Dunkel führen. Das gibt es, das muß man wissen. Daß das, von Gott her gesehen, dann doch »Gedanken des Friedens und nicht des Leides« sein können, das zu erkennen ist oft sehr schwer, wenn wir das Warten auf diese Erkenntnis durchstehen müssen.

Darum besteht der wahre Trost, der wahre Friede des Beters nicht eigentlich in der Erhörung (die Gott übrigens seltsam oft schenkt), sondern in der »Hörung«, also im Wissen des Kindes Gottes: Nun hab ich's dem Vater gesagt, nun hat er's gehört, nun weiß ich, daß ich bei ihm angehört und aufgehoben bin und daß er's recht machen wird. Das zu wissen ist genug. Denn wer das begriffen hat, und wer das glauben kann, der ist ein Mensch, dem Gott die »Gedanken des Friedens« geschenkt hat. Mehr tut nicht not. Amen.

# Dies ist mein Sohn

Letzter Sonntag nach dem Erscheinungsfest

11. Februar 1973

*Matthäus 17, 1–9*

»Und nach sechs Tagen nahm Jesus zu sich Petrus und Jakobus und Johannes, seinen Bruder, und ging mit ihnen allein auf einen hohen Berg. Und er ward verklärt vor ihnen, und sein Angesicht leuchtete wie die Sonne, und seine Kleider wurden weiß wie das Licht. Und siehe, da erschienen ihnen Mose und Elia; die redeten mit ihm. Petrus aber hob an und sprach zu Jesus: Herr, hier ist für uns gut sein! Willst du, so wollen wir hier drei Hütten machen, dir eine, Mose eine und Elia eine. Da er noch redete, siehe, da überschattete sie eine lichte Wolke. Und siehe, eine Stimme aus der Wolke sprach: Dies ist mein lieber Sohn, an welchem ich Wohlgefallen habe; den sollt ihr hören! Da das die Jünger hörten, fielen sie auf ihr Angesicht und erschraken sehr. Jesus aber trat zu ihnen, rührte sie an und sprach: Stehet auf und fürchtet euch nicht! Da sie aber ihre Augen aufhoben, sahen sie niemand als Jesus allein. Und da sie vom Berge herabgingen, gebot ihnen Jesus und sprach: Ihr sollt dies Gesicht niemand sagen, bis des Menschen Sohn von den Toten auferstanden ist.«

»Jesus in schlechter Gesellschaft« – wir meinen damit natürlich nicht die Gesellschaft von Mose und Elia oder von Petrus, Johannes und Jakobus, von denen wir eben im Evangelium gehört haben, sondern wir meinen den Titel eines der heute so üppig gedeihenden Jesus-Bücher, meist aus der Gattung der theologischen Trivialliteratur unsrer Tage, wie etwa das Büchlein »Jesus, Menschensohn« eines Rudolf Augstein. Oft wird da so getan, als habe sich Jesus im wesentlichen unter Gammlern, Kriminellen, Dirnen und Asozialen bewegt oder als sei er so etwas wie ein sozialer Protestler gewesen und habe eigentlich nur aus Versehen noch nicht die kommunistische Parole erfunden: »Proletarier aller Länder, vereinigt euch!«

Wer aber Jesus wirklich ist, nämlich der Jesus, den das Neue Testament bezeugt und ohne den es keinen Tag eine christliche Kirche gegeben hätte, das bündelt die Geschichte von der sogenannten Verklärung wie in einem Brennspiegel.

Die Erzählung berichtet nicht, welcher Berg das gewesen sei. Aber bei einer Erzählung, die derart vom Morgenglanz der Ewigkeit umleuchtet ist, wie diese hier, kommt es nicht auf geographische oder historische Belegbarkeit an. Immerhin deutet die im Evangelium bemerkenswert seltene Angabe eines genauen Datums – sechs Tage nach dem berühmten Petrus-Bekenntnis von Caesarea Philippi – unverkennbar darauf hin, daß für die Jünger Jesu eine sehr präzise Erinnerung vorlag und vor allem, daß sie damit die fundamentale Wichtigkeit dieses Geschehnisses für die Sache des christlichen Glaubens festnageln wollten. Nämlich daß es hier um die Enthüllung des Geheimnisses der Person Jesu und des Werkes Christi gehe. Bei der Verklärung auf dem Berg handelt es sich um eine der großen Sternstunden des Glaubens – wie bei Mose auf dem Sinai und fast wie am Kreuz auf Golgatha und wie am Ostermorgen, als der Auferstandene erschien. Daß Jesus nichts als ein großer Mensch sei, das kann niemand sagen, der begriffen hat, was die Stimme Gottes bedeutet, die dort auf dem Berg der Verklärung jene Jünger zu Boden warf: »Dies ist mein Sohn, den sollt ihr hören!«

Darum hat die Predigt über dieses Hauptstück aus dem Evangelium Jesus zum Thema, Jesus allein und sonst nichts. Ihre Überschrift hat Gott selbst gesetzt. Sie heißt: **»Dies ist mein Sohn.«**

»Dies ist mein Sohn.« Unter dieser Überschrift erweisen sich zwei kurze Sätze in der Geschichte als Hauptsätze in Fettdruck. Der erste lautet: *»Den sollt ihr hören.«*

Hören – weil er der Sohn Gottes ist, das andere Ich Gottes in Person. Daß Jesus trotz all seiner Menschlichkeit entscheidend mehr ist als ein Mensch, entscheidend mehr als so ein menschlicher Superstar, das ist's, was diese unerhörte Geschichte sagen will. Wie immer auch sich der Vorgang im einzelnen abgespielt haben könnte – das Evangelium spricht hier ja selbst von einem »Gesicht«, also von einer Vision der Jünger – sicher ist auf alle Fälle, was der Bericht sagen will.

»Und er ward verklärt«, wörtlich übersetzt: verwandelt, in eine andere Daseinsform umgestaltet, in eine unbeschreibliche, ganz andere Sichtbarkeit. Ein unirdischer Lichtglanz habe seine Gestalt umflossen, »und sein Angesicht leuchtete wie die Sonne«. Wie eingetaucht in Gottes Lichtherrlichkeit sei seine Erscheinung gewesen, buchstäblich so, wie es im 104. Psalm heißt: »Licht ist dein Kleid, das du anhast.« Auch die lichte Wolke, von der gleich danach die Rede ist, will genau dasselbe sagen: Gottes Lichtmantel, den kein Auge ertragen, geschweige denn durchdringen kann, hüllte Jesus ein und machte offenbar, daß dieser Mensch Jesus von Nazareth zugleich mehr, viel mehr war als ein Mensch, nämlich Gottes Sohn.

Eben dies bekundete dann die Stimme aus der anderen Welt, die Stimme Gottes, die ein Menschenohr so wenig ertragen kann, wie ein Menschenauge seine Lichtherrlichkeit aushalten kann. Aber die Stimme ist wahr: »Dies ist mein Sohn; den sollt ihr hören!« Dieser Jesus ist mein Christus, der Träger aller meiner göttlichen Vollmacht. Als offenkundiger Mensch und als verborgener Herr war er auf den Berg gestiegen. Als offenkundiger Herr und als darunter verborgener Mensch offenbarte er sich auf der Höhe des Berges der Verklärung.

Darum sind seine Worte an uns Gottes Wort; darum ist sein Evangelium keine Religionsweisheit, kein Sozialprogramm und kein Lehrbuch der Ethik, sondern es ist Gottes Botschaft an uns. »Den sollt ihr hören.« Ohne den offenen Himmel bei der Verklärung, ohne diese Selbstkundgebung Gottes wäre Jesus irgend so ein Dutzendreformer, irgend so ein weltanschaulicher Programmierer, wie man sie sich im Warenhaus der Welt von der Stange kaufen und ein Jahr oder drei damit vertreiben kann, bis dann der nächste Ideologieapostel »in« ist. Über Jesus aber ist Gottes Himmel offen. »Den sollt ihr hören!«

Aber da sind nun noch zwei Gestalten im Spiel, wie aus der anderen Welt Gottes zu Jesus getreten, unirdisch fern und doch unzweideutig in ihrer Person: Mose und Elia. Fragen Sie mich jetzt nicht, wie man sich denn das vorstellen soll. Ich stelle es mir überhaupt nicht vor, aber ich versuche zu verstehen, was diese Gestalten aus dem Alten Bund der Treue Gottes sagen wollen. Wobei beides gleich grundwichtig ist: daß sie erscheinen und daß sie verschwinden.

Zunächst, daß sie erscheinen: Mose als der Mittler des heiligen Gebotes Gottes, Elia als der Inbegriff der Propheten Gottes, der Boten seines Gerichtes, aber auch der Hoffnung auf eine ferne Gnade. Das Gesetz und die Propheten treten zum Evangelium, wenn Mose und Elia zu Jesus treten. Das Gebot, nämlich das Gebot der Liebe zu Gott und damit der Liebe zum Nächsten, das ist Mose. Die Ankündigung des göttlichen Gerichtes, aber auch der Hoffnung auf Gottes Zukunft, das ist Elia. Beides gehört zum Evangelium, zur Botschaft vom Brunnen der Barmherzigkeit Gottes gegen Sünder, die Jesus Christus bringt und die Jesus ist. »Den sollt ihr hören!«

So tönt die Stimme aus der »lichten Wolke«. Die Wolke bedeutet: Gott ist nahe und Gott ist doch verhüllt. Wer Gott ist, weiß man immer erst dann, wenn er das Wort nimmt. Ohne Gottes Wort weiß niemand, wer Gott ist und was Gott will. Die helle Wolke allein schafft höchstens eine gewisse Stimmung. Aber es kommt nicht auf fromme oder feierliche Stimmung des Menschen an, etwa an einem schönen Wandertag draußen in der Natur oder bei einem großartigen Konzert in einer Kirche, sondern auf die Stimme kommt es an, auf Gottes Stimme, auf Gottes klares Wort, wie es die Jünger auf jenem Berg vernahmen und wie wir es in der Bibel haben.

Gottes Stimme sagt: »Dieser Jesus ist mein Sohn; den sollt ihr hören!« Auf Jesus hören, das ist Inhalt und Ziel des Lebens. Auf Jesus hören, das ist Friede mit Gott, das ist Begnadigung des vor Gott Schuldiggewordenen, das ist Freiheit von Menschenfurcht, das ist Versöhnung unter Menschen, das ist Wegweisung für jeden neuen Tag, das ist Kraft in den Stunden der Angst, das ist Trost in allem Leid des Herzens, das ist Brot für jede hungernde Seele. »Den sollt ihr hören!«

Das ist's, was jene Augenzeugen von dieser einzigartigen Stunde auf dem Berg berichtet haben, jene drei Jünger, die Jesus sehr bewußt mitgenommen hat als Zeugen eines uns gewiß unwirklich dünkenden Geschehens. Als Zeugen, nicht als Zuschauer! Als Zeugen, die den Mund auftun, nicht als Beobachter, die dann ihres Weges gehen. Johannes, einer der drei, berichtet später in seinem Evangelium noch in unverkennbarem Nachhall an diese unerhörte Stunde: »Wir sahen seine Herrlichkeit – wir sahen seine Verklärung –, eine Herrlichkeit als des eingeborenen Sohnes vom Vater, voller Gnade und Wahrheit.« Oder als Zeugen von den großen Tatsachen des Glaubens wie dort im zweiten Petrusbrief: »Wir haben seine Herrlichkeit selber gesehen ... Und diese Stimme haben wir gehört vom Himmel kommen, als wir mit ihm waren auf dem heiligen Berg.«

Das sucht Jesus noch heute: Zeugen seiner Wahrheit. Noch einmal: Zeugen, nicht Zuschauer. Zuschauer denken sich ihre Sache und gehen ihres Weges. Zeugen nehmen Partei für den, den sie bezeugen. Gott will, daß wir uns auf die Seite Jesu stellen, daß wir uns mit ihm und mit seinen anderen Zeugen solidarisieren. Unter unseren Mitschülern, in unserer Straße mit ihrer Handvoll Kirchgänger, in unserem Betrieb, in unserer Familie, in unserer Kirche. Sich mit ihm solidarisieren, mit Jesus, das heißt: »Den sollt ihr hören!«

Der zweite Hauptsatz heißt: »*Sie sahen niemand als Jesus allein.*« Dann war die Stunde des unerhörten Gesichtes der zutiefst erschrockenen und zu Boden gefallenen Jünger vorbei. »Jesus aber trat zu ihnen, rührte sie an und sprach: Stehet auf und fürchtet euch nicht! Da sie aber die Augen auftaten, sahen sie niemand als Jesus allein.«

Das ist nun also die andere grundwichtige Seite der Sache mit den beiden Boten aus dem Alten Testament, von der wir schon sprachen: daß sie wieder verschwinden. Und eben das hat seinen für uns geradezu lebensrettenden Sinn.

Verschwunden sind Mose und Elia, das bedeutet: Verschwunden ist das Muß des Gesetzes – das ist Mose –, das Muß des Gesetzes, das mir auferlegt, mein Leben voll Sünde und Schuld vor Gott durch mein eigenes Tun in Ordnung zu bringen. Und verschwunden ist die Predigt des Gerichts – das ist Elia und mit ihm die Gerichtsverkündigung der Propheten –, des Gerichtes als letztes Wort Gottes, das mich ohne alle Hoffnung läßt. Geblieben ist »Jesus allein«. Geblieben ist das lebensrettende Wunder, daß Jesus am Kreuz mit mir meine Strafe getauscht hat und daß es für den Sünder, für den Schuldigen, einen Freispruch vor Gott gibt. »Jesus allein«, daran hängt für uns doch alles. Denn Jesus macht uns frei von der Angst, in der wir Sünder sonst vor Gott vergehen müßten, die uns vor Gott zu Boden pressen müßte, wie jene Jünger dort auf dem Berge. Wo Jesus ist, da ist Begnadigung, da ist Freiheit, da ist Rettung, da ist Auferstehung der Toten.

Die scheinbar so verständliche Aufforderung Jesu: »Stehet auf!« hat ein ungewöhnliches Gewicht. Sie bedeutet in der griechischen Ursprache dasselbe wie: »Steht aus dem Tode auf!« Nämlich aus dem Tod eurer Gottesferne, eurer Sünde, eures verpfuschten Lebens, eurer Angst vor Gott, und laßt euch auferwecken zum neuen Leben. So groß ist das, wenn wir es mit Jesus allein zu tun haben. Was sollte aus uns ohne Jesus bloß werden? Nur er kann sagen: »Fürchtet euch nicht!«

Und Jesus bleibt bei uns. Mose und Elia gehen, und – man muß dies ausdrücklich sagen – auch die große Gottesstunde auf dem Berg, also die Stunde einer ganz besonderen Glaubenserfahrung und einer wunderbaren, spürbaren Nähe Gottes vergeht. Man kann die Uhr der großen Gottesstunden nicht anhalten. Sie vergehen. Aber Jesus bleibt, so wie er bei den Jüngern geblieben ist, als sie aus dieser Sonntagsstunde Gottes wieder hinunterstiegen in den gewöhnlichen, harten Montag der Jünger, der Kirche, des Christen. Jesus bleibt bei uns, auch dann, »wenn ich gleich gar nichts fühle von deiner Macht«. Auf das Fühlen kommt es nicht an, auf Jesus kommt es an und daß er mit uns den Berg hinuntergeht und in unsere Alltagswelt mitgeht.

Unten am Berg – das steht in Matthäus 17 dann gleich im Anschluß an unseren Textabschnitt – wartete damals ein Haufen aufgeregter Leute und ratloser Jünger, in ihrer Mitte ein Junge, der von einem epileptischen Anfall geschüttelt war und dem die Jünger nicht helfen konnten. Dorthin ging Jesus mit. Also in unsere Welt des oft so kleinkarierten Alltags, der immer gleichen Arbeitsvorgänge, Einkaufsgänge, Omnibusgesichter und eben des täglichen Drehwurms. Aber auch in unsere Welt der Krankenbetten, der Herzinfarkte, der Altersheime, der Spannungen zwischen Jungen und Alten; in unsere Welt eigener Schuld und fremder Not, in die Welt voller Angst und voller Dämonien; in unsere Welt des rastlosen Geldausgebens, weil man einen anderen Lebensinhalt als den der dauernd neuen Anschaffungen eigentlich gar nicht mehr kennt, aber auch in unserer Welt der überall aufflammenden gewaltsamen Revolution und des bewaffneten Terrors; in unsere Welt der Furcht und des Hungers, auch in die Schreckenswelt der arabischen und nordirischen Attentate oder der beim Vietkong üblichen Massenhinrichtungen in eroberten Städten und Dörfern, – um der Gerechtigkeit willen müssen doch auch einmal diese Metzeleien beim Namen genannt werden.

Jesus geht mit – auch in die Welt der Kirche mit ihren heute so offenkundigen inneren Spannungen und Rissen. Jesus geht überallhin mit, mit denen, die seine Nähe brauchen und seine Kraft über den Tag hinaus. Er geht mit denen, die wissen, daß nur der Blick auf Jesus allein frei macht, frei von Menschenfurcht und Gottesangst, frei von ideologischem Haß und von weltzerstörendem Fanatismus, frei vom Gefühl der Sinnlosigkeit und frei von der Last der Schuld, frei von der Macht der Schwermut, der Tränen, des Friedhofs, ja des Todes. »Da sie aber ihre Augen« – ihre müden, freudeentwöhnten, traurigen, angstvollen Augen – »aufhoben, sahen sie niemand als Jesus allein.« Wo ein Mensch Jesus sieht, da kann er auch getrost den Berg wieder hinabsteigen. Jesus allein bleibt der Siegesfürst über alle Angst und Enge. »Meines armen Herzens Pforten stell ich offen, komm herein. Komm, du König aller Ehren, du mußt auch bei mir einkehren; ewig in mir leb und wohn als in deinem Himmelsthron.« Amen.

# Gott gibt die neue Qualität
# des Lebens

Sonntag Laetare                           1. April 1973

*Johannes 6, 1–15*
»Danach fuhr Jesus weg über das Galiläische Meer, daran die Stadt Tiberias liegt. Und es zog ihm viel Volks
nach, darum daß sie die Zeichen sahen, die er an den
Kranken tat. Jesus aber ging hinauf auf den Berg und setzte sich daselbst mit seinen Jüngern. Es war aber nahe
Ostern, der Juden Fest. Da hob Jesus seine Augen auf und
sieht, daß viel Volks zu ihm kommt, und spricht zu Philippus: Wo kaufen wir Brot, daß diese essen? Das sagte er
aber, ihn zu prüfen; denn er wußte wohl, was er tun wollte. Philippus antwortete ihm: Für zweihundert Silbergroschen Brot ist nicht genug unter sie, daß ein jeglicher ein
wenig nehme. Spricht zu ihm einer seiner Jünger, Andreas,
der Bruder des Simon Petrus: Es ist ein Knabe hier, der hat
fünf Gerstenbrote und zwei Fische; aber was ist das unter
so viele? Jesus aber sprach: Schaffet, daß sich das Volk lagere. Es war aber viel Gras an dem Ort. Da lagerten sich
bei fünftausend Mann. Jesus aber nahm die Brote, dankte
und gab sie denen, die sich gelagert hatten; desgleichen
auch von den Fischen, wieviel sie wollten. Da sie aber satt
waren, sprach er zu seinen Jüngern: Sammelt die übrigen
Brocken, daß nichts umkomme. Da sammelten sie und
füllten von den fünf Gerstenbroten zwölf Körbe mit Brokken, die übrigblieben denen, die gespeist worden. Da nun
die Menschen das Zeichen sahen, das Jesus tat, sprachen
sie: Das ist wahrlich der Prophet, der in die Welt kommen
soll. Da Jesus nun merkte, daß sie kommen würden und
ihn greifen, damit sie ihn zum König machten, entwich er
abermals auf den Berg, er selbst allein.«

Die Leute damals haben zu essen bekommen, damit sie
satt würden. Heute sagt man dafür etwas umständlicher:
damit die Qualität des Lebens bei ihnen verbessert würde.

Das ist eine Art neues Zauberwort geworden, diese Sache mit der Qualität des Lebens. Ob das wirklich mehr ist als das altrömische Rezept »panem et circenses«, Brot und Zirkusspiele, oder etwas neudeutscher ausgedrückt: gesicherte Vollbeschäftigung und angemessene Glückszuteilung, das wird sich erst noch herausstellen müssen.

Gott aber gibt mehr. Zunächst scheint das Gegenteil zu stimmen. Denn der Kanten dürftigen Gerstenbrots und das Stückchen Fisch war ja nun schon unter dem Strich – trotz der frappierenden Vermehrung der paar Brote. Wer aber die Geschichte ernsthaft liest und sie als eine Art Einleitung zu der darauffolgenden Rede Jesu über sich selbst als das Brot des Lebens begreift, dem geht auf, was diese Wundererzählung sagen will. Das Thema heißt: **Gott gibt die neue Qualität des Lebens.**

Die neue Qualität des Lebens, die Jesus bringt, heißt erstens: *Gott gibt das Recht auf Leben.*

Gott ist der Schöpfer alles Lebens – meines Lebens oder des Lebens meiner Kinder oder des Ihrigen. Darum gibt es keine Ehrfurcht vor dem Leben ohne die Ehrfurcht vor dem Schöpfer, ohne die Furcht vor Gott. Darum lehrt uns Jesus auch, daß Gott das Recht auf Leben gibt und daß die Erhaltung des Lebens zum Gehorsam gegen Gott gehört. Das zeigt er daran, daß seine Heilandstaten überwiegend mit der Erhaltung des Lebens zusammenhängen, und darum kann es passieren, daß Jesus sich in diesem Sonderfall auch einmal um den Hunger und um das Brot des Menschen kümmert.

Nur: Man darf allerdings diesen ausgesprochenen Einzelfall der wohlbekannten Speisung der Fünftausend nicht so auslegen, als sei die Sorge um das Brot, um das Wohl des Menschen, Jesu eigentliches Anliegen und sein Programm gewesen; davon kann keine Rede sein. Aber in dieser bestimmten Lage hat er sich auch einmal darum gekümmert. Also ist auch für seine Nachfolger solche Fürsorge durchaus im Geiste Jesu.

Nur darf man nicht dieses Recht auf Leben, das Gott gibt, so verstehen, daß es mit der Hilfe gegen den Hunger des Nächsten erledigt sei, bei uns etwa mit der Sammlung

»Brot für die Welt« oder mit Hilfsmaßnahmen der Diakonie im eigenen Land oder mit den stillen, kleinen Hilfen von Mensch zu Mensch. Daß Gott das Recht auf Leben gewährt, heißt doch, daß nur er alles Leben gibt und nur er das Leben wieder nehmen darf. Es verstößt eindeutig gegen dieses alleinige Hoheitsrecht Gottes, wenn man so tut, als sei es in die Entscheidung des Menschen gestellt, ob keimendes Menschenleben im Mutterleib heranwachsen darf oder ob es durch Menschenhand getötet wird. Christen können diesem Eingriff in Gottes Recht, wie ihn etwa das Gesetz über die sogenannte Fristenlösung verankern will, nur ein ernstes Nein entgegensetzen. Die Tötung menschlichen Lebens verträgt sich auf gar keinen Fall und in gar keinem Stadium mit jener neuen Qualität des Lebens, die Gott gibt.

Ganz zu schweigen von allen wieder ernsthaft diskutierten Neuauflagen der Hitlerschen Euthanasie, jenes entsetzlichen Frevelmuts, mit dem Menschen darüber entscheiden wollen, welches Leben schwerkranker, betagter oder sonstwie behinderter Mitmenschen noch fortgesetzt werden dürfe und welches als lebensunwert(!) auszulöschen sei. Nein und noch einmal nein! Gott gibt und Gott schützt das Recht auf Leben. Aber eben nicht bloß dann, wenn es wie bei der Speisung der Fünftausend um Brot für Hungernde geht.

Natürlich ist es gleichwohl christlich, sich aktiv für bessere Lebensbedingungen in der Welt einzusetzen, nicht bloß, wenn es um Brot und Nahrung in der Welt geht. Aber an diesem Punkt ist es heute Zeit, einmal alle Vorwürfe eines christlichen Eigenlobs auf sich sitzen zu lassen und es trotzdem auszusprechen, daß die Christen schließlich die sind, denen man das nicht zu erzählen braucht. Trotz vielen schuldhaften Versagens der Kirche und der Christen hat man dort seit den Tagen Jesu so gehandelt, längst, ehe es andern im Traume eingefallen wäre.

Die Welt will es heute nicht mehr wissen, aber es ist so, daß z. B. die Erfindung des Krankenhauses ausschließlich eine christliche Idee war; oder daß es kirchliche Speisungen Hungernder seit der Urgemeinde gab, als andere in aller Welt bloß an sich dachten; oder daß es die Mutterhaus-diakonie oder die Anstalten in Stetten oder Bethel oder im Rauhen Haus längst gab, als das Wort »sozial« noch nicht einmal erfunden war; oder daß in Begleitung der heute so leichthin und so zu Unrecht geschmähten weißen Missionare immer auch der Missionsarzt kam, die Krankenschwester und der Missionslehrer. Es ist einfach nicht wahr, daß es auch andere Leute gewesen wären, die tätige Nächstenliebe geübt hätten. Ursprünglich waren es regelmäßig gläubige Christen, die so handelten und sonst niemand.

Wo andere heute bis zum Überdruß »fordern«, lautstark fordern, daß der Staat, die Gesellschaft, auf alle Fälle aber andere Leute viel, viel mehr soziale Taten vollbringen und Gesetze erlassen müßten, da handeln Christen, handeln in der Nachfolge ihres Herrn, der nicht nur Seelsorge – die gewiß vor allem anderen –, sondern auch »Leibsorge« geübt hat. Rundheraus gesagt: Wir sind es allmählich leid, von anderen als von Jesus darüber belehrt zu werden, was praktische Diakonie ist. Wer sich mit seinen Forderungen nach sozialen Taten nie auch an Gewerkschaften, Bauern-, Studenten- und andere Verbände oder an Parteien, sondern immer nur anklagend an und gegen die Kirche wendet, der ist schlicht auf dem falschen Dampfer. Auch das muß man einmal am heutigen Tag des Diakonischen Werkes aussprechen, wenn man nicht an der Wahrheit schuldig werden will.

Wobei in dieser Geschichte von der Leibsorge am Nächsten eines auf keinen Fall überlesen werden darf: daß Jesus, ehe er das Brot verteilt, Gott gedankt, also ein Tischgebet gesprochen hat. Das bedeutet: Eine Diakonie, die nicht zugleich mit Worten sagt, in wessen Dienst sie steht, ist nicht Diakonie in den Fußspuren Jesu. Darum beten Diakonissen mit den Kranken, die sie versorgen. Darum hatten jene amerikanischen Christen ganz recht, wenn sie damals, als wir in den Jahren nach dem Krieg quälenden Hunger litten, auf die Banderolen ihrer für teures Geld gestifteten Pakete drucken ließen: »In the name of Jesus Christ«, im Namen Jesu Christi. Darum gibt es in den Anstalten der Diakonie Andachten und eine christliche Hausordnung – oder sie verdienen ihren Namen nicht mehr. Sozialbetreuung ist noch lange keine Diakonie. Sozialarbeit kann mit gutem Recht von Jesus absehen. Diakonie kann das eben nicht. Sie steht im Auftrag dessen, der diesen Fünftausend mit ihrem Hunger zunächst einmal gepredigt und mit ihnen gebetet hat.

Die Geschichte selber mit der wunderbaren Vermehrung der Brote mutet uns gewiß einen unerklärbaren Vorgang zu. Aber eben das hat Jesus, hat Gott inzwischen unzähligemal wiederholt, wenn er in auswegloser Lage geholfen hat. Für mein Teil hätte ich von solchen Wunderspeisungen aus vergangenen Zeiten eine Masse zu erzählen, wenn man da nicht doch an sich halten müßte. Die Sache mit den fünf Gerstenbroten wiederholt sich ständig. Mitten in den Unmöglichkeiten beginnen Jesu Möglichkeiten. Man mag zu dem Wundervorgang selber stehen wie man will, aber eines weiß ich: daß es ohne das Unerklärbare bei Gott nicht abgeht. Wer damit nicht rechnen will, ist arm dran.

Jesus rechnet anders als wir. Gewiß, seit wir ein reiches Land geworden sind, sind wir in gewisser Hinsicht arme Leute geworden. Arm, weil wir nicht mehr wissen, wie das in der Praxis wahr sein kann, was früher im Speisesaal der Anstalt Karlshöhe bei Ludwigsburg stand: »Wenn wir von Tag zu Tagen, was da ist überschlagen und rechnen dann die Menge, so sind wir im Gedränge. Doch wenn wir voll Vertrauen ihm auf die Hände schauen, so nähret allerwegen uns ein geheimer Segen.« Und wie wahr auch die andere Gesangbuchstrophe sein kann: »Er weiß viel tausend Weisen, zu retten aus dem Tod, er nährt und gibet Speisen zur Zeit der Hungersnot, macht schöne rote Wangen oft bei geringem Mahl ...«

Daß uns dieses schlichte Gottvertrauen zugleich eine große innere Anfechtung bedeutet im Blick auf die Millionen Hungernder in der Welt, sei nicht verschwiegen. Wir haben hier keine schlüsselfertige Antwort anzubieten. Nur eines ist ganz sicher: daß auch hier ein unlösbarer Zusammenhang besteht zwischen den Nöten der Welt und der

Bekehrung zu Christus und dem Glauben an Gott, den Vater Jesu Christi. Eine Veränderung der Gesellschaft ist nicht die Lösung. Die Hilfe liegt allein in der Veränderung der Herzen.

Der Sinn dieser Geschichte ist in jedem Falle der: Es ist Gottes Gnade, wenn er die neue Qualität des Lebens und das Recht auf Leben gewährt. Und es ist auch heute im Wohlstand nichts als Gottes Gnade, wenn er uns unser tägliches Brot schenkt und das Leben erhält.

Die neue Qualität des Lebens, das heißt zweitens: *Gott gibt den Sinn des Lebens.*

Wir können das jetzt wohl nur noch in einiger Kürze andeuten, obwohl eigentlich gerade dazu noch so viel zu sagen wäre.

Zu sagen ist auf alle Fälle noch, daß die Brotfrage sich ausweitet zur Lebensfrage überhaupt. Die recht materialistische und also wenig christliche Redensart: »Der Mensch ist, was er ißt« zeigt unübersehbar, daß mit den äußeren Abläufen des Lebens auch die Frage nach dem Sinn des ganzen Lebens gestellt ist. Dabei merkt man irgendwann, daß sich aus der mehr oder weniger äußerlichen Lösung dieser gewiß wichtigen Fragen keine wirkliche Antwort für den Sinn des Lebens ergibt.

Die neue Qualität des Lebens, eine wirkliche Sinnerfüllung des Lebens, gibt nur Gott – ein Leben, aus dem die Angst, die vielfältige Angst der Welt gewichen ist, seit Jesus den Frieden ins Leben gebracht hat. Und er gibt Gemeinschaft unter Mitchristen statt des Gegeneinanders aller gegen alle. Und Vergebung, wo die eigene Sünde das ganze Leben zu einem verpfuschten Leben gemacht hat. Und Liebe, wo der Haß und das Mißtrauen alles zu ersticken drohte. All diesen Hunger des Lebens zu stillen, das ist schwerer und wohl noch nötiger, als den Hunger des Magens zu befriedigen.

Denn mit dem Brot für den Magen, mit der Sicherung der Lebensbedürfnisse regeln sich die Fragen des Lebens eben nicht von selber, auch nicht, wenn zum Brot der Schinken, die Spülmaschine, der ganz große Wohnwagenanhänger, der neue Elektroherd mit stimmungsvollen Butzenscheiben vor dem Backofen und der echte Perserteppich vor der schon wieder neuen Schrankwand hinzukommen. Das Evangelium Gottes ist nicht gleichbedeutend mit dem Rattenfängerslogan: »Alle sollen besser leben!« Hunger ist eben mehr als die Frage nach Brot und nach Glück. Es geht auch um den Hunger nach Antwort, nach Antwort auf alle Fragen. Darum sind die Signale des Verhungerns so erschreckend, des Verhungerns nicht selten gerade solcher, die übersatt zu essen haben, die Signale, die da heißen: Alkohol, Drogen, psychiatrische Klinik, Selbstmord.

Jesus teilt Brot aus, das Brot des Lebens. Dieses Brot ist er selber: Gottes Liebe am Kreuz ist das Zeichen, daß mein verdorbenes Leben noch gerettet werden kann. Er schenkt Gemeinschaft mit seinen Kindern, den Frieden von oben, mitten in der Zerrissenheit des Herzens. Er gibt den Sinn des Lebens.

Damit hängt es dann aber auch eng zusammen, daß sich Jesus sofort entzieht, wenn diesem Leben ein andrer Sinn, ein Schein-Sinn gegeben werden soll. »Da Jesus nun merkte, daß sie kommen würden, damit sie ihn zum König machten, entwich er...« Der Schein-Sinn, dem Jesus sich unweigerlich entzieht, sind die neuen, ewig alten Programmpunkte der Welt, die Motive der Massen: Wir wollen es besser haben, wir wollen mehr haben vom Leben, wir wollen eine neue Qualität des Lebens in Gestalt von mehr Zulagen und weniger Arbeit, ärztlicher Versorgung zum Nulltarif und eines gesicherten Arbeitsplatzes.

Wer den Massen das bietet, der ist ihr König, der wird verehrt wie Kaiser Mao, in dessen Reich in der Tat wohl niemand hungert, und der wird angejubelt wie Hitler, als er die Arbeitslosigkeit durch Kriegsrüstung beseitigte.

So ein Brotdiktator ist Jesus nicht. »Da entwich er abermals.« Jesus ist doch kein Bannerträger besserer sozialer Verhältnisse, kein gesellschaftlicher Revolutionär, kein Rebell gegen Roms Kolonialismus und Imperialismus. Er will diese Welt nicht verändern, sondern das Reich bringen, das ausdrücklich nicht von dieser Welt ist. »Sicherheit, Stabilität, Wohlstand«, dieser Slogan ist ganz sicher nicht die Botschaft Jesu. Das »Brot für die Welt«, das er bringt, ist die Verheißung: »Ich bin das Brot des Lebens.« Es ist das Ziel dieser Geschichte, zu zeigen, wie Jesus sich dann von den Massen löst, wenn sie ihn zum Vorspann ihrer Programme, Wünsche und Forderungen machen wollen. Eine politische und soziale Revolution ist nicht der Sinn des Lebens, den Jesus gibt.

Der Sinn des Lebens ist vielmehr, das Brot des Lebens zu erlangen, das Brot der Hingabe Jesu. Er gibt sich für uns in den Tod, damit wir im Gericht Gottes überleben. An seinem Leben wird die Qualität des neuen Lebens sichtbar.

Nicht umsonst wird zu Beginn der Erzählung die Nähe des Passahfestes erwähnt, an dem in Israel das Passahlamm geschlachtet wurde. »Siehe, das ist Gottes Lamm, welches der Welt Sünde trägt.« An ihm, am Gekreuzigten, scheiden sich darum die Geister. Welche Qualität des Lebens suchen wir nun als das Ziel, als den Sinn des Lebens? Das Programm: »Alle sollen besser leben« oder die Zusage: »Ich bin das Brot des Lebens«? Wir brauchen Brot zum Leben, richtiges Brot zum Essen, brauchen es wie Israel das Manna in der Wüste. Aber wir brauchen vor allem das Brot des Lebens. Wir brauchen Brot, und wir brauchen Gott. Nur dann ist das, was wir zu bringen haben, wirklich »Brot für die Welt«.

Man kann nicht schließen, ohne sich darüber noch klarzuwerden, daß in dieser Erzählung die Austeilung des Brotes durch Jesus selber, sein Lobgebet dabei und die Gemeinschaft der Beschenkten zugleich an die Feier des Brotbrechens im Mahl des Herrn erinnern soll. Mit dieser Speisungsgeschichte wird also vorausgedeutet auf das kommende Mahl des Herrn, in dieser Zeit in der Kirche seiner Jünger und in der kommenden Welt in seines Vaters Haus, wenn »nach der Zeit den Platz bereit an deinem Tisch wir finden«. Amen.

# Christ ist erschienen, uns zu versühnen

2. Christfeiertag                     26. Dezember 1973

*Hebräer 1, 1–4*

»Nachdem vorzeiten Gott manchmal und auf mancherlei Weise geredet hat zu den Vätern durch die Propheten, hat er in diesen letzten Tagen zu uns geredet durch den Sohn. Ihn hat Gott gesetzt zum Erben über alles; durch ihn hat er auch die Welt gemacht. Er ist der Abglanz seiner Herrlichkeit und das Ebenbild seines Wesens und trägt alle Dinge mit seinem kräftigen Wort und hat vollbracht die Reinigung von unsren Sünden und hat sich gesetzt zu der Rechten der Majestät in der Höhe und ist so viel höher geworden als die Engel, so viel erhabener der Name ist, den er vor ihnen ererbt hat.«

»Christ ging verloren, Welt ward geboren.« Das ist nicht der Kanzelversprecher des Jahres, sondern das ist ernst gemeint und darum eine harte Sache. Sie haben es wirklich geglaubt und glauben es zum Teil heute noch, daß die Welt durch uns, durch unsere Technik, durch die Wissenschaft, durch den Fortschritt ganz neu geformt werden könne, sozusagen neu geboren würde, seit wir tüchtigen Menschen die Sache in die Hand genommen und in den Griff bekommen haben und kurzerhand alles für machbar erklärt haben. Die Welt wurde immer fabelhafter, »Welt ward geboren.«

Sogar Weihnachten kriegte man in den Griff, dieses verniedlichte, unverwüstliche Fest altmodischer Leute, die es mit einem Jesus hielten und daß er geboren sei, und mit Gott hatte das auch etwas zu tun. Nun, darüber ließ sich hinwegsehen; Hauptsache, man bekam die Sache in den Griff, mit Umsatzsteigerung, Fest der Familie, Fest der Liebe, Fest der besinnlichen Stunden (unklar blieb dabei, wer sich über was besinnen sollte, aber besinnlich sollte es sein). Weihnachten wurde zum festlichen Symbol der doch ziemlich geglückten Veränderung der Verhältnisse. Sie hatten die Welt, dieses wichtige Stück Welt gewonnen. Und »Christ ging verloren.« Sie hatten alles ziemlich fein hingekriegt mit der Veränderung der Weihnachtsverhältnisse. Nur der Inhalt der Weihnacht, nämlich Jesus Christus, ging dabei verloren, so sehr, daß man fast versucht war, die schnoddrige Sprache Erich Kästners zu imitieren und anzufügen: »Da kam ihnen plötzlich Christus abhanden, wie anderen Leuten ein Stock oder Hut.«

Inzwischen ist ihnen außerdem fast über Nacht die ganze Begeisterung über die Machbarkeit aller Dinge nahezu ebenso abhanden gekommen. Plötzlich war die Sache mit dem Ölschock da und mit dem Benzin, und die Kurzarbeit begann ihr Haupt zu erheben, und die Konkurse häufen sich, und 750 000 Arbeitslose soll das neue Jahr mindestens bringen, und die Zeit der Wegwerfgesellschaft sei für immer dahin, hat der Minister gesagt. Ganz langsam dämmert es den Propheten der Veränderung der Verhältnisse und der frohen Reformen, daß sie kapitulieren müssen im Hinblick auf die große Weltverbesserung. Über Nacht war der Schock da. Sollte es am Ende gar die Welt sein, die verlorenzugehen droht?

Sicher wird die Welt deshalb nicht schlagartig wieder fromm werden und die Weihnachtswahrheit Jesu Christi in ihr Herz aufnehmen. Dazu sind die Menschen viel zu hartnäckig. Aber es könnte sein, daß ein paar da sind, denen das Licht aufgeht, das von Bethlehem ausstrahlt, und die Sache mit der Botschaft des Engels: »Euch ist heute der Heiland geboren, welcher ist Christus, der Herr.«

»Christ ist geboren« – aber verlorengegangen ist er ganz bestimmt nicht, obwohl es oft so aussieht. Verloren aber, vor Gott verloren ist diese Welt, wenn nicht die Rettung, das Heil von der Krippe Jesu her kommt. Dort redet nämlich Gott mit uns. Und wenn Gott mit uns redet, ist die Tür Gottes nicht geschlossen, sondern offen. Gott redet in Christus mit uns, er schweigt uns nicht zu Tode. »Nachdem Gott vorzeiten manchmal und auf mancherlei Weise geredet hat zu den Vätern durch die Propheten, hat er in diesen letzten Tagen zu uns geredet durch den Sohn.« Das schadet nun gar nichts, liebe Freunde, daß wir erst jetzt bei den Worten unseres Predigttextes angelangt zu sein scheinen. Doch in Wirklichkeit sind wir längst mitten drin. Nämlich in der Sache der Weihnacht, die nicht besser ausgedrückt werden kann als mit der ersten Hälfte einer Verszeile aus dem bekanntesten aller Weihnachtslieder: »*Christ ist erschienen*«.

Das bleibt der absolut einzige Grund, das Christfest zu feiern. Wenn in seinem Weihnachtsgefolge außer den Schäfern von Bethlehem inzwischen noch viele, viele andere Leute und andere Dinge erschienen sind, dann ist das einerseits eine wunderbare Sache zum Freuen, andererseits eine wunderliche und zum Weinen. Aber ganz sicher ist, daß überhaupt niemand und absolut gar nichts erscheinen würde, wenn er, Jesus, der Sohn Gottes und das Kind der Maria nicht in dieser unsrer Welt erschienen wäre. »Gott hat zu uns geredet durch den Sohn.«

Gott hatte vorher auch schon geredet, oft dunkel und manchmal auch glasklar und hart: Durch den Mund der Propheten des Alten Testaments, durch »der alten Väter Schar«, wie's im Adventslied heißt. Aber Gottes letztes Wort ist Jesus Christus. »Gott hat in diesen letzten Tagen zu uns geredet durch den Sohn.« Insofern beginnen mit dem Geschehen von Bethlehem »diese letzten Tage«, weil Gott darüberhinaus nichts mehr sagt – bis zum Jüngsten Tag.

Darum ist aber Weihnachten auch – verstehen Sie das bitte recht – im Kirchenjahr der »Vatertag«. Nicht dieser degenerierte Vatertag, zu dem die geschäftstüchtige Geschmacklosigkeit den Himmelfahrtstag verunehrt hat, sondern der Tag des Vaters, der die Welt, also Sie und mich, »also geliebt hat, daß er seinen eingeborenen Sohn gab«. Christ ist erschienen – »auf daß alle, die an ihn glauben, nicht verloren werden, sondern das ewige Leben haben.«

Gott redet durch den Sohn. Dann stimmt also zweierlei nicht: Einmal, daß Gott schweigt. Warum schweigt Gott? so fragen wir oft entrüstet oder angefochten. Schweigt zu dem Unrecht, das jetzt zum Beispiel seinem Volk Israel wieder angetan werden soll. Schweigt zu den arabischen

Untaten. Schweigt zu dem sinnlosen Unfalltod eines kleinen Mädchens. Schweigt zu der Unversöhnlichkeit des Menschen, mit dem ich einen gemeinsamen Weg gehen wollte. Schweigt, schweigt...

Gott schweigt nicht. Aber man muß lernen, ihn im Sohn zu hören, in Bethlehem, in Gethsemane, auf Golgatha. Gott redet, Gott antwortet durch den Sohn. Aber man muß hören wollen, was der Sohn sagt. »Wer Ohren hat, zu hören, der höre!«

Und das andere stimmt erst recht nicht: daß Gott auch anderswo rede, nicht nur im Sohn. Daß Gottes Stimme genauso im Rauschen des Waldes, in der Saat des Feldes, in der Geschichte der Völker zu vernehmen sei und genauso im Ahnen, Suchen, Opfern aller Religionen dieses Erdballs. Das ist nicht wahr. Gott redet im Sohn, in den Worten des Evangeliums, im rettenden Geschehen von Golgatha, im Sieg des Ostermorgens. Wir müssen es klipp und klar sagen: Die Stimme Gottes vernehme ich nur in Jesus Christus. »Jesus Christus ist das eine Wort Gottes, dem wir im Leben und im Sterben zu vertrauen und zu gehorchen haben«, so haben es unsre Väter im Kirchenkampf einst vor vierzig Jahren bekannt und bezeugt. Das ist die ganze Wahrheit.

»Christ ist erschienen« – dazu erschienen, daß durch ihn Gott das endgültige Wort nimmt. Was Jesus Christus sagt, ist die ewige Wahrheit. Neben ihm und gegen ihn gibt es keine gültige Wahrheit. »Er ist der Abglanz seiner Herrlichkeit und das Ebenbild seines Wesens.« Das Kind in der Krippe ist nicht so ein niedliches, süßes Baby (so gewiß uns die armselige Geburt und rührende Fürsorge in jener erbärmlichen Karawanserei in Bethlehem zu Herzen geht), sondern dieses Kind ist nichts Geringeres als das leibhaftige andere Ich Gottes. Was hier mit Ebenbild übersetzt ist, ist eigentlich das Wort für Prägestempel, für den Siegelstock. So genau sich das Bild auf dem Prägestempel und das auf dem Siegel entsprechen, so genau ist die Übereinstimmung des ewigen Vaters mit dem ewigen Sohn, der schon vor Anbeginn aller Zeit ewig beim Vater war. Das ist nicht eine fromme Floskel, sondern das ist die Wahrheit:

»Durch ihn hat Gott auch die Welt gemacht«, erschaffen, durch den Sohn. Er war die rechte Hand des Vaters schon bei der Schöpfung.

Und nun gilt, o Wunder: Christ ist erschienen. Nicht irgendein Genie ist erschienen, wie die Welt sie dutzendweise hatte, nicht ein Helfer der Unterdrückten, wie es sie erfreulicherweise in Scharen gibt, nicht irgendein Religionsheros wie Mohammed oder Konfuzius, sondern der, der das Ebenbild und die Antwort Gottes in Person ist, der, hinter dem niemand und nichts mehr kommen wird.

Wenn das so ist, dann könnte es sogar heute noch einen Sinn haben, Christ zu sein, eindeutig, überzeugt und von ganzem Herzen Christ zu sein. Vielleicht meint Weihnachten ausgerechnet dies? Daß wir uns heute für ihn entscheiden sollen? Weil Christus erschienen ist.

Allerdings gehört die zweite Hälfte jener Verszeile unbedingt dazu, nicht nur, weil wir sie ja ohnehin schon die ganze Zeit über im Stillen vor uns hinsummen: »...*uns zu versühnen*«.

Das ist nicht zu trennen: die Ankunft des Sohnes in der Krippe und »die Reinigung von unseren Sünden«, wie es hier heißt, und daß der Auferstandene sich dann »gesetzt hat zu der Rechten der Majestät in der Höhe«. Das ist hier gewissermaßen der ganze zweite Glaubensartikel, der zusammengehört, gerade auch in der feierlichen nizänischen Form unsres Glaubensbekenntnisses.

Sehr eindrucksvoll hat das Carl Orff, einer der großen Musiker unsrer Zeit, auszudrücken vermocht, und zwar ausgerechnet in einem Theaterstück, das als großartiges, aus jedem Rahmen fallendes Krippenspiel ein faszinierendes Mittelding von Oper, Verkündigungsspiel, Volksstück, Grusical und Theologie ist und zwar – wie könnte es bei Orff anders sein! – in einer umwerfenden Mischung von gepflegtem Hochdeutsch, deftigem Oberbayrisch und Latein, an welch letzterem sich die bayrischen Hirten von Bethlehem nicht genugtun können. Die ewige Gotteswahrheit von Bethlehem ist großartig erfaßt, so schauerlich der lange Anfang auch ist, in dem Dämonen, Hexen, Teufel, böse Satansgeister die dreiviertelsdunkle Bühne füllen und einen Höllensabbat ohnegleichen vollführen. Es läuft einem schon kalt über den Rücken. Dabei ist der Sinn des wilden Dämonentobens völlig klar: Alle Geister der Hölle haben sich verschworen, daß die Geburt des Kindes der Maria unter allen Umständen verhindert werden müsse – und das wird nachher auch kräftig versucht, weil natürlich der Teufel und alle Dämonen eines ganz klar erfaßt haben: Wenn erst einmal dies Kind geboren ist, dann gibt es mit dem übrigen Erlösungswerk kein Halten mehr, dann kommt alles andere zwangsläufig, die Botschaft von der neuen Gottesherrschaft und das Kreuz als die Erlösung von der Macht des Teufels und die Auferstehung als die Niederwerfung des Todes und die Wiederkunft zum Anbruch der neuen Welt.

Das gehört alles zusammen. Denn nicht um uns mit einer Idylle zu erfreuen, zu der ein Pastorale gespielt wird, sondern uns zu versöhnen ist Christus in der Heiligen Nacht in dieser Todeswelt erschienen. »Er hat vollbracht die Reinigung von unseren Sünden« und den Sieg über die Macht des Teufels und des Todes. Wer an das Kind in der Krippe als an den Herrn der Welt glaubt, der überlebt den eigenen Sarg.

Darum müssen sich in dem Orffschen Spiel von der Geburt des Herrn die Dämonen und die Todesgeister am Ende heulend zurückziehen, nachdem alle Versuche, die Geburt des Kindes der Maria um jeden Preis zu verhindern, fehlgeschlagen sind. Jetzt gibt es kein Halten mehr, das wissen sie. Jetzt ist sein Karfreitags- und sein Ostersieg nicht mehr aufzuhalten, jetzt wird der Sünder mit Gott versöhnt, statt verdientermaßen dem Tod und der Hölle in die Hände zu fallen.

Der Weg zum Leben ist frei: »Christ ist erschienen, uns zu versühnen.« Jetzt ist die Brücke geschlagen zwischen Gott und Mensch, zwischen der Welt der Friedhöfe und der Welt des Friedens, zwischen dem Sünder, der aus der Tiefe ruft, und der Majestät in der Höhe. Die Angst der Welt hat nicht mehr das letzte Wort. Jetzt kann man im Abendmahl des Herrn Vergebung aller seiner Sünden empfangen, jetzt kann man Sterbenden in ihrer letzten

Angst die Hand aufs Haupt legen und ihnen im Namen des Vaters, der seinen Sohn gesandt hat, die Vergebung aller Sünden zusprechen – so, daß es bis in die Ewigkeit hinein gilt. Denn »Christ ist erschienen, uns zu versühnen.«

Darum dürfen wir getrost mit den Engeln, die diesen großen Herrn der Weihnacht durch ihre Lobgesänge preisen, nachher auf dem Heimweg von der Kirche und allezeit getrost einstimmen, »daß dieses schwache Knäbelein soll unser Trost und Freude sein, dazu den Satan zwingen und letztlich Frieden bringen.« Amen.

# Aus seiner Liebe leben –
# aus seiner Liebe lieben

Sonntag Estomihi                    24. Februar 1974

*1. Korinther 13, 1–13*
»Wenn ich mit Menschen- und mit Engelzungen redete
und hätte der Liebe nicht, so wäre ich ein tönend Erz oder
eine klingende Schelle. Und wenn ich weissagen könnte
und wüßte alle Geheimnisse und alle Erkenntnis und hätte
allen Glauben, so daß ich Berge versetzte, und hätte der
Liebe nicht, so wäre ich nichts. Und wenn ich alle meine
Habe den Armen gäbe und ließe meinen Leib brennen und
hätte der Liebe nicht, so wäre mir's nichts nütze.
   Die Liebe ist langmütig und freundlich, die Liebe eifert
nicht, die Liebe treibt nicht Mutwillen, sie blähet sich
nicht, sie stellet sich nicht ungebärdig, sie suchet nicht das
Ihre, sie läßt sich nicht erbittern, sie rechnet das Böse nicht
zu, sie freuet sich nicht der Ungerechtigkeit, sie freuet sich
aber der Wahrheit; sie verträgt alles, sie glaubet alles, sie
hoffet alles, sie duldet alles.
   Die Liebe höret nimmer auf, so doch die Weissagungen
aufhören werden und das Zungenreden aufhören wird und
die Erkenntnis aufhören wird. Denn unser Wissen ist
Stückwerk, und unser Weissagen ist Stückwerk. Wenn
aber kommen wird das Vollkommene, so wird das Stückwerk aufhören. Da ich ein Kind war, da redete ich wie ein
Kind und war klug wie ein Kind und hatte kindliche Anschläge; da ich aber ein Mann ward, tat ich ab, was kindlich war. Wir sehen jetzt durch einen Spiegel in einem
dunklen Wort; dann aber von Angesicht zu Angesicht.
Jetzt erkenne ich stückweise; dann aber werde ich erkennen, gleichwie ich erkannt bin. Nun aber bleibt Glaube,
Hoffnung, Liebe, diese drei; aber die Liebe ist die größte
unter ihnen.«

»Die Liebe höret nimmer auf.«

Wenn man aber keine hat, keine mehr hat? Wenn man einem Menschen mit aller Liebe begegnen wollte und von dort zunächst auch ein Echo kam, bis dann beides doch mehr und mehr verstummte, erst das Echo und dann die eigene Liebe? Wenn wegen der allzuvielen Mauern, auf die man stieß, die Liebe allmählich auf Krücken schlich? Wenn man bei den Menschen seines Alltags, auch bei Christen, auch in der Kirche ein Netz von Unaufrichtigkeit, Hintergehungsmanövern, Brüskierungen gewahr wurde, vielleicht schlimmer als unter Nichtchristen?

»Die Liebe läßt sich nicht erbittern, die Liebe verträgt alles, duldet alles . . .« Kann man das einfach so dahersagen? Auch wenn die Liebe gestorben ist? Kommt da nicht irgendwo einmal der Punkt, wo man versucht ist, mit den Spöttern oder mit den Resignierten den Hauptsatz von 1. Korinther 13 unter Auslassung eines einzigen, entscheidenden Buchstabens verbittert oder todtraurig in sein Gegenteil zu verkehren und zu grollen: »Die Liebe höret immer auf«?

*Die* Liebe, von der hier die Rede ist, hört nicht auf. Die Liebe, deren Hoheslied hier in 1. Korinther 13 mit unvergänglichen, herrlichen Worten gesungen wird, ist nur und allein die Liebe Gottes, aber ganz gewiß nicht die Liebe von Menschen untereinander. Nur Gottes Liebe läßt sich nicht erbittern, nur seine Liebe rechnet das Böse nicht zu, nur Gottes Liebe verträgt alles, duldet alles. Hier ist die Rede von der Liebe Gottes, der »also die Welt geliebt hat, daß er seinen eingeborenen Sohn gab«, sein anderes Ich ans Kreuz dahingab, um »mich verlorenen und verdammten Menschen« zu retten. Nur Gottes Liebe höret nimmer auf. Und es ist pure Schönrederei, wenn wir so tun, als könne das für unsere zerbrechliche und oft genug zerbrochene menschliche Liebe untereinander behauptet und in Anspruch genommen werden. Gott sei Dank ist hier von Vers 1 bis Vers 13 von der Liebe Gottes die Rede, nicht von der unsern.

Wobei es selbstverständlich ist, daß wir ein Leben lang innerlich nicht ruhig werden, wenn diese unaussprechliche

Liebe Gottes von uns aus nicht dadurch auf ihn als den Geber aller Liebe zurückstrahlt – ach, seien wir bescheidener: zurückglimmt, daß wir also versuchen, auch unsererseits unserem Nächsten gegenüber wenigstens ein bißchen Liebe zu üben. Liebe heißt ja nie bloß empfangen und haben wollen, sie ist immer auch ein Geben, ein Sich-und-sein-Ich-Dahingebenwollen.

Dann erweist sich aber etwas Paradoxes als Wahrheit: daß der einzige Weg, eine müde, ja bitter gewordene Liebe zu neuem Leben zu bringen, der ist, daß wir aufs neue Liebe üben. Das ist das Thema dieses berühmten Kapitels aus dem Korintherbrief: Unsere einzige Chance heißt: **Aus seiner Liebe leben – aus seiner Liebe lieben.**

Dreifach begründet unser Bibeltext diese Aussage. Die erste Begründung heißt: *Die Liebe allein zählt.*

Gottes Liebe allein zählt. Also die Liebe Gottes, die in Jesus die Gestalt des Menschen annahm. »Und hätte ich *der* Liebe nicht, so wäre mir's nichts nütze«, nichts, gar nichts. Wenn Gott sich meiner nicht aus abgründiger Liebe erbarmt, so bin ich verloren. Das Erbarmen Gottes ist mit nichts aufzuwiegen, durch nichts zu kompensieren, weder durch hohe geistige Überlegenheit – nicht durch »alle Erkenntnis«, so sagt Paulus – noch durch praktisches Christentum und soziales Tun – hier heißt es: auch nicht, »wenn ich alle meine Habe den Armen gäbe« –, auch nicht durch alle Frömmigkeit – »und hätte ich allen Glauben« –, durch gar nichts. Nein, unsere einzige Chance heißt: von seiner Liebe leben. Gottes Liebe allein hat Bedeutung, seine Liebe in der Person und im Werk seines Sohnes. Jesus zählt, nur das, was er als die leibhaftige Liebe Gottes für mich getan hat, »auf daß ich sein eigen sei und in seinem Reich unter ihm lebe«. Etwas anderes zählt vor Gott nicht.

Auch all die Auswirkungen der Frömmigkeit, die Gott uns gibt und die er dann auch ganz gewiß an uns sucht, sind es nicht, die vor ihm zählen. Sie hören alle auf. Die »Weissagungen«, von denen hier die Rede ist, und das »Reden mit Menschen- und Engelszungen«, also unsere Worte des Zeugnisses für Jesus und des Bekenntnisses unseres Glaubens, wo immer wir das vor Menschen laut werden lassen, bleiben so lange nur der verwehende Klang eines »tönenden Erzes oder einer klingenden Glocke«, als sich nicht Gott in seiner Liebe in den Herzen der anderen zu unseren Worten bekennt. Alle inneren Erlebnisse, alle großen und manchmal fast visionären Gottesstunden einer Seele hören genauso auf wie das seltsame Zungenreden, das einst in Korinth üblich war, jene geistgewirkten Worte innerer Verzückung, die damals eine Rolle spielten. Und »alle Geheimnisse und alle Erkenntnis«, also alle diese angeblich tieferen Einsichten, deren sich auch manche Frommen rühmen, stehen unter der Wahrheit der Liedstrophe von Matthias Claudius: »Wir spinnen Luftgespinste und suchen viele Künste und kommen weiter von dem Ziel.« Sie verblassen alle vor der Unvergänglichkeit der Liebe Gottes, die Jesus heißt.

Und noch weniger Gewicht haben unsere eigenen guten sozialen Taten. Vor Gott zählt kein Sozialismus und keine lauthals geforderte »Umverteilung des Besitzes« und keine gesellschaftliche Revolution. »Und wenn ich alle meine Habe den Armen gäbe und hätte der Liebe Gottes nicht« – das aber heißt: und hätte Jesus nicht –, »so wäre mir's nichts nütze«. Seine Liebe allein zählt, nur Jesus zählt.

Natürlich soll das dann auch zurückstrahlen auf unseren Nächsten, unser kleines bißchen Liebe als Reflex von Gottes großer Liebe. Aber warum sollen wir das ständig wiederholen? Wir wissen, daß wir unser Quentchen Liebe dem Mitmenschen schuldig bleiben – in der Ehe, in der Familie, in den dürftigen Nachbarschaftskontakten unserer öden Wohnstraßen, am Arbeitsplatz, am Telefon, wo wir unsere Netze gegen andere Leute spinnen, in der eigenen Kirchengemeinde, in unserer Art, einen Brief zu schreiben, in der Hilfe für die Hungernden und für die seelisch Unterernährten rechts und links von uns.

Gewiß, die Welt wird durch unsere kleinen Liebesbeweise aufs Ganze gesehen nicht besser, und der Erdkreis wird immer von Haß, Krieg, blutigem Terror, Revolution, Auflehnung, Unterdrückung, Leid und Angst geschüttelt werden. Aber da und dort, mitten in der Wüste dieser Welt, existieren dennoch kleine Oasen der Liebe Christi als ein

Widerschein der großen Liebe Gottes, die uns getroffen und gerettet hat. Seine Liebe allein zählt. Von seiner Liebe leben und aus seiner Liebe lieben, das ist unsere einzige Chance.

Die zweite Begründung dafür heißt: *Die Liebe allein siegt.* Und zwar siegt sie im Gewand der totalen Niederlage. Denn die Liebe, die das Böse nicht zurechnet, die alles verträgt und alles duldet, die gibt es nur am Kreuz von Golgatha, diesem Wahrzeichen des Scheiterns, der völligen Niederlage. Aber das Sterben des Gekreuzigten rettet uns das Leben im ewigen Gericht, weil am Kreuz Gottes Liebe gesiegt hat. Seine Liebe ist das blanke Gegenteil von dem, was wir denken und praktizieren.

Wir urteilen schnell; Gottes Liebe ist langmütig, läßt uns Zeit zur Umkehr. Wir eifern, daß Recht Recht bleiben muß; seine Liebe »eifert nicht« und läßt Gnade vor Recht ergehen. Wir suchen selbst unter heißen Liebesschwüren immer wieder das Unsre, wir reden von Liebe und meinen doch unsere Befriedigung, unser Glück, unser Ich; Gottes Liebe »suchet nicht das Ihre«, sondern sie sucht uns, liebt uns. Wir decken die Schuld des anderen auf, reißen in unserer eigenen Bitterkeit die alten Wunden der Schuld des anderen immer wieder mit Worten und stechenden Anspielungen auf; Gottes Liebe deckt unsere Sünde zu. Denn das Wort »sie verträgt alles« meint nach dem griechischen Urtext dies: sie bedeckt alles, bedeckt die Schuld wie mit einem Mantel.

Aber alle diese wunderbaren Wahrheiten von der Liebe Gottes bleiben uns doch im Halse stecken, wenn wir sie auf uns anwenden wollen, sie womöglich bei einer Traupredigt den Brautleuten und den Angehörigen entgegenhalten: »Die Liebe ist langmütig und freundlich, sie stellt sich nicht ungebärdig, sie läßt sich nicht erbittern, sie rechnet das Böse nicht zu, sie bedeckt alles, sie glaubt alles, sie hofft alles, sie duldet alles«. Das ist doch nur eine schmerzhafte Aufzählung alles dessen, was unsere Liebe, Gott sei's geklagt, nicht *ist*, trotz ehrlicher Anläufe dazu, nicht durchhalten kann. Nur Gottes Liebe ist so, nur Gottes Liebe siegt.

Selbstverständlich spüren wir, daß Gott nun auch bei uns wenigstens einen Abglanz des Sieges seiner Liebe sucht. Allerdings haben diese Zeichen der Liebe alle ein gemeinsames Merkmal: daß man sich damit in dieser Welt nie durchsetzt und ständig den Kürzeren zieht. »Langmütig, nicht ungebärdig, das Böse nicht zurechnen, alles ertragen, alles dulden . . .« – damit kommt doch kein Mensch im Leben durch!

Gott zeigt uns das Gegenteil: Wer Liebe übt, behält am Ende den längeren Atem. Das ist nun freilich nicht als kluge christliche Taktik gemeint, daß man mit frommer Demütelei noch immer sein Köpfchen am Ende am besten durchsetzen werde, wenn man nur beharrlich genug sein Ziel verfolge. Aber es gehört zu den Geheimnissen der göttlichen Wahrheiten, wenn Jesus in seiner Seligpreisung entgegen aller unserer Welterfahrung sagt: »Selig sind die Sanftmütigen, denn sie werden das Erdreich besitzen«. Die Liebe siegt. Siegt über die dunklen Mächte der Eifersucht, der Überheblichkeit, der Bitterkeit, der Unversöhnlichkeit. Was die große Unmöglichkeit des Menschen zu sein scheint, das ist die große Möglichkeit Gottes. Nur dem ersten Augenschein nach siegen die eckigsten Ellbogen und die härtesten Köpfe. Am Ende siegt allein die Liebe – wenn es Gottes Liebe ist, also die Liebe Christi, die »uns also dringet«. Unsere einzige Chance bleibt: von seiner Liebe leben und aus seiner Liebe lieben.

Die dritte Begründung heißt: *Die Liebe allein besteht.* »Die Liebe höret nimmer auf«, nämlich die Liebe Gottes. Sie bleibt, sie allein besteht. Das Wahrzeichen seiner Liebe, das Kreuz von Golgatha, bleibt gültige Wahrheit Gottes bis ans Ende der Zeiten. Bei ihm bleibt die Zuflucht für Sünder, bleibt das Vaterhaus für die verlorenen Töchter und Söhne, bleibt das Brot und der Kelch seines Tisches als das göttliche Zeichen jener Vergebung, die bis in den Himmel hinein gilt. »*Die* Liebe höret nimmer auf«, Gottes Liebe, die er am Kreuz seines Sohnes besiegelt.

Nimmer? Hört diese Liebe auch in der Ewigkeit nicht auf? Blitzt in diesem herrlichen Wort aus 1. Korinther 13 vielleicht kurz ein Strahl einer selbst nach dem Jüngsten

Gericht noch nicht erloschenen Liebe Gottes, einer fernen Gnade in einer fernen Ewigkeit auf? Vielleicht auch für die, die im Gericht des Menschensohnes zur Linken stehen müssen?

Wir werden diese letzte Frage des Glaubens in dieser Welt nicht mehr gültig beantworten können. Auch dies bleibt eine Erkenntnis »durch einen Spiegel in einem dunklen Wort«, wie so manches der Geheimnisse Gottes. Im Spiegel – das heißt: in jener spiegelbildlichen Rechts-Links-Umkehrung, die es nicht erlaubt, es so zu sehen, wie es nun wirklich ist. Einstweilen kommen wir in den letzten Geheimnissen Gottes über den Spiegel, über das Rätselwort nicht hinaus. Wir werden die Wahrheit dann schauen, wenn wir ihn von Angesicht zu Angesicht sehen dürfen.

Was wir aber jetzt schon wissen, ist dies: Wer ein Stücklein der Liebe Gottes, die nimmer aufhört, in aller Unvollkommenheit nachzuleben versucht, der umklammert bereits in dieser Welt des Todes einen Strahl der Ewigkeit. Liebe allein besteht. Wer für sein Teil ein wenn auch unvollkommenes Stück Liebe zu geben versucht, der richtet damit ein Wegzeichen auf für den Weg zur neuen Welt Gottes.

Alles andere hört auf, weil es Stückwerk ist, zu den Scherben einer zerbrechenden Welt gehört: unsere tiefsten Denksysteme, unsere wertvollsten Bücher, unsere beste Musik, unsere arme, liebe Kirche, unsere Predigt, unser Eifer. Erst recht unsere Erfolge, unsere Ämter, unser Können, unser Lebenswerk. Es wird aufhören! sagt Gott.

»Die Liebe höret nimmer auf«, die Liebe allein besteht, die Liebe allein kommt aus der Ewigkeit und ragt in die Ewigkeit, so wie unser Glaube und unsere Christenhoffnung auch auf die Ewigkeit zielen. Darum ist die Liebe die Größte unter ihnen, die Liebe der rettenden Hände Gottes. Das glauben wir, darauf hoffen wir. Aber Glaube und Hoffnung warten in dieser unserer Weltzeit immer noch auf die kommende Erfüllung. Die Liebe aber ist seit Christi Tat und Tod schon Erfüllung geworden – und darum ist sie »die Größte unter ihnen«. Sie ist schon jetzt in unserer vom Tod gezeichneten Gegenwart das leuchtende Licht des Künftigen, und auch unsere eigene arme, gefährdete, gebrechliche Liebe hat schon Anteil daran. Sie ist in unseren todgeweihten Händen und Herzen schon ewiges Tun. Einen Menschen liebhaben, das reicht – man wagt es kaum zu fassen – bis in die Ewigkeit hinein.

In der Ewigkeit »in seinem Reich unter ihm leben und ihm dienen in ewiger Gerechtigkeit, Unschuld und Seligkeit«, das ist's, worauf für uns alles ankommt. Es gibt dafür die eine Chance. Sie heißt: von seiner Liebe leben und aus seiner Liebe lieben. Seine Liebe aber, Gottes Liebe, hat einen Namen: Jesus Christus. »*Die* Liebe höret nimmer auf, so doch die Weissagungen aufhören werden und das Zungenreden aufhören wird und die Erkenntnis aufhören wird. Denn unser Wissen ist Stückwerk und unser Weissagen ist Stückwerk. Wenn aber kommen wird das Vollkommene, so wird das Stückwerk aufhören. Da ich ein Kind war, da redete ich wie ein Kind und war klug wie ein Kind und hatte kindliche Anschläge; da ich aber ein Mann war, tat ich ab, was kindlich war. Wir sehen jetzt durch einen Spiegel in einem dunklen Wort; dann aber von Angesicht zu Angesicht. Jetzt erkenne ich stückweise; dann aber werde ich erkennen, gleichwie ich erkannt bin. Nun aber bleibt Glaube, Hoffnung, Liebe, diese drei; aber die Liebe ist die Größte unter ihnen.« Amen.

# Gott groß machen

*Lukas 1, 46–55*

»Und Maria sprach: Meine Seele erhebt den Herrn, und mein Geist freuet sich Gottes, meines Heilandes; denn er hat die Niedrigkeit seiner Magd angesehen. Siehe, von nun an werden mich seligpreisen alle Kindeskinder. Denn er hat große Dinge an mir getan, der da mächtig ist und des Name heilig ist. Und seine Barmherzigkeit währet immer für und für bei denen, die ihn fürchten. Er übet Gewalt mit seinem Arm und zerstreut, die hoffärtig sind in ihres Herzens Sinn. Er stößet die Gewaltigen vom Thron und erhebt die Niedrigen. Die Hungrigen füllet er mit Gütern und läßt die Reichen leer. Er denket der Barmherzigkeit und hilft seinem Diener Israel auf, wie er geredet hat unseren Vätern, Abraham und seinen Kindern ewiglich.«

Heute steht eine Kirche dort im Gebirge Juda, wo sich nach der Überlieferung einst das Haus des Zacharias und seiner Elisabeth befand, bei der Maria damals im großen Advent ihres Lebens, als sie der geheimnisvollen Geburt ihres ersten Sohnes entgegensah, jenen Besuch machte. Der weite Vorhof dieser Kirche ist von einer hohen Mauer umgeben, deren Innenseite einen seltsamen Anblick bietet, weil an ihr in mehreren langen Reihen viele Steintafeln befestigt sind, auf denen in allen nur erdenklichen Sprachen und Schriften dieser Welt der Anfang dieses Lobgesangs der Maria, des sogenannten »Magnificat« eingemeißelt ist: »Meine Seele erhebt den Herrn, und mein Geist erfreuet sich Gottes, meines Heilandes.«

Magnificat, »sie erhebt«. Wörtlich heißt das: sie macht Gott den Herrn groß. An diesem Wort hängt tatsächlich alles.

**Gott groß machen** – das ist das Thema, der cantus firmus dieses biblischen Adventsliedes in allen seinen vier Strophen.

Der Leitsatz der ersten Strophe heißt: *Gott sieht mich an.*
Mich – das ist also jene Maria, von der wir am Christfest
in der altvertrauten Weihnachtsgeschichte von Bethlehem
hören. Aber in Maria betet auf seine Art jeder Christ mit,
und mit ihr betet auch die Kirche, die ganze Gemeinde
Jesu mit. Das gehört zu allen vier Strophen des Magnificat,
daß da einmal der einzelne Christ und dann wieder die
Kirche in den Worten der Maria wiederkehrt, und das ist
ganz und gar sachgemäß.

»Meine Seele erhebt den Herrn, denn er hat die Niedrigkeit seiner Magd angesehen.« Mit den Niedrigen baut
Gott nämlich sein Reich, nicht mit den Großen, den
Mächtigen, den Mehrheiten, den Volks-, Gewerkschafts-,
Partei- und anderen Bossen, nicht mit den Drahtziehern
an den Schalthebeln der Macht oder des Geldes oder der
Streiks oder der fast allmächtigen Fernseh-Meinungsma-
cherei, sondern mit so einer Maria, mit so einer Handvoll
treuer Helferinnen, die ihren Gemeindebezirk für »Brot
für die Welt« abklappern, mit ein paar Posaunenspielern,
die umsonst spielen und beim Kurrendeblasen kalte Füße
kriegen, oder mit einigen schwäbischen Stundenleuten, mit
den Kirchgängern, die es merkwürdigerweise auch heute
noch in allen Altersstufen gibt, mit ein paar Jugendleitern
im CVJM, mit ein paar stillen Betern im Altersheim, mit
etlichen Pfarrern manchmal vielleicht auch, mit ein paar
christlichen Fabrikanten, die über jedes anständige Maß
hinaus dauernd angebettelt werden und außerdem noch eine Menge Kirchensteuer zahlen, also mit all den Marien
weiblichen und männlichen Geschlechts, die in dieser Welt
nicht das Sagen haben und die oft genug die Dummen sind
– und manchmal auch in der eigenen Kirche unverdienten
Ärger haben. Mit denen treibt Gott sein großes Werk,
nicht mit denen, die die Kirche gesellschaftsfähig und ihre
Amtsträger im politischen Leben mandatsfähig machen
wollen, sondern mit solchen Mägden und Knechten aus
der Niedrigkeit. Mit ihnen bereitet er seinen großen, letzten Advent vor.

Und die sind es auch, die ihren Gott fröhlich und getrost loben: »Mein Geist freuet sich Gottes, meines Heilan-

des.« Sie staunen selbst darüber, daß ihr Gott seine Sache mit denen macht, mit denen eigentlich nichts zu machen, auf alle Fälle aber kein Staat zu machen ist. Aber so ist ihr Gott, so groß. Darum wollen sie Gott großmachen, so wie die Maria damals, bloß vielleicht nicht mit so schönen Worten wie im Magnificat.

Aber das gibt es eben: die Erfüllung und den Frieden und das Ja-sagen-Können zu Gottes Wegen, auch wo die Verhältnisse nicht verändert worden sind und wo die Warum-Fragen des Lebens gar nicht alle gelöst sind und wo das weihnachtliche »In dulci jubilo, nun singet und seid froh« im tiefsten Herzen und nicht beim Anblick des Bankkontos stattfindet. Dieses Singen im Herzen ist durchaus in christlicher Ordnung, auch dann, wenn wir manchmal traurig sind oder Heimweh haben nach jemandem, der nicht mehr da ist, oder wenn wir irgendwo doch sehr zu Unrecht den Kürzeren gezogen haben oder wo es mit dem Gesundwerden gar nicht mehr vorangeht oder wo die Einsamkeit erdrückend werden will. Das stille Wissen der Maria: »Er hat die Niedrigkeit seiner Magd angesehen«, solch ein Wissen, solchen Frieden gibt Gott auch heute seinen Kindern noch.

»Angesehen« – das schließt doch in sich: Es geht immer alles zuerst an Gottes Augen vorbei, ehe es zu mir kommt, das Schöne und das Schwere, das Beglückende und das Bedrückende. Gott hat das immer alles zuerst angesehen, ehe es zu mir kam. Er weiß Bescheid, er kennt mich, mein Leben ist vor ihm – nun einmal ganz wörtlich: »angesehen«, mit seinen Vateraugen angesehen. Mehr können wir auch als Christen oft nicht zu den Warum- und den Rätselfragen unseres Lebens sagen. Aber ist das eigentlich nicht genug? Genug Trost, genug Stärkung, genug Frieden? Also das, daß Gott sein Auge mir zuwendet?

Hier fängt's an mit dem Magnificat, also damit, Gott großzumachen. Wo ich begreifen und glauben lerne: Ich bin bei Gott angesehen, denn Gott sieht mich an.

Die Leitzeile der zweiten Strophe heißt: *Gott ist barmherzig.* »Seine Barmherzigkeit währet immer für und für.« Aber das ist keine Privaterkenntnis der lieben Maria, sondern das ist eine immer wieder in Erscheinung tretende Wahrheit in der Geschichte Gottes mit seinen Kindern und mit seinem Volk. Darum ist das ganze Lied auch wirklich ein Lobgesang auf Gott, nicht etwa auf Maria. Gott groß-machen – darum allein geht es hier, den Gott, der so barm-herzig ist mit uns und barmherzig in der Geschichte seines Handelns in dieser Welt.

Denn Gott macht Weltgeschichte. Das steht nämlich da-hinter. Dieses Magnificat ist ja kein stimmungsvolles Ge-dicht einer romantisch-religiösen Jungmädchenseele, son-dern hier hört man den Schritt Gottes durch die Weltge-schichte. Gott macht Weltpolitik. Aber er macht dies genau entgegengesetzt zu der Linie, die der Mensch in der Welt-geschichte verfolgt. Das Grundgesetz menschlicher Welt-geschichte und Weltpolitik heißt Erbarmungslosigkeit, weil nur der Stärkere überleben, siegen, regieren, Geschichte machen kann. Dieses schreckliche Grundgesetz gilt auf den Golanhöhen wie es in Stalingrad galt, es zeigt sich im fürchterlichen »Archipel Gulag« wie es in Auschwitz sicht-bar wurde, es trifft auf die palästinensischen wie auf die nordirischen Kidnapper zu, es gilt in der Internationale der Börse und in der der Spionage, es gilt überall.

Gott aber ist barmherzig. Das ist sein Grundgesetz in der Weltgeschichte. Gottes Weltpolitik, Gottes Geschichte ist die Geschichte seines Erbarmens, so wie einst bei sei-nem störrischen Volk Israel, so später, heute und immer, bei seiner oft so kümmerlichen und immer wieder auch auf Abwege geratenden Kirche. Am allermeisten wird es deut-lich in der Krippe seines Sohnes, der uns in das Erbarmen des Vaters zurückführte. Gott ist barmherzig mit dem Sün-der, barmherzig im Gericht, barmherzig bis in die Ewig-keit hinein.

Darum machen Christen ihren Gott groß, ihren barm-herzigen Gott, weil »seine Barmherzigkeit für und für währet«. Aber nur ihren Gott. Es gibt kein christliches Magnificat für die Herren der Welt. Denn »es wollen dir der Erde Herren den Weg zu deinem Thron versperren.« Sie wollen doch selber groß sein. Damals die Kaiser und Könige, von denen es heute nur noch wenige gibt, heute –

und vielleicht noch verbissener als jene einstigen Könige! – die Herren der Politik, der Parteien, der Gewerkschaften, der sogenannten Freiheitsbewegungen. Nicht sie alle zu preisen, sondern nur Gott mit Herzen, Mund und Händen groß zu machen, das ist christlich – und das ist bei Licht besehen deshalb auch ein kirchliches Politikum ersten Ranges, weil es gleichbedeutend ist mit der bewußten und gewollten Entpolitisierung der Kirche. Sie singt nur das Lob Gottes, ihres barmherzigen Gottes – und eine bessere Predigt über das Magnificat der Maria als das gemeinsame Singen aller Lobgesänge der Kirche aller Jahrhunderte könnte es gar nicht geben.

Auch die dritte Strophe hat eine Leitzeile. Sie lautet: *Gott macht neu.*

Nämlich das Alte, die alte Welt. Er verbessert sie nicht, er verändert sie nicht, das wäre viel zu wenig; er macht die Welt neu.

Eigentlich hörte sich das ja anders an, viel weltlicher gewissermaßen, fast wie bei Marx oder Lenin oder bei den Fanatikern des Antirassismus: »Er stößt die Gewaltigen vom Thron und erhebt die Niedrigen. Die Hungrigen füllt er mit Gütern und läßt die Reichen leer.« Klingt das nicht nach den Parolen des kommunistischen Manifestes, so wie: »Friede den Hütten, Krieg den Palästen!«, also nach der Weltrevolution oder mindestens nach Maos China? Vor allem aber: Ist das denn wahr? Sieht die Wirklichkeit in dieser Welt nicht ganz anders aus, nämlich so, daß die Mächtigen immer mächtiger und die Ohnmächtigen immer ohnmächtiger, die Reichen immer reicher und die Armen immer ärmer werden? Wo ist denn unser Gott? Schläft er oder ist er tot?

Gott macht nicht Weltrevolution. Revolution heißt: Den Spieß umdrehen, so daß die da oben jetzt mal die da unten sind und die Unterdrückten das Heft, nämlich das Heft des Messers in der Hand haben. Bis die nächste Revolution kommt und den Rachespieß wieder umdreht – und so fort bis zum Weißbluten, ping-pong, pong-ping ...

Nein, Revolution ist keine Lösung. Eine sogenannte »Theologie der Revolution« läßt sich aus der dritten Strophe des Magnificat nicht ableiten. Wenn Gott »die Niedrigen erhebt«, heißt das nicht, daß diese jetzt eine Weile das Messer in der Hand haben und zustechen dürfen. Gott läßt die Dinge nicht andersherum gehen, sondern macht sie neu. Er macht die Welt neu, dann, am großen Advent. Unter diesem hervorbrechenden letzten Advent wird das Ende aller irdischen Mächte kommen und alle Macht allein Gottes Macht und alle Welt allein Gottes Welt sein, Gottes neue Welt.

Hier wird also nicht frohlockt über den Sturz etlicher Könige, Diktatoren, Drahtzieher, Koalitionen, Kapitalisten, Sozialisten, Präsidenten, eiskalter arabischer Ölkönige und so weiter, sondern hier wird Gott groß gemacht, der Gott, der es neu macht, nämlich die Welt neu macht, und der die leeren Hände und leeren Herzen füllt – dann, wenn sein Wort erfüllt sein wird: »Siehe, ich mache alles neu!« Dann, wenn endgültig Advent sein wird.

Heißt das mal wieder, auf den Himmel zu vertrösten? Ja, aber damit *haben* wir etwas zum Trösten, haben wir einen großen Trost. Andere haben nämlich keinen; sie haben nur die bleiche Angst vor den veränderten Verhältnissen in den fürchterlichen Einheitsparadiesen von morgen – und sie haben Angst vor dem Tod. Wir haben die große, feste Hoffnung: »Wir warten eines neuen Himmels und einer neuen Erde.«

Noch ein paar Sätze zur vierten Strophe. Ihr Leitsatz heißt: *Gott hält sein Wort.*

»Er denket der Barmherzigkeit ...wie er geredet hat zu unseren Vätern.« Also wie er bei Maria sein Adventswort gehalten und in der Christnacht eingelöst hat. »Gott hält sein Wort mit Freuden, und was er spricht, geschieht ...«

Nicht zuletzt liegt hier der Schlüssel zum Lobgesang der Maria, im frohen Glauben: Gott hält sein Wort. Gott ist nicht vergeßlich, sondern verläßlich. Das gilt auch uns, daran können wir uns halten bis in die Fieberträume der allerletzten Wegstrecke hinein.

Und es gilt auch für unsere Kirche, für Gottes Volk. Maria singt hier ja kein Solo, sondern in ihr, mit ihr, und wie sie singt die ganze Kirche. Darum hat diese Kirche –

und das sind wir alle – dieselbe Aufgabe wie die Mutter des Herrn: den Heiland zur Welt zu bringen. Wir verstehen die geheimnisvolle Doppelsinnigkeit dieses Satzes gut: Maria brachte den Heiland zur Welt, wie eine Mutter ihr Kindlein zur Welt bringt. Und die Kirche bringt den Heiland zur Welt, wie ein Bote ein Paket bringt, also als missionierende Kirche, die der Welt das Beste und das Einzige bringt, was sie ewig retten kann: Christus, den Herrn. Helfen wir doch mit, den Heiland zur Welt zu bringen! Sie hat ihn so nötig – und wir, und wir ... Amen.

# Gott macht frei

Letzter Sonntag nach dem Erscheinungsfest
19. Januar 1975

*2. Mose 3, 1–14*

»Mose aber hütete die Schafe Jethros, seines Schwiegervaters, des Priesters in Midian, und trieb die Schafe über die Steppe hinaus und kam an den Berg Gottes, den Horeb. Und der Engel des Herrn erschien ihm in einer feurigen Flamme aus dem Dornbusch. Und er sah, daß der Busch im Feuer brannte und doch nicht verzehrt wurde. Da sprach er: Ich will hingehen und die wundersame Erscheinung besehen, warum der Busch nicht verbrennt. Als aber der Herr sah, daß er hinging, um zu sehen, rief Gott ihn aus dem Busch und sprach: Mose, Mose! Er antwortete: Hier bin ich. Gott sprach: Tritt nicht herzu, zieh deine Schuhe von deinen Füßen; denn der Ort, darauf du stehst, ist heiliges Land! Und er sprach weiter: Ich bin der Gott deines Vaters, der Gott Abrahams, der Gott Isaaks und der Gott Jakobs. Und Mose verhüllte sein Angesicht; denn er fürchtete sich, Gott anzuschauen. Und der Herr sprach: Ich habe das Elend meines Volks in Ägypten gesehen und ihr Geschrei über ihre Bedränger gehört; ich habe ihre Leiden erkannt. Und ich bin herniedergefahren, daß ich sie errette aus der Ägypter Hand und sie herausführe aus diesem Lande in ein gutes und weites Land, in ein Land, darin Milch und Honig fließt, in das Gebiet der Kanaaniter, Hethiter, Amoriter, Perisiter, Hewiter und Jebusiter. Weil denn nun das Geschrei der Kinder Israel vor mich gekommen ist und ich dazu ihre Not gesehen habe, wie die Ägypter sie bedrängen, so geh nun hin, ich will dich zum Pharao senden, damit du mein Volk, die Kinder Israel, aus Ägypten führst. Mose sprach zu Gott: Wer bin ich, daß ich zum Pharao gehe und führe die Kinder Israel aus Ägypten? Er sprach: Ich will mit dir sein. Und das soll dir das Zeichen sein, daß ich dich gesandt habe: Wenn du mein

Volk aus Ägypten geführt hast, werdet ihr Gott opfern auf diesem Berge.

Mose sprach zu Gott: Siehe, wenn ich zu den Kindern Israel komme und spreche zu ihnen: Der Gott eurer Väter hat mich zu euch gesandt! und sie mir sagen werden: Wie ist sein Name?, was soll ich ihnen sagen? Gott sprach zu Mose: Ich werde sein, der ich sein werde. Und sprach: So sollst du zu den Kindern Israel sagen: ›Ich werde sein‹, der hat mich zu euch gesandt.«

Die ganze Sache hatte mit einem Mord angefangen. Nur die überstürzte Flucht hatte den Polizistenmörder Mose vor der harten Justiz des ägyptischen Pharao gerettet. Er hatte dann bei den fernen Midianitern, einem am heute politisch wieder so aktuell gewordenen Golf von Akaba hin- und herpendelnden arabischen Nomadenvolk, Asyl gefunden und in das Haus eines Priesters hineingeheiratet, dessen Viehhirte er geworden war. Auf einem seiner tagelangen Viehtriebe geschah dann irgendwo auf der Sinaihalbinsel diese die Welt bis zum heutigen Tage bewegende Gottesbegegnung des Mose dort am sogenannten feurigen Busch, der wie unter einem St.-Elms-Feuer flammte und doch nicht verbrannte, an jenem Strauch, den Marc Chagall so wundervoll und so symbolgefüllt gemalt hat.

Dort sprach Gott selbst mit Mose, mit diesem Mörder, dessen Tat durch das Motiv der Solidarisierung mit einem mißhandelten israelitischen Fronsklaven keineswegs gottwohlgefällig geworden war. Und diesen tief gefallenen Sünder rief Gott dort in der fernsten Fremde, in der Unfreiheit der Verbannung in seinen Dienst und rüstete ihn mit seiner Vollmacht aus, wie nie zuvor einen sterblichen Menschen und wie nie mehr nachher. Er soll wieder ein freier Mensch werden? Und Israel, sein Volk soll frei werden? Ja, sagt Gott, ja, ich will es.

**Gott macht frei**

– das ist das heute noch gültige Thema der Geschichte vom flammenden Dornbusch.

Als erstes macht Gott *den Sünder frei von der Last der Schuld.*

Haben wir die Geschichte noch im Ohr? Sie begann so: »Mose aber trieb die Schafe Jethros, seines Schwiegervaters, des Priesters in Midian über die Steppe hinaus und kam an den Berg Gottes, den Horeb.« Die Bibel redet auch hier ganz unbefangen von besonderen Gottesstätten, von Orten, mit denen das Wirken Gottes vor anderen verbunden war. Dabei wußten die Frommen des Alten Testaments längst vor uns klugen Leuten, daß man Gottes Allgegenwart nicht an einen Tempel oder sonst an eine geweihte Stätte binden kann. Trotzdem ist hier vom Berg Gottes die Rede und zwei Sätze darauf von der Stelle, die »heiliges Land« sei. Ungeachtet Gottes grenzenloser Größe ist es eine nicht wegzuleugnende Tatsache, daß es Gott immer wieder wohlgefallen hat, an ganz bestimmten Plätzen seine Segensspuren zu hinterlassen oder Marksteine der Geschichte seines Volkes zu setzen.

Nur ein paar wenige Beispiele dafür: Da ist etwa der Raum von Lyon in Frankreich, ein Stück Landschaft, in dem Gott immer wieder seine besonderen Meilensteine gesetzt hat. Nur wenige Stichworte mögen es andeuten: Da gab es die altchristlichen Märtyrer von Lyon und die hochbedeutende Gestalt ihres Bischofs Irenäus; später das Kloster Cluny nordwestlich von Lyon, das geistliche Zentrum des Mittelalters; dann Petrus Waldus mit seinen »Armen von Lyon«, den Ur-Waldensern, und die hugenottischen Märtyrer – bis zu den fast schon zu berühmt gewordenen »evangelischen Mönchen« von Taizé. Oder zwei viel bescheidenere, aber naheliegende Beispiele: Christoph Blumhardts Bad Boll und die alte Jugendfreizeitstätte Monbachtal, wo einst so viele junge Menschen Christus als ihren Herrn gefunden haben. Solche besonderen Stätten des Rufes und des Segens Gottes gibt es tatsächlich, nicht nur bei Mose vor dreitausend Jahren.

Ja, Mose war zunächst einfach neugierig, interessiert, Zuschauer. Doch das wurde schnell anders, als Gottes Wort ihn traf. Man darf in Glaubensfragen sicher zunächst einmal bloß interessiert sein und weiter nichts. Aber wenn der Augenblick nie kommt, da der Mensch auf Gottes Wort antwortet mit seinem: »Hier bin ich«, also mit seinem persönlichen Leben, dann bleibt alle noch so interessierte Gottsuche, auf der dauernd zu sein manche Leute nachdrücklich versichern, ohne jeden Sinn.

Denn auf keinen Fall kann der Mensch Gott ins Examen nehmen und dabei begutachten wollen, ob Gott ihm auch zusagt oder ob er sich nicht besser einen anderen Maßstab zulegen sollte. Gott will keine Begutachter oder Zuschauer, er will Nachfolger und Anbeter. »Zieh deine Schuhe von deinen Füßen, denn der Ort, da du stehst, ist heiliges Land!« Dort, wo Gott spricht, nämlich in der Verkündigung seines Wortes und im Sakrament, ist immer »heiliges Land«.

»So gehe nun hin, ich will dich zum Pharao senden, damit du mein Volk aus Ägypten führst.« Gott will die Seinen freimachen. Zuerst macht er das Werkzeug frei, das ihm dienen soll, frei von der Last seiner Sünde. Denn auf Mose, dem neuen Werkzeug Gottes, lastet die alte Schuld des Mordes von damals. Ein Asyl hat er zwar gefunden, aber seine Schuld hat ihn dorthin begleitet; niemals hat er sie abschütteln können.

Niemals kann der Mensch begangene Schuld abschütteln. Dies zu begreifen ist eine harte Entdeckung. Aber es gibt das Wunder der Begnadigung Gottes, wobei Gott den Mörder, den tief gefallenen Sünder wieder in seinen Dienst nimmt und den Zerbrochenen zum Halt und zum Vater seines erwählten Volkes, heute würden wir sagen: seiner Kirche, macht. Hier am Dornbusch vollzieht sich das alttestamentliche Urbild des Durchbruchs der vergebenden Gnade Gottes zum Sünder, zum gefallenen Menschen, wie es dann endgültig im Neuen Testament geschehen ist, wo Jesus gekommen ist, um »Räuber, Ungerechte, Ehebrecher oder auch diesen Zöllner da« (so heißt es ja im Gleichnis) zu retten und in seinen Dienst zu stellen. Gott macht den Sünder frei von der Last der Schuld. Er läßt sich mit dem Verworfenen, Verstoßenen neu ein und nimmt den begnadigten Sünder wieder in seinen Dienst. Dies ist der weite, aber gerade Weg von den Stachelzweigen des Dornbuschs vom Horeb zu den Stachelzweigen der Dornenkrone von Golgatha.

»Gott sprach: So geh nun hin, ich will mit dir sein.« So wie Gott diesen gescheiterten Mose in der midianitischen Steppe, diese Null hinter den Brettern, mit denen die Welt vernagelt ist, zum Boten und Werkzeug gemacht hat, so legt er noch heute seine Hand auf die, die er haben will: »So geh nun hin, ich will dich zum Pharao senden.«

Gewiß fragt Mose, gewiß fragen wir: »Wer bin ich, daß ich die Kinder Israel aus Ägypten führe?« Aber die Antwort wird immer wieder Gottes fester Trost sein: »Ich will mit dir sein.« Ich habe dich freigemacht von der Last deiner Sünde. Ich mache dich frei zum Dienst an meinem Volk, meiner Gemeinde, frei zum Dienst für mich, deinen Gott.

Nur Gott macht frei – zweitens: Er macht *die Kirche frei vom Druck der Welt.*

»Und der Herr sprach: Ich habe das Elend meines Volkes in Ägypten gesehen und ihr Geschrei über ihre Bedränger gehört . . . und ich bin herniedergefahren, daß ich sie errette.«

Errette – wieso? Die geschundenen Israelis tun weiter Frondienste an den Pyramiden und Tempelbauten der Pharaonen und stöhnen unter der Brutalität der Sklaventreiber. Wie Vieh werden sie behandelt, und alle ihre Gebete zum Gott der Väter sind Jahr um Jahr ungehört verhallt. Erretten – wo denn?

In Midian, weit, weit weg hat Gott sein Werk der Erhörung aller Gebete seiner Kinder bereits in Gang gesetzt. Noch sieht niemand, daß Gott Gott ist und daß er handelt, aber sein Werk ist dennoch bereits im Gang, wo es oft genug unseren Augen noch verborgen ist. Noch ächzt Israel, aber da hat Gott im fernen Midian bereits sein Werkzeug in die Hand genommen. Wie im Gesangbuchvers, wo an den Retter in einer anderen Drangsal Israels mit den Worten erinnert wird: »Er wird durch einen Gideon, den er wohl weiß, dir helfen schon, dich und sein Wort erhalten.«

Wie von einem fernen Brückenkopf aus leitet Gott sein Handeln ein, um sein Volk, um seine Kirche freizumachen vom Druck der Welt, damals von Midian aus, doch auch später, heute, morgen, immer wieder mit derselben Kraft und Macht. Um einen geschichtlichen Vergleich zu wagen: Als in der Endphase des Zweiten Weltkriegs die kriegsentscheidende Rückeroberung Frankreichs begann, das sich in der Hand Hitlers und der deutschen Wehrmacht befand, da fing der erste Akt der Invasion Eisenhowers nicht am englischen Kanal an, sondern in der lächerlich kleinen, kaum 300 m breiten Sandbucht von Le Dramont an der blauen Südküste Frankreichs – und von diesem Brückenkopf aus war halb Frankreich schon aufgerollt, bis dann in der Normandie die große Invasion hereinbrach.

»Ich bin herniedergefahren, daß ich sie errette, weil das Geschrei der Kinder Israel vor mich gekommen ist und ich ihre Not gehört habe.« Und Gott hört unser Beten *doch*! Die Sache mit dem Brückenkopf Gottes ist für die Seinen oft eine harte Probe: Wo ist er denn? Wie lange, Herr, wie lange läßt du mich, uns warten? Ja, das ist wahr. Aber das andere auch: daß Gott oft – wie dort am Horeb – schon zu handeln begonnen hat, »als ich gleich gar nichts fühlte von seiner Macht«, als ich glaubte, alles Beten sei umsonst und Gott sei fern, sehr fern. Da hatte er in irgendeinem Midian die Weichen schon gestellt, für mich, für seine Gemeinde, seine Kirche, um sie freizumachen vom Druck der Welt. Gott macht frei, aber nur Gott.

Dies gilt gewiß zu allen Zeiten und überall für Gottes Volk, für Gottes Kirche. Doch gerade heute geht uns jenes unmittelbare Geschehen zwischen dem Gott Israels und seinem Volk besonders an.

Es muß in der christlichen Kirche ganz klar sein, daß Gottes Zusage an Israel gilt und zu Recht besteht: »Ich will sie herausführen in ein gutes und weites Land, in ein Land, darin Milch und Honig fließt, in das Gebiet der Kanaaniter, Hethiter, Amoriter, Perisiter, Hewiter und Jebusiter«. Dieses Land, das man heute auch Palästina nennt, ist Israels Land, ihm von Gott zugesprochen. Gottes Zusage wird nicht ungültig, wenn Römer und Araber, Türken und Kreuzfahrer Israel aus diesem Lande vertrieben und von der Rückkehr ausgesperrt haben. Alle diese historischen Zwischenakte bleiben für Gottes Wort und Plan trotz der langen Jahrhunderte des Unrechts doch nur Zwischenspiele. Die Kanaaniter, Jebusiter und wie sie alle heißen, haben nicht das Recht Gottes auf dieses Land. Das Recht Gottes ist seit Abraham, Mose und Josua bei Israel. Dieses Land ist sein Land, weil Gott es gelobt und beschworen hat. Neues Unrecht an Israel bliebe nur neues Unrecht an Gott und an seinem beeideten Wort. Darüber darf es in der christlichen Kirche keinen Zweifel geben.

Gott bleibt seinem Volk, seiner Kirche treu. Dies ist auch Sinn und Inbegriff des Geheimnisses um Gottes Namen. Mose fragt danach. Gott fragen, wie er eigentlich heißt, welch ein Unterfangen ist das! Heißt du Baal, Marduk, Allah, Zeus, Krishna – wie heißt du? »Die Kinder Israel werden mir sagen: Wie ist sein Name? Was soll ich ihnen sagen?« In wessen Namen kommst du eigentlich, du Fremder aus Midian? Der Name ist mehr als eine Reihe Buchstaben auf der Kennkarte. Wer den Namen eines anderen, eines Gottes weiß, der kann ihn anrufen, beschwören, und der hat so etwas wie Macht über den, der ihn trägt. Darum ist man von Natur aus nicht so leicht bereit, seinen Namen preiszugeben. Dieser uralte Glaube schwingt bei uns noch im Märchen vom Rumpelstilzchen nach.

Und nun gibt Gott seinen Namen her. Nur an dieser einzigen Stelle der Bibel wird der Name Gottes erklärt, der Name, den man Jahwe ausspricht, und den die Juden in der Synagoge und ebenso Luther und alle Bibelübersetzungen mit dem Wort HERR wiedergeben. Denn Gott einfach so beim Namen zu rufen wie einen Menschen oder einen Götzen – wen packte da nicht eine letzte, große Scheu?

Dieser Name heißt zu deutsch: Ich bin. »Und Gott sprach: So sollst du zu den Kindern Israel sagen: ›Ich bin‹, der hat mich zu euch gesandt.« Welch ein Name! Man schafft es nicht, das Einmalige dieses Namens zu erfassen und zu erläutern. Ich bin, das besagt: Nur bei mir heißt es nie: Ich war, er war. Ich bin, bin. Und das heißt: Ich bin am Werke, für dich, für euch am Werk. Und er heißt: Ich bin kein verborgener Gott, sondern ich bin hier, mich kann man finden, ich bin für euch zu sprechen. Aber auch: Ich bin völlig souverän, ich handle in Freiheit, wie und wann und wo es mein Wille ist. Und: Ich bin Gegenwart und ich bin Zukunft, bin nie der Gewesene, sondern immer der Kommende; ich bin immer im Kommen, wo andere gehen. Und mein Name bedeutet: Ich bin, ich halte mein Wort, ich führe meinen Plan durch, ich bin mir selbst treu und ich bin den Meinen treu, ich, Jahwe, ›Ich bin‹. »Der hat mich zu euch gesandt.«

Nur er, nur Gott macht frei, macht sein Israel, macht seine Kirche frei vom Druck dieser Welt. Und er befreit so, daß Israel danach »Gott opfern wird auf diesem Berge«, Gott dienen. Die Befreiung aus der Sklaverei der Menschen führt entweder in den Dienst Gottes oder in neue menschliche Sklaverei. Sie führt zum Beispiel aus der Leibeigenschaft des zaristischen Rußland in die vielen sozialistischen Straflager im sowjetrussischen »Archipel Gulag« oder sonstwie von der einen Tyrannei in die andere. Nur wer Gott dient wird wahrhaft frei von der Knechtschaft der Menschen, im Herzen frei – und oft genug auch mit Leib und Leben frei.

Beweisen läßt sich das nicht, aber erkennen. Doch auch der Glaube erkennt Gottes Hand und Gottes Schritt erst im nachhinein. Zuerst muß Israel den Aufbruch aus Ägypten wagen, dann wird es die Gottesbegegnung am Sinai erfahren. Wir erkennen fast immer erst im nachhinein: Es war der Herr. »Du wirst es aber hernach erfahren«, sagt Jesus.

Im Rückblick sagen zu können: Es war der Herr – welche Erkenntnis könnte uns getroster machen?

Niemand kann weiterkommen im Glauben als bis zu dem demütigen Wort der Getrösteten: Es war der Herr. Amen.

# Gott kommt in der Maske

*2. Mose 33, 1–3 und 12–23*
»Der Herr sprach zu Mose: Geh, zieh von dannen, du
und das Volk, das du aus Ägyptenland geführt hast, in das
Land, von dem ich Abraham, Isaak und Jakob geschworen
habe: Deinen Nachkommen will ich's geben. Und ich will
vor dir her senden einen Engel und ausstoßen die Kanaaniter, Amoriter, Hethiter, Perisiter, Hewiter und Jebusiter
und will dich bringen in das Land, darin Milch und Honig
fließt. Ich selbst will nicht mit dir hinaufziehen, denn du
bist ein halsstarriges Volk; ich würde dich unterwegs ver-
tilgen.
Und Mose sprach zu dem Herrn: Siehe, du sprichst zu
mir: Führe das Volk hinauf! und läßt mich nicht wissen,
wen du mit mir senden willst, wo du doch gesagt hast: Ich
kenne dich mit Namen, und du hast Gnade vor meinen
Augen gefunden. Habe ich denn Gnade vor deinen Augen
gefunden, so laß mich deinen Weg wissen, damit ich dich
erkenne und Gnade vor deinen Augen finde. Und sieh
doch, daß dies Volk dein Volk ist. Er sprach: Mein Angesicht soll vorangehen: ich will dich zur Ruhe leiten. Mose
aber sprach zu ihm: Wenn nicht dein Angesicht vorangeht,
so führe uns nicht von hier hinauf. Denn woran soll erkannt werden, daß ich und dein Volk vor deinen Augen
Gnade gefunden haben, wenn nicht daran, daß du mit uns
gehst, so daß ich und dein Volk erhoben werden vor allen
Völkern, die auf dem Erdboden sind? Der Herr sprach zu
Mose: Auch das, was du jetzt gesagt hast, will ich tun;
denn du hast Gnade vor meinen Augen gefunden, und ich
kenne dich mit Namen.
Und Mose sprach: Laß mich deine Herrlichkeit sehen!
Und er sprach: Ich will vor deinem Angesicht all meine
Güte vorübergehen lassen und will vor dir kundtun den
Namen des Herrn: Wem ich gnädig bin, dem bin ich gnä-

dig, und wessen ich mich erbarme, dessen erbarme ich mich. Und er sprach weiter: Mein Angesicht kannst du nicht sehen; denn kein Mensch wird leben, der mich sieht. Und der Herr sprach weiter: Es ist ein Raum bei mir, da sollst du auf dem Fels stehen. Wenn dann meine Herrlichkeit vorübergeht, will ich dich in die Felskluft stellen und meine Hand über dir halten, bis ich vorübergegangen bin. Dann will ich meine Hand von dir tun, und du darfst hinter mir hersehen; aber mein Angesicht kann man nicht sehen.«

So seltsam, so verwirrend es auch klingt: Hier dreht es sich um eine Maske. Mehr noch: um die Maske Gottes. Bloß, daß man bei dieser Maske Gottes nicht an die Gruselmasken etwa der alemannischen Fasnet oder an andere Karnevalsmasken denken darf, sondern, wenn da überhaupt ein menschlicher Vergleich gewagt werden kann, vielleicht an die wundervolle goldene Totenmaske des ägyptischen Königs Tut-ench-amun, zu der bei den verschiedenen Wanderausstellungen in ganz Europa die Besucher zu Hunderttausenden strömen.

Aber Gottes Maske – was heißt das? Nirgends steht davon etwas in der Bibel; was soll diese Vorstellung? Hier in 2. Mose 33 kommt das Wort tatsächlich vor. Luther übersetzt das hebräische »panim« schon richtig mit »Angesicht«, so in der Zusage Gottes: »Mein Angesicht soll vorangehen«. Dieses seltene Wort der hebräischen Sprache meint aber nicht das eigentliche Antlitz Gottes. Trotz aller unserer Bildersprache von Gottes Hand oder Gottes Auge kann man bei ihm doch nicht wie bei einem Menschen vom Fuß oder gar vom Angesicht reden. Dieses hebräische Wort meint eine Art von Verhüllung Gottes, den man nicht sehen und erkennen kann, der aber unter der Maske etwa eines irdischen Geschehens, Erlebens oder auch einer menschlichen Erscheinung den Seinen nahe ist.

Gott begegnet uns unter der Maske – dieser Gedanke ist doch geradezu die Mitte des Evangeliums. In der Verhüllung seines menschgewordenen Sohnes, in der Maske eines Zimmermanns aus Nazareth tritt Gott in unsre Welt. Paulus gebraucht das Wort Maske an einer sehr zentralen Stelle offensichtlich ganz gezielt, dort in Philipper 2, wo von Jesus Christus gesagt ist: »Er entäußerte sich selbst und nahm Knechtsgestalt an.« Die Gestalt eines Knechts – aber das griechische Wort für Gestalt, morphé, ist zugleich der Fachausdruck für jene Masken, die die Chorsprecher in den hochberühmten altgriechischen Tragödien von Sophokles oder Aeschylos trugen, die heute wieder wie einst in den großen Theatern von Syrakus, Epidauros oder Athen aufgeführt werden. »Ob er wohl in göttlicher Gestalt war, nahm Christus die Maske eines Knechtes, das heißt: eines sterblichen Menschen an ... und ward gehorsam bis zum Tode, ja zum Tod am Kreuz.«

Gott kommt in der Maske, in der Verhüllung menschlicher Geschehnisse und Geschichte, über die man eben deshalb immer auch anderer, rein vernunftmäßiger Auffassung sein kann. Der Glaube weiß aber dennoch, daß zum Beispiel damals bei jenem Wüstenzug Israels letztlich nicht die Führergestalt des großen Mose, sondern Gottes Angesicht voranging – wenn auch unter der Maske erregender Begebenheiten. Und vor allem weiß der Glaube, daß Gott unter der Maske des gekreuzigten Nazareners der Welt das Heil gebracht hat. Nein, sehen kann man das Angesicht Gottes nicht, auch nicht in der Maske, auch Mose sah es nicht. Nur glauben kann man, daß Gott kommt, vorangeht, führt und am Werke ist.

**Gott kommt in der Maske**

– ja, wir brauchten heute, um diesen Angelpunkt dieses großartigen Kapitels der Bibel zu finden, eine ziemlich lange Hinführung. Diesmal mußte es sein.

Gott kommt in der Maske, *wenn er uns nicht fallenläßt.* Sie waren aber gefallen! Unmittelbar vor unserem Kapitel kommt die furchtbare Sache mit dem goldenen Kalb, dieser schreckliche Sturz Israels in die große Sünde gegen Gottes erstes, größtes, vornehmstes Gebot: »Du sollst keine anderen Götter neben mir haben.« Sie hatten sich vor Gott selbst maskieren wollen und unter der Maske eines für sie äußerst zeitgemäßen, neuen Gottesdienstes das sein wollen, was der maskierte Mensch immer sein will: gottlos, unbotmäßig, emanzipiert, frei.

Aber vor Gott hilft keine Maske. Vor Gott steht der Mensch immer demaskiert da – nackt bis in die Seele. So wie Israel nach dem Rauschtanz um das goldene Kalb, so wie Adam und Eva nach dem Sündenfall, so wie wir alle, wenn wir glaubten oder glauben, unter der Maske unserer Sünde von Gott nicht erkannt zu werden.

Gott reißt dem Menschen jede Maske ab – wie dem im Taumelkelch des goldenen Kalbes trunkenen und nachher so furchtbar ernüchterten Israel am Sinai. Nur daß der Mensch dann, wenn er den tiefen Fall in die Schuld mit Schaudern erkannt hat, immer auch das andere erkennen muß: daß jetzt etwas zerbrochen ist, daß trotz aller Reue nichts mehr so ist, wie es vorher war. Und daß man nachher nicht einfach mit Gott weitermachen kann, wo man vor seinem Sturz in die große Schuld stehengeblieben war. Gott tut da nicht mit. Gewiß, der Aufbruch vom Gottesberg Sinai beginnt jetzt für Israel trotzdem – der große Treck nach Norden ins verheißene, gute Land Kanaan, »da Milch und Honig fließt«: »Geh, zieh von dannen, du und das Volk, in das Land, das ich geschworen habe.« Aber um einen allzu hohen Preis: »Ich selbst will nicht mit dir hinaufziehen, denn du bist ein halsstarriges Volk.« Oder mit den Worten Jochen Kleppers im Gesangbuchlied: »Von seinem Angesichte trennt uns der Sünde Bann.«

Wenn dies Gottes letztes Wort über die Sünde und damit über dem Sünder ist, dann ist für diesen das dunkle Ende aller Dinge gekommen. Darum hängt für Israel, für Mose, für uns alles daran, daß Gott, ehe er uns in die Wüste schickt, in die Wüste Sinai, in die Wüste dieser Welt, in die Wüste unseres durch unsere Schuld verdorbenen eigenen Lebens, daß Gott in unbegreiflichem Erbarmen noch einmal das Wort nimmt und sich zu uns – wenn auch unter der Maske – herniederneigt, und daß uns auf einem neuen Weg sein Angesicht noch einmal vorangeht. »Wenn nicht dein Angesicht vorangeht, so führe uns nicht von hier herauf.« Das bedeutet: Herr, schicke uns nicht allein in die Wüste, nicht ohne dich in die Wüste der Welt des Menschen, in die große Wüste der eigenen Sünde und des Verderbens im Tode des Sünders. Laß dein Volk, laß uns, laß mich nicht endgültig aus deiner Hand fallen, o Herr!

Wir haben nur eine einzige Chance: Gott beim eigenen Vaterwort zu nehmen. »Und sieh doch, daß dies Volk dein Volk ist.« Dennoch Gnade finden, dennoch von Gott nicht fallengelassen werden, das ist der einzige Ausweg, der dem von Gottes Gerechtigkeit eingekreisten Sünder bleibt. Ja, Herr, wir sind Sünder, »wir sind Bettler, das ist wahr«. Aber du bist auch in deinem Zorn dennoch unsere einzige Zuflucht. Laß uns, laß mich nicht fallen! Wir beugen uns darunter, daß du, Gott, in der Maske kommst, in der Maske irdischer Drangsale und Alltäglichkeiten, in der Maske des Hungers und Durstes unsrer Seelen, in der Maske der Führungen unsres Lebens, in denen wir keinem beweisen können, daß du selbst darunter verborgen bist. Wir wissen, daß wir dich, dein Vaterangesicht erst dann schauen werden in deinem ewigen Kanaan, wenn dein vollendetes Israel, deine Gemeinde der neuen Welt, dir die Lobgesänge der Ewigkeit singen wird.

Noch ziehen wir durch die Wüste dieser Welt des Todes, dieser Welt der Grausamkeiten und aller Rückfälle in überwunden geglaubte Barbareien. Aber auch wenn wir Gott hier auf Erden nur unter der Maske all dieser Erdhaftigkeiten entdecken, erkennen und glauben, so wissen wir doch, daß durch die Maske, die uns vorangeht, nicht die Fratze des Teufels, sondern das Antlitz des Vaters nach uns ausschaut und uns leitet – wie damals Israel durch die Wüste. Herr, laß uns nicht fallen! »Laß mich deinen Weg wissen, damit ich dich erkenne und Gnade vor deinen Augen finde.«

Gott kommt in der Maske, *wenn er uns die Augen öffnet.* Im zweiten Teil dieses Kapitels hat sich die Szene merkwürdig verwandelt. Aus dem Ringen um Gottes Gnade, aus diesem Flehen, daß Gott dennoch seine Leitung schenke, wird nun die Bitte um Gottes Sichtbarkeit, um Gottes maskenlose Erkennbarkeit, um einen eindeutigen Gottesbeweis, wie wir heute wohl sagen würden. »Laß mich deine Herrlichkeit sehen!« sagt Mose und meint mit dem für uns kaum angemessen übersetzbaren hebräischen Wort für Herrlichkeit die unvorstellbare himmlische Lichtglut, die um Gott lodert, die zugleich Gottes Unnahbarkeit und

Gottes persönliche Gegenwart im Bild vom glühenden Lichtmantel Gottes versinnbildlicht. »Gott wohnt in einem Lichte, dem keiner nahen kann«, heißt es im Choral. Laß mich hinter deine großen Geheimnisse kommen – das ist der Sinn der überkühnen Bitte des Mose, und das ist auch unser ungestilltes Sehnen: Gottes Geheimnisse zu durchschauen. Schauen, sehen, nicht immer bloß glauben, das ist's, wonach wir oft so sehnlich verlangen. Wir möchten eine Garantie haben für unseren Gottesglauben, mindestens ein ganz persönliches Gotteserlebnis, auf das wir unseren Glauben auch in Krisen stützen können.

Gottes Antwort an Mose bedeutet, daß Gott diese Bitte nach dem ganz großen Extra-Erlebnis des Glaubens nicht erfüllt. Die Bitte: »Laß mich deine Herrlichkeit sehen!« gewährt Gott nicht, »denn keiner wird leben, der mich sieht.« Gott kommt auch dann in der Maske, wenn er uns die Augen öffnet. Genau wie im Neuen Testament: »Niemand hat Gott je gesehen; der eingeborene Sohn« – also der, der in der Maske eines sterblichen Menschen zu uns kam –, »der hat es uns verkündigt.«

Und nun wird uns eine sehr seltsame Geschichte, voller Hintersinnigkeit und mit erstaunlichen Doppelbödigkeiten, erzählt, diese Geschichte mit Mose im Felsspalt, wie er hinter Gott hersieht. Gott sagt: Meine Herrlichkeit, meine Gegenwart ohne Maske sehen, nein, Mose, das ist ausgeschlossen, das wäre dein Tod. Aber ich will etwas anderes tun: »Ich will vor deinem Angesicht alle meine Güte vorübergehen lassen« – wörtlich müßte man erstaunlicherweise statt Güte »alle meine Schönheit« übersetzen. Siehst du den schmalen, mannshohen Felsspalt dort, Mose? »Ich will dich in die Felskluft stellen und meine Hand über dir halten, bis ich vorübergegangen bin. Dann will ich meine Hand von dir tun, und du darfst hinter mir her sehen.«

Gott will alle seine Güte, eigentlich also: alle seine Schönheit vorüberziehen lassen. Und wenn wir das fast verwirrende Wort »Schönheit« jetzt bewußt aufnehmen – ist das nicht ein Gedanke von unvergeßlicher Einprägsamkeit, daß Gottes Schönheit an uns vorüberzieht, unter der Maske all des Erlebens, das uns schon zuteilgeworden ist, des schweren Erlebens, und das wie ein Zeitlupenfilm der großen Nachdenklichkeit am Auge unsrer Seele vorüberzieht? »Ach ja, wenn ich überlege, mit was Lieb und Gütigkeit du durch so viel Wunderwege mich geführt die Lebenszeit...«

Damals, als ich jung war; damals, als du mich durch die tödlichen Wirrsale des Kriegs so unbegreiflich hindurchgerettet hattest; damals, als ich in tiefstes Dunkel des Lebens gestürzt wurde; damals, als ich dich, o Gott, nicht mehr verstehen konnte; damals, als ich an jenem Festtag mitten unter all den Meinen einfach glücklich war und deine Hand, o Herr, fast buchstäblich zu spüren meinte; damals, als ich aus dem Krankenhaus doch wieder nach Hause durfte; damals, als ich mit jenem Abschied am Sarg einfach nicht fertig werden konnte; damals, als du mir allmählich, ganz allmählich in deinem Erbarmen den neuen Anfang gezeigt hast und deine Gnade, o mein Gott...

Ob Gottes Schönheit – welch ein unbegreifliches und doch gnädiges Wort dies doch ist! – nicht oft gerade dann ganz dicht bei uns war, wenn er uns verwehrte, ihn zu schauen, zu durchschauen, zu begreifen? Damals, als ich ihn nicht, überhaupt nicht mehr verstand? Ob Gott nicht gerade mitten in den Rätseln, im ganz, ganz Schweren uns nahe ist wie dem Mose im Felsspalt, nahe und – fasse dies Wort, wer kann – schön ist? »Ich will vor deinem Angesicht alle meine Schönheit vorübergehen lassen...«

Neulich kamen wir in ein kleines Gespräch über eine ziemlich belanglose Fernsehsendung, wo einige Damen und Herren, so gut sie konnten, um die Wette sangen, von Liebe natürlich und so. Eine siegte dann, und zur Belohnung darf sie demnächst woanders weitersingen. Da meinte eine vom Leben geprägte Christin: Unter all die jungen Leute hätte eigentlich auch jemand von uns gehört, so eine alte Frau mit weißen Haaren, die ihr Lied gesungen hätte. Ihr Lied? wurde sie fast belustigt gefragt. Was würden Sie denn da singen? Da kam die Antwort: In dem Lied müßte etwas zu hören sein vom Zurückschauen auf die Jahrzehnte des Lebens und von den Träumen von einst. Und dann würde ich singen: Es war alles ganz, ganz anders, als ich es mir einst ausgedacht hatte – aber es war *doch* schön...

110

Schön – dann, wenn der Herr von unseren Augen, die so lange gehalten waren, seine Hand langsam wegnimmt, und wenn wir dann erkennen: Es war der Herr! Der Herr, der uns nicht fallen ließ und der uns fragt: Erkennst du mich jetzt auch durch die Maske hindurch? Ahnst du jetzt, glaubst du jetzt, daß ich hinter der Maske war? Ich habe dich nicht weggeworfen, nicht in den Sand der Wüste fallen lassen wie eine leere, nutzlose Coca-Cola-Büchse, ich habe dich in meiner Hand behalten und in meinem Dienst belassen. »Wessen ich mich erbarme, dessen erbarme ich mich«, Mose. Man muß dazu nicht unbedingt Mose heißen . . .

»Und du darfst hinter mir hersehen.« Das ist eine Erkenntnis von größtem Gewicht. Denn erst wenn Gott vorbei ist, erkennt der Mensch, der im Glauben steht: Es war der Herr. Nicht die Verhältnisse waren es, nicht der Lauf der Welt, nicht die anderen, nicht meine Wege, sondern seine Wege. Gottes Führung erkennt der Glaube erst im nachhinein. Im Rückblick erweisen sich auch die verschlungenen Pfade und die finsteren Täler unseres Lebens als Gottes gerade Straßen. »Dann will ich meine Hand von dir tun, und du darfst hinter mir hersehen.«

»Mein Angesicht kannst du nicht sehen.« Dabei bleibt es. Aber es ist wunderbar, daß das Auge des Glaubens wieder und wieder im nachhinein etwas vom verwehenden Saum des Mantels Gottes erkennen darf, so wie auf dem wundervollen Bild von Marc Chagall, wo der Herr mit der abgewandten, aber goldenen Maske über dem Antlitz vorüberzieht und wo um den Saum seines Mantels das Licht seiner Herrlichkeit glüht.

Ja, Gott kommt jetzt in der Maske. Aber wo wir im Aufblick zu ihm betende Hände aufheben, da gibt er uns im Rückblick geöffnete Augen, schon hier auf Erden: Es war *doch* Gottes Schönheit! Auch wo Gott in der Maske kam. Denn es war der Herr. Amen.

# Gott tauscht mich aus dem Tode heraus

Sonntag Oculi                    2. März 1975

*1. Mose 22, 1–14*

»Nach diesen Geschichten versuchte Gott Abraham und
sprach zu ihm: Abraham! Und er antwortete: Hier bin ich.
Und er sprach: Nimm Isaak, deinen einzigen Sohn, den du
liebhast, und geh hin in das Land Morija und opfere ihn
dort zum Brandopfer auf einem Berge, den ich dir sagen
werde. Da stand Abraham früh am Morgen auf, gürtete
seinen Esel und nahm mit sich zwei Knechte und seinen
Sohn Isaak und spaltete Holz zum Brandopfer, machte
sich auf und ging hin an den Ort, von dem ihm Gott gesagt hatte. Am dritten Tage hob Abraham seine Augen auf
und sah die Stätte von ferne und sprach zu seinen Knechten: Bleibt ihr hier mit dem Esel. Ich und der Knabe wollen
dorthin gehen, und wenn wir angebetet haben, wollen wir
wieder zu euch kommen.

Und Abraham nahm das Holz zum Brandopfer und legte es auf seinen Sohn Isaak. Er aber nahm das Feuer und
das Messer in seine Hand; und gingen die beiden miteinander. Da sprach Isaak zu seinem Vater Abraham: Mein
Vater! Abraham antwortete: Hier bin ich, mein Sohn. Und
er sprach: Siehe, hier ist Feuer und Holz; wo ist aber das
Schaf zum Brandopfer? Abraham antwortete: Mein Sohn,
Gott wird sich ersehen ein Schaf zum Brandopfer. Und
gingen die beiden miteinander.

Und als sie an die Stätte kamen, die ihm Gott gesagt
hatte, baute Abraham dort einen Altar und legte das Holz
darauf und band seinen Sohn Isaak, legte ihn auf den Altar
oben auf das Holz und reckte seine Hand aus und faßte
das Messer, daß er seinen Sohn schlachtete. Da rief ihn der
Engel des Herrn vom Himmel und sprach: Abraham!
Abraham! Er antwortete: Hier bin ich. Er sprach: Lege
deine Hand nicht an den Knaben und tu ihm nichts; denn
nun weiß ich, daß du Gott fürchtest und hast deines einzi-

gen Sohnes nicht verschont um meinetwillen. Da hob Abraham seine Augen auf und sah einen Widder hinter sich in der Hecke mit seinen Hörnern hängen und ging hin und nahm den Widder und opferte ihn zum Brandopfer an seines Sohnes Statt. Und Abraham nannte die Stätte ›Der Herr sieht‹. Daher man noch heute sagt: Auf dem Berge, da der Herr sieht.«

Der wunderbare Felsendom in Jerusalem, dieses nächst Mekka höchste Heiligtum des Islam, wölbt sich mit seiner herrlichen Goldkuppel unweit der Stelle des alten, längst zerstörten Tempels Israels über der Stätte, wo einst »unser Vater Abraham« – so nennen ihn die Moslems anspruchsvoll – seinen Sohn Isaak zu opfern im Begriff war. Man sieht im Innern die Stelle, eine große, aus dem Boden ausgesparte, eingezäunte Felsenplatte. Nach dem Alten Testament kann kein Zweifel daran sein, daß dies der Berg im Land Morija ist, zu dem Abraham damals zog, auch wenn dies nur eine einzige, abgelegene Bibelstelle im zweiten Chronikbuch, Kapitel 3, bekundet.

In jenen Vorzeiten nomadisierender Herdenbesitzer gab es noch keine Ansiedlung auf der damals in tiefer Einsamkeit daliegenden Bergeshöhe, auf der dann später Jerusalem, die »hochgebaute Stadt«, entstand. Damals herrschte dort noch die große Stille und Unberührtheit des Berglandes. »Als sie an den Ort kamen«, konnte man noch über die freie Höhe vom späteren Tempelberg Zion westwärts hinübersehen auf die Bodenwelle dort drüben, die später Golgatha hieß. Welch eine unvergeßliche Zeichenhaftigkeit für die beiden Gottesstunden dieser beiden einst auf Sichtweite beieinanderliegenden Orte Gottes, die die Stätte der Entscheidung des Alten und der Mitte des Neuen Bundes wurden!

Die uralte Geschichte von Isaaks Opferung ist gewiß so randvoll mit geballten Wahrheiten Gottes, daß man es fast nicht wagt, ihren vielfältigen Sinngehalt auf *einen* Nenner, einen Hauptsatz zu bringen. Kann man hier überhaupt ein Hauptthema dieser »größten und gewaltigsten Geschichte des Alten Testaments« – so hat sie ein bedeutender Bibelausleger bezeichnet – herausstellen? Vielleicht ist aber doch die Aussage:

**Gott tauscht mich aus dem Tod heraus**

die Überschrift über dieser Gotteserzählung, die ihresgleichen erst wieder im Neuen Testament hat.

Aus dem Tod heraus – also geht es ans Sterben, darum ist nicht herumzukommen. Darum heißt der Hauptsatz eins: *Unterwegs zum Sterben.*

»Nach diesen Geschichten versuchte Gott Abraham und sprach zu ihm: Abraham!« Und dieser Ruf Gottes wurde der Aufruf zum Sterben, zum buchstäblichen Sterben des einzigen Sohnes Isaaks und zum Sterben der Seele eines frommen Mannes, der nun völlig umsonst gelebt und umsonst geglaubt hatte und dessen Leben nun bei lebendigem Leibe erlöschen mußte. »Abraham!« Gott ruft immer wieder in unser Leben hinein; aber *einmal* ist es bei jedem der Aufruf zum Sterben.

Vorgestern haben wir einen unserer Lektoren beerdigt, einen der Laienprediger unserer Kirche, die mithelfen, daß auf unsern Kanzeln Gottes Wort ausgerufen wird. Mitten auf dem Zebrastreifen war das tödliche Auto gekommen: »Abraham!« – »Und er antwortete: Hier bin ich!« Wer von uns erschrickt da nicht bis tief ins Innerste hinein! »Denn der ist zum Sterben fertig, der sich lebend zu dir hält.« Ja, »Gott rufet noch« – aber einmal ist sein Ruf der Aufruf zum Sterben. Wer wird dann sagen können: »Hier bin ich«?

Und wenn es nicht das eigene, sondern bloß das Sterben eines anderen ist, also das für uns völlig sinnlose Sterben eines Isaak oder sonst eines Menschen, »den du lieb hast«? Was heißt hier »bloß« der andere? Solch eine Anfechtung ist doch wie ein eigenes Sterben, auch ein Sterben des eigenen Glaubens. Das ist also der Gott, an den ich glaube? Was ist das für ein Gott? Wobei es nicht um die Buchstäblichkeit jenes Isaak-Opfers geht oder gar um die religionsgeschichtliche Frage, ob vielleicht hinter dieser Geschichte noch eine Erinnerung an heidnische Kinderopfer nachklingt, die Gott für Israel dann verboten habe. Das steht alles nur am Rande. Die Mitte bedeutet: Gott schickt uns auch die ganz schwere Anfechtung ins Leben, die harten Proben des Glaubens, an denen wir schier zerbrechen und wo wir versucht sind, allen unseren Glauben als einen Selbstbetrug über Bord zu werfen. Die Vaterunserbitte »Und führe uns nicht in Versuchung«, in Anfechtung, ist gar nicht so wunderlich. Gott führt wirklich auch in die Versuchung, in die harte Anfechtung. Diese schwere Erkenntnis gehört zu der Wahrheit dieses großen Kapitels der Bibel, die Erkenntnis, daß es den unfaßlichen Ruf Gottes gibt: Fertigmachen zum Sterben! – zuerst manchmal zum inneren Sterben und zuletzt auch zum buchstäblichen Sterben des ganzen Menschen.

Daß Gottes Wege oft unbegreiflich sind, das haben die Psalmisten in allen Richtungen durchdacht, durchgrübelt, durchbetet; das ist das einzige Thema des Buches Hiob; das wußte Paulus, als Gott alle seine Gebete um Erlösung von dem »Pfahl im Fleisch«, von einem schweren Krankheitsleiden, unerhört ließ. Das haben unzählige seiner Kinder, die an ihn glaubten, wieder und wieder erfahren, wenn sie erschüttert an einem Sarg standen, wenn ihre Ehe zerbrach, wenn ihre Kinder allen Gebeten entgegen nicht zum Glauben fanden, sondern sich gegenteilig entwickelten, wenn sie verzweifelt keinen anderen Weg mehr sahen, als die eigene Frau, den eigenen Vater notgedrungen ins Pflegeheim zu bringen. Oder denen der Arzt sagte: »Ja, es ist leider bösartig.«

Gott zeigt uns, daß wir wie die beiden, die schweigend den Weg nach Morija gingen, unterwegs zum Sterben sind. Gott gibt nicht nur, er nimmt auch. Gott nimmt uns je und dann das, woran unser Herz hängt, nämlich mehr als an ihm: den Gefährten des Lebens, den Aufschwung des Geschäfts, die Liebe der Kinder, das Ansehen in der Öffentlichkeit und was für uns sonst Glück, Hoffnung, Zukunft des Lebens ist. Gott führt nicht nur auf den Weg des Lebens, sondern auch auf den Weg des Sterbens. Wer im Ernst singt: »Was Gott tut, das ist wohlgetan«, der muß wissen, daß dies auch für die Wege in das Land Morija gilt.

»Da stand Abraham des Morgens früh auf ... und nahm

mit sich seinen Sohn Isaak und ging bis an den Ort, davon ihm Gott gesagt hatte.« Das gibt es, daß uns Gott nimmt, woran unser Herz hängt, und es ist sehr schwer, diesen Satz dann so fortzusetzen: damit unser Herz umso fester nur an ihm hänge. »Da stand Abraham des Morgens früh auf«, nämlich als ihn Gott in die Nacht aller Sinnlosigkeit rief, als er sein eigenes kommendes Gottesvolk offensichtlich zerschlagen wollte – denn dieser spätgeborene Isaak war doch der Same der Verheißung. Nimmt Gott denn seine eigenen Verheißungen zurück? Dies ist der tiefste Kern aller Anfechtung: Ist mein Gott denn in Widerspruch zu sich selbst? Die Sache mit Isaak war doch in Person die Sache mit Gott! Warum gehorcht dieser verbohrte Abraham denn, statt in gellenden Protest gegen diesen Gott auszubrechen? Wie ist das möglich?

Da ist es möglich, wo ein Mensch aus der Gottesangst hindurchgedrungen ist zur Gottesfurcht, aus dem Schrekken vor der Erkenntis der Ungeheuerlichkeit Gottes zur Demut des Gehorsams, der Nachfolge, also dessen, was Glaube ist. Seit Abraham weiß man, was Glaube ist: trotzdem in Gott bleiben, trotzdem. Auch dann, wenn der lange Weg der quälenden, sich dehnenden drei Tage – oder wie lange es immer dauert – ein Unterwegs zum Sterben ist. Mit seinem Leben Gott verfallen sein, das ist Glaube.

Darum geht Abraham den Todesweg des zutiefst angefochtenen, aber dennoch gehorsamen Glaubens, den Weg des Schweigens, das nur durch das einsilbige Gespräch von Vater und Sohn – haben wir's wohl von vorhin noch im Ohr? – für kurze Augenblicke unterbrochen wird, und das in seiner Zartheit den Leser so berührt, daß einer der großen Ausleger des Alten Testaments diese Geschichte als die »vollendetste und abgründigste aller Vätergeschichten« bezeichnet hat. Und das wird noch unterstrichen dadurch, daß dem Abraham selbst die Hintergründigkeit und zeitlose Doppelsinnigkeit seiner Antwort nicht bewußt sein konnte, als er sagte: »Gott wird sich ersehen ein Schaf zum Opfer ... Und gingen die beiden miteinander.« – »Ein Schaf zum Opfer« – »O Lamm Gottes!«, so kann da der glaubende Christ bloß noch ahnen, stammeln.

Und nach drei Tagen »sah er die Stätte von Ferne«. Dorthin schaut der Vater des Glaubens jetzt, und er weiß für seinen Sohn Isaak und für seine eigene Seele, daß er unterwegs zum Sterben ist. »Er faßte das Messer« – wie oft wohl schon unterwegs, lange ehe sie oben waren! –, »daß er seinen Sohn schlachtete.«

Manche sagen, das sei ein allzu brutales Wort, unerträglich für uns. Das vertrage sich nicht mehr mit unserem Verständnis von Humanität. Mag sein, sofern man die Untaten einer im Namen der Humanität verübten Bestialität, wie zum Beispiel die Entführung und Gefangensetzung eines menschlich zudem noch so sympathischen Berliner Politikers glaubt ausklammern zu können. Sicher ist aber eines: daß Gott seinen Sohn als »Lamm Gottes unschuldig am Stamm des Kreuzes geschlachtet« hat. Diese Redeweise ist auch nicht unserem Knigge der Humanität entnommen, wirklich nicht. Aber dies, allein dies bedeutet unsere Rettung vor dem ewigen Tod, weil dadurch Gott uns aus dem Tod heraustauscht. Daran hängt mein, Ihr, unser Leben, weil wir sonst ohne alle Hoffnung unterwegs zum Sterben wären.

Gott tauscht mich aus dem Tode heraus. Unter diesem Generalthema einer so unerhörten Geschichte sind wir damit aber beim Hauptsatz zwei angelangt. Er heißt: *Unterwegs zum Leben.*

»Da rief ihm der Engel des Herrn vom Himmel zu: Abraham! Abraham! Er antwortete: Hier bin ich!«

Da begegnet uns noch einmal derselbe Ruf Gottes an den Menschen (denn der Engel des Herrn bedeutet nichts anderes als die Stimme Gottes) und dieselbe Antwort des Menschen wie im ersten Teil der Geschichte. Nur daß es diesmal nicht heißt: Fertigmachen zum Sterben!, sondern: Fertigmachen zum Leben! Jetzt ist der Mensch unterwegs zum Leben.

Dieser Augenblick ist von tiefer Hintergründigkeit, da Abraham seine Augen aufhob, wie es hier heißt, und den Widder, den Schafbock entdeckte, den er nun »an seines Sohnes Statt« opferte, mit dem er also seinen Sohn aus dem Tod ins Leben heraustauschte. Ihm waren die Augen aufgegangen für Gottes Sündenbock, der starb, damit Isaak leben durfte. »Lege deine Hand nicht an den Knaben!«

Der große Tausch, das ist Gottes entscheidendes Rettungswerk. Es ist hier im Alten Testament erst angedeutet durch den Schafbock, der an die Stelle des Sohnes tritt, von dem der Engel Gottes hier sagt: »Du hast deines einzigen Sohnes nicht verschont.« Im Neuen Testament aber gibt dann Gott selbst den Sohn, seinen eingeborenen Sohn, als Opfer am Kreuz hin, damit er für mich, den zum Tod verurteilten Sünder, das Todesurteil erleidet und mich aus dem Tod heraustauscht. Weil Gott »auch seines eingeborenen Sohnes nicht verschont hat, sondern hat ihn für uns alle dahingegeben.« Im Evangelium heißt es: »Siehe, das ist Gottes Widder, Gottes Lamm, welches der Welt Sünde trägt«.

Auch hier ist der große jüdische Maler biblischer Stoffe in unsrer Zeit, Marc Chagall, mit seinem hinreißenden Bild von der Opferung Isaaks ein tiefgründiger Interpret der biblischen Aussage. Er hat das Bild, auf dem Abraham eben das Messer hebt, in einer durchaus christlichen Auslegung dadurch zu einem Wahrzeichen des Heilsplanes Gottes gemacht, daß er von oben rechts her den gekreuzigten Gottessohn auf den Morija-Altar herniedersehen läßt, den Sohn, durch dessen Opfer erst Abraham, Isaak und wir herausgetauscht sind aus dem ewigen Tod.

Gott gibt seine Verheißungen nicht preis, sondern er führt sie durch, im Alten wie im Neuen Bund. Es geht um Gottes Treue gegenüber seinem Wort: Ich habe dich dennoch beim Namen gerufen, niemand reißt dich aus meiner Hand. Auch nicht der große Schmerz deines Lebens, der über dich gekommen ist; auch nicht deine eigene Sünde, mit der du dich von mir losgemacht hattest; auch nicht deine ständige Unruhe, die dich seit deinem Eintritt in den Ruhestand überkommen hat und die du vor dir selber versteckst; auch nicht die Gemeinheit der Menschen, die diese Welt zur Hölle machen können; auch nicht die Armut deines eigenen Glaubens. Ich habe dich trotzdem angenommen, ich nehme meine Gnade nicht zurück.

Nun ist da noch ein merkwürdiger Schlußsatz, ohne den die Geschichte wohl nicht enden konnte: »Und Abraham nannte die Stätte: Der Herr sieht.« Im Hebräischen ist das ein Wortspiel, das zweierlei bedeutet: Der Herr sieht – und: Der Herr läßt sich sehen. Das ist ein Wort, das die Nacht hell macht, auch unsre Nacht. Denn dieses Wort will sagen: Gottes Auge durchdringt jedes Dunkel – und: Gott erscheint, Gott spricht auch da, wo es um uns ganz finster geworden ist, so dunkel, wie es um und in Abraham an jenem hellen Morgen gewesen war.

Es ist wahr: Gott läßt alles Dunkel der Anfechtung auf uns fallen, aber dem Glaubenden geht im nachhinein dennoch auf: So groß und so treu ist der Herr. Aber eben im nachhinein. Da war es dann klargeworden, nicht nur dem Abraham: Der Herr sieht und der Herr ließ sich wieder sehen. Gott zeigt sich uns in allem Dunkel auch immer wieder so, daß uns die Augen aufgehen – und manchmal in nachstammelnder Anbetung die Augen übergehen. Oculi heißt der heutige Sonntag nach dem 25. Psalm: Oculi mei semper ad dominum, meine Augen sehen immer auf den Herrn. Das ist wahr.

Wir dürfen unsere Augen aufheben zu Gott wie Abraham. Aufheben von Morija hinüber nach Golgatha. Damals war sie buchstäblich in Sichtweite, als noch keine Stadt dazwischenlag. Aber dieser Hügel Golgatha ist immer in Sichtweite, die Kuppe Golgatha, wenn wir unterwegs zum Sterben sind, weil wir von Gott aus dem Tode ausgetauscht werden und dann unterwegs zum Leben sind. Den Tausch vollzieht der Mann von Golgatha, Gottes einziger Sohn, den er liebhat.

Zum Schluß bleibt noch eine Frage, die uns heute umtreiben muß: Liegt Israel heute wieder auf dem Altar, preisgegeben von seinem Gott für den tödlichen Schlag, zu dem sich schon das Messer hebt, diesmal die Messer aller seiner Feinde? Isaak – das heißt: Israel. Läßt Gott das zu, daß Isaak-Israel wieder auf dem Opferaltar seines unfaßlich rätselvollen Gottes liegt, des Gottes, der sein Abrahamsvolk wieder und wieder opfert und dann doch immer wieder auf die unbegreiflichste Weise hindurchrettet? Muß es Isaak-Israel erneut erfahren, daß es nie aus eigener Kraft leben kann, sondern immer allein aus dem Willen dessen überlebt, der Isaak leben ließ?

Dahinter steht der letzte Akt des Heilsplanes Gottes: daß Gott dieses Israel am Ende der Zeit endgültig heimführt, zur Anbetung dessen, den Israel jetzt mit gehaltenen Augen immer noch nicht sieht, den Widder in der Hecke, das Lamm Gottes, das auch seine, Israels Sünde am Stamm des Kreuzes getragen hat, seine – und unsre, meine Schuld. Dann, wenn uns im Glanz der neuen Welt die Augen aufgehen werden, die Augen, lateinisch: oculi. Oculi mei ad dominum, meine Augen schauen meinen Herrn. Wie wird uns sein ...! Amen.

# Entscheidung für Gott
# durch Scheidung von den Idolen

Vorletzter Sonntag des Kirchenjahres   9. November 1975

*1. Mose 19, 12–30*

»Und die Männer sprachen zu Lot: Hast du hier noch einen Schwiegersohn und Söhne und Töchter und wer dir sonst angehört in der Stadt, den führe weg von dieser Stätte. Denn wir werden diese Stätte verderben, weil das Geschrei über sie groß ist vor dem Herrn; der hat uns gesandt, sie zu verderben. Da ging Lot hinaus und redete mit den Männern, die seine Töchter heiraten sollten: Macht euch auf und geht aus diesem Ort, denn der Herr wird diese Stadt verderben. Aber es war ihnen lächerlich.

Als nun die Morgenröte aufging, drängten die Engel Lot zur Eile und sprachen: Mach dich auf, nimm deine Frau und deine beiden Töchter, die hier sind, damit du nicht auch umkommst in der Missetat dieser Stadt. Als er aber zögerte, ergriffen die Männer ihn und seine Frau und seine beiden Töchter bei der Hand, weil der Herr ihn verschonen wollte, und führten ihn hinaus und ließen ihn erst draußen vor der Stadt wieder los.

Und als sie ihn hinausgebracht hatten, sprach der eine: Rette dein Leben und sieh nicht hinter dich, bleib auch nicht stehen in dieser ganzen Gegend. Auf das Gebirge rette dich, damit du nicht umkommst! Aber Lot sprach zu ihnen: Ach nein, Herr! Siehe, dein Knecht hat Gnade gefunden vor deinen Augen, und du hast deine Barmherzigkeit groß gemacht, die du an mir getan hast, als du mich am Leben erhieltest. Ich kann mich nicht auf das Gebirge retten; es könnte mich sonst das Unheil ereilen, so daß ich stürbe. Siehe, da ist eine Stadt nahe, in die ich fliehen kann, und sie ist klein; dahin will ich mich retten – ist sie doch klein –, damit ich am Leben bleibe. Da sprach er zu ihm: Siehe, ich habe auch darin dich angesehen, daß ich die Stadt nicht zerstöre, von der du geredet hast. Eile und rette dich dahin; denn ich kann nichts tun, bis du hineinkommst. Daher ist diese Stadt Zoar genannt. Und die Sonne war aufgegangen auf Erden, als Lot nach Zoar kam.

Da ließ der Herr Schwefel und Feuer regnen vom Himmel herab auf Sodom und Gomorra und vernichtete die Städte und die ganze Gegend und alle Einwohner der Städte und was auf dem Lande gewachsen war. Und Lots Weib sah hinter sich und ward zur Salzsäule.

Abraham aber machte sich früh am Morgen auf an den Ort, wo er vor dem Herrn gestanden hatte, und wandte sein Angesicht gegen Sodom und Gomorra und alles Land dieser Gegend und schaute, und siehe, da ging ein Rauch auf vom Lande wie der Rauch von einem Ofen. Und es geschah, als Gott die Städte in der Gegend vernichtete, gedachte er an Abraham und geleitete Lot aus den Städten, die er zerstörte, in denen Lot gewohnt hatte.

Und Lot zog weg von Zoar und blieb auf dem Gebirge mit seinen beiden Töchtern; denn er fürchtete sich, in Zoar zu bleiben; und so blieb er in einer Höhle mit seinen beiden Töchtern.«

Ich möchte diese Geschichte noch einmal erzählen, die Sache mit Lot und Sodom und Gomorra. Manche von Ihnen kennen sie vielleicht von früher her, aber gelesen hat sie wohl schon sehr lange kaum mehr jemand von uns. Und es wäre heute keine Überraschung, wenn vor allem manche der Jüngeren unter uns sie noch nie gehört hätten.

Diese uralte Geschichte, deren erdgeschichtliche Hintergrundvergangenheit im Nebel der Jahrtausende verschwimmt, ist brandneu. Sie spielt in unserer modernen Welt, in unserem Land, in unserer Stadt, und in der Geschichte kommen Sie vor und ich auch und unsere Kirche außerdem noch ganz besonders. Vor allem dann, wenn die Leute Gottes, so wie Lot, nicht nur auf Gott sehen, sondern auch noch nach den Idolen dieser Welt schielen – nach den Götzen, den angebeteten Glücksgütern, den Idealen, den kleinen Marktschreiern und den großen Wortführern dieser Welt, den Ideologien und den großen Schlagworten, die mit -ismus enden, also nach all dem, was unser Herz erfüllen und beschlagnahmen will und was man mit dem Wort Idol zusammenfaßt.

Die beiden großen Fundamente alles dessen, was Gott ist und tut, nämlich Gericht und Gnade, bestimmen auch diese Geschichte, die prallvoll zeitloser Wahrheit ist. Man könnte sie so überschreiben:

**Entscheidung für Gott durch Scheidung von den Idolen.**

Diese Geschichte ist voll vom Reden Gottes, das an unsere Adresse gerichtet ist, und sie fängt lange vor dem lodernden Finale der Vernichtung von Sodom und Gomorra an. Von Ägypten her waren sie nordwärts getreckt, die beiden Herdenbesitzer Abraham und sein Vetter Lot. Sie hatten sich in gutem Einvernehmen getrennt, weil das Land rund um Bethel, also im Bergland nördlich von Jerusalem, einfach nicht genug hergab für die riesigen Herden der beiden Scheichs, und Lot war dann in das einst gartenhaft fruchtbare Land der Jordanaue am jetzigen Toten Meer gezogen.

Abraham verkörpert unbeschadet seiner Persönlichkeit als großer Herdennomade unzweifelhaft für die ganze Bibel das Volk Gottes, heute würden wir sagen: die Kirche. Wer das nicht ständig im Auge behält, begreift von der ganzen Geschichte im Grunde gar nichts. Lot aber verkörpert auch das Volk Gottes, auch die Kirche, aber irgendwie eine andere als Abraham. Was für eine, genau das zeigt seine Geschichte.

Lot blieb nun mit seinem Anhang nicht wie Abraham eine Sippe, ein Stamm für sich, auch ansiedlungsmäßig im Raum Bethel eine Schar für sich, die sich nicht in die umwohnenden Siedler des Landes – es hieß damals Kanaan – vermischte, sondern Lot zog in eine Stadt. Die Stadt hieß Sodom, und es ging ihr und der verbündeten Nachbarstadt Gomorra großartig. Politische und militärische Erfolge hatten den Städten zu einem Wirtschaftswunder verholfen; man lebte glänzend in Sodom. Wie gewöhnlich stieg damit auch das Konsumbedürfnis, die ausschweifende Genußsucht und die Kriminalität. Die Bibel nennt das kurz Sünde, aber das Wort hört keiner gern.

Dorthin zog Lot und wurde den Sodomitern ein Sodomiter, weil auch er der irrigen Meinung war, in der Bibel stehe der Satz: »Den Juden ein Jude und den Griechen ein

Grieche.« Im heutigen Neuhoch-Ideologie-Deutsch heißt das: Er integrierte sich in Sodom, auch wenn er seinen alten Gottesglauben im Herzen beibehalten und in der Privatsphäre der Familie weiterpflegen wollte.

So verkörpert Lot die Kirche, die sich in diese Welt integriert, die sich in die gesellschaftlichen Verhältnisse und in die sogenannten Strukturen dieser Welt einflicht, an den Aufgaben und Aktionen der Welt teilnimmt und sich mehr oder weniger als ein Stück dieser Welt versteht, die doch eine Welt ohne Gott, eine Welt der Idole ist.

Nur daß alle miteinander ihre Rechnung ohne Gott gemacht hatten. Ohne den Gott, der seiner ziemlich lange spotten läßt, etwa wenn man wie in Sodom – und Sodom ist überall – seine sämtlichen Zehn Gebote konsequent mit Füßen tritt. Aber auf die Dauer läßt Gott sich eben doch nicht verspotten. Er fährt mit dem Unwetter seines Gerichts jählings in die Sünder und Spötter hinein, nicht nur damals in Sodom.

Aber Lot, also die weithin auf Abwege geratene Kirche, ließ Gott warnen. Er schickte ihm zwei Boten ins Haus, das Gottesgewitter des kommenden Strafgerichts anzukündigen. Das macht Gott immer so. Nur: daß man auf seine Boten nicht hört, sondern sie wie in Sodom damals zu verprügeln sich anschickt oder sie mindestens niederschreit, das ist auch immer so.

Dem Lot begann es aufzugehen, daß der Weg der Integrierung, also die Methode des Mitschwimmens im Glanz, im Engagement und in der Sünde Sodoms, nicht der rechte Weg gewesen war. Es ist eben nichts mit der Integration der Kirche in die Welt, in die Gesellschaft, in die Strukturen, in die politischen Machtverhältnisse dieser Welt. Dieser Weg des Mitschwimmens ist und bleibt falsch. Der rechte Weg der Kirche ist der Weg Abrahams, der zum Zeugnis für seinen Gott mit den Seinen zusammen eine unverwechselbare, eigene Größe in Kanaan, in der umgebenden Welt, geblieben war. Und auf Abraham hat die Welt gesehen und gehört, auf Lot kein Mensch. Vor Abraham hatte man Respekt, auch die Gegner. Lots Integrationskirche, also die Kirche, die ein hineingeflochtenes

Stück dieser Welt sein wollte, wird ignoriert; kein Hahn kräht nach ihr. Sie wird verlacht wie Lot von seinen Schwiegersöhnen, die er plötzlich zum rettenden Gehorsam gegen Gott überreden wollte. »Aber es war ihnen lächerlich«, heißt es bloß.

Schließlich mußten die Boten Gottes äußerst energisch drängen, daß Lot endlich aufhörte mit all diesen sinnlos gewordenen Diskussionen: »Mach dich endlich auf, nimm deine Frau und deine beiden Töchter, damit du nicht auch umkommst in der Missetat dieser Stadt!« Das heißt für uns: Das Volk Gottes und seine Leute, also die Kirche und die Christen, sollen sich nicht mit der Gesellschaft solidarisieren, mit ihren Konflikten, Idolen und Sünden, sondern sich unzweideutig von den Glücksträumen, den Protesten, Emanzipationen, Revolutionen und den Sünden Sodoms, also dieser Welt ohne Gott, absetzen. Sie dienen im Namen der Barmherzigkeit gewiß den Menschen dieser Welt »in ihren tausend Nöten und großen Jammerlast«, aber sie sind nicht ein Teil von ihr. Gott sendet seine Boten dazu, um die Kirche und uns alle aus Sodom heraus-, nicht um sie und uns nach Sodom hineinzurufen.

Vorletzte Woche war ich als Synodaler bei der Synode der EKD. Ich spreche es offen aus, daß ich aufs neue sehr angefochten war wegen der unentwegten Versuche, dort weltliche, politische Beschlüsse durchzusetzen, in denen kein Wort eines Hinweises auf Gott oder die Bibel vorkamen: Den Radikalenerlaß des Staates sollte die Kirche kritisieren, sich gegen die Militärregierung in Chile erklären, im Blick auf die neuen Vereinbarungen mit Polen wurde ein Beschluß im Sinn der Regierungsparteien gefaßt, gerade als ob die Kirchensynode ein Zubringerbetrieb des Bundestags wäre – und so fort. Gottes Wort aber ruft uns aus den Verflechtungen mit Sodom heraus, nicht in sie hinein.

Lot aber kann sich fast nicht mehr lösen aus den Verstrickungen in Sodom, in der Gesellschaft, in der Welt. Er muß von den rettenden Gottesboten richtig fortgezerrt werden, ehe das Gericht Gottes losbricht. »Als er aber zögerte, ergriffen die Männer ihn und seine Frau bei der Hand ... und ließen ihn erst draußen vor der Stadt wieder los.« Werden Gottes Boten auch heute noch zu uns kommen, um die Kirche im Dienste der Barmherzigkeit Gottes hart bei der Hand zu fassen und sie herauszuziehen aus ihrer unheilvollen Verfilzung mit unsrer Gesellschaft, mit der Welt ohne Gott, ehe das Gericht kommt?

»Rette dein Leben und sieh nicht hinter dich!« Begreife endlich, daß Sodom ein Irrweg war, ein Irrweg der Kirche, sich auf die Solidarisierung mit den Idolen der Welt einzulassen! Entscheide dich für Gott! Entscheidung für Gott aber heißt Scheidung von den Idolen.

Und nun fängt dieser Lot eine ganz seltsame Feilscherei mit seinem Gott über die Art der eigenen Rettung an. Er will nicht in die rettenden Berge, sondern in die doch genauso gefährdete kleine Nachbarstadt Zoar. Wenigstens ihre schützenden Mäuerchen, ihre kleinen weltlichen Sicherheiten braucht er – und daran halten auch Christen, hält auch die Kirche, halte auch ich merkwürdig ängstlich fest. Also die Versicherungen bei der Allianz und das Häusle und die Gewerkschaft und die Beamtenrechte – der Mensch braucht sein Zoar, braucht doch etwas zu seiner Sicherheit! Man kann doch nicht einfach voller Gottvertrauen die Wege Gottes gehen und wie so ein alter Psalmist sagen: »Ich hebe meine Augen auf zu den Bergen, von welchen mir Hilfe kommt«!

Welch eine Gnade, daß Gott so barmherzig ist, uns manchmal auch die Bitten unsrer Glaubensarmut gnädig zu gewähren! »Da sprach er zu Lot: Siehe, ich habe auch darin dich angesehen, daß ich die Stadt (die du mehr zu brauchen meinst als mich) nicht zerstöre.« Unser Gott läßt mit sich reden, sogar dann, wenn wir ängstlich und töricht beten und so glaubensarm sind.

Dieser erste Teil der Geschichte hat einen merkwürdigen Schluß. Aus der Ferne ist Abraham gekommen und sieht nun den abziehenden Rauch des Gerichtes Gottes über die Schuld der Menschen. Abraham aber ist jene andere Kirche, die Kirche geblieben war und sich nicht in diese Welt integriert hatte. »Da gedachte Gott an Abraham«, das heißt: an die Kirche, die sich nicht mit Kanaan, nicht mit der Gesellschaft der Ideologien und Idole verbrüdert, nicht mit der Welt solidarisiert hatte. Um ihretwillen läßt Gott manchmal auch die Lot-Kirche überleben, damit sie heimfindet zu der Abraham-Kirche, die ihre Knie nicht gebeugt hat vor den Idolen der Zeit. Er läßt dem Lot, der Lot-Kirche noch einmal Frist zur Umkehr, läßt sie trotzdem überleben – zur Wanderung in die »Berge, von welchen uns Hilfe kommt«.

Aber in der Zwischenzeit war das Gericht hereingebrochen, das Gericht Gottes über eine gottfrei gewordene, von Gott emanzipierte, losgesagte Welt. Das sollte man ja nicht übergehen: »Da ließ der Herr Schwefel und Feuer regnen vom Himmel herab auf Sodom und Gomorra und vernichtete die Städte und die ganze Gegend und alle Einwohner der Städte.«

So kann Gott sein! Wir dürfen nicht darum herumreden. Es gibt die Strafgerichte Gottes, in der Völkerwelt und im einzelnen Menschenleben. Gott steht gegen *die* Menschen und gegen *die* Welt, die den Menschen zum Maß aller Dinge macht, in Sodom, Esslingen und überall.

Was damals im Bereich des heutigen Toten Meeres geschah, wissen wir gar nicht. Eine Erdgaskatastrophe wäre geologisch denkbar. Aber das ist ganz nebensächlich. Von Bedeutung ist nur, daß Gottes Gericht wieder und wieder schon mitten in dieser Welt stattfindet, in »Krieg und großen Schrecken, die alle Welt bedecken«. Auch wenn gewiß nur der Glaube begreift, daß es Gottes Gericht war, das im Gewand einer diesseitigen Katastrophe geschah.

Der Unglaube wird das nie einsehen; er wird höchstens empört sein, daß dieser Gott wieder so viele Unschuldige habe leiden lassen. Ich möchte dazu eine Frage stellen: Kennen Sie persönlich einen Unschuldigen, einen vor Gott Unschuldigen, mit Namen und Adresse? Dies zu erfahren wäre mir sehr wichtig. Meine Adresse jedenfalls könnten Sie da nicht angeben. Für Schuldige aber gibt es ein Ende der langen Geduld Gottes. Dann erfüllt sich sein Gericht ohne Aufhalten, wenn wir die Zeit der Chance zur Umkehr vertan haben.

Ja, und jetzt muß noch die Sache mit Lots Frau berichtet werden, die hinter sich sah und angesichts der Furchtbarkeit des Strafgerichts zur Salzsäule erstarrte.

Was ist der Sinn dieser unheimlichen Geschichte? Die zurückschauende Frau ist der Inbegriff für die ernste Wahrheit, die Jesus einmal so ausdrückte: »Wer seine Hand an den Pflug legt und sieht zurück, der ist nicht geschickt zum Reich Gottes.« Lots Frau steht für den Menschen, der von Gott schon an die Hand genommen war, der das schreckliche Sünden-Sodom schon hinter sich hatte und der dennoch zurücksah auf die böse, verlockende Zeit ohne Gott und ihr doch nachtrauerte. Aber Gottes Hand ist nicht der Griff eines stählernen Roboters, Gottes Hand kann auch wieder loslassen, wenn wir unsere Hand ihm wieder zu entziehen beginnen. Auch unter denen, die schon auf dem Weg der Rettung, das aber heißt: auf dem Weg zum Kreuz Jesu Christi, sind, vollziehen sich immer wieder noch Scheidungen.

Und noch etwas sagt die Sache mit Lots Frau: daß es uns nichts hilft, auf das Totenfeld Gomorra zurückzublikken, auf die Gräber der Toten überhaupt. Jetzt, im November, häufen sich die Gedenktage für unsere Toten: Allerseelen, Volkstrauertag, Totensonntag. Bei allem Recht und aller Pflicht zur Pietät: Das Zurückschauen auf das, was war und auf die, die waren, hilft nicht aus dem Tod. Aus dem Tod hilft uns nur Jesus Christus, der Auferstandene – aus dem Tod der Sünde, aus der Todesstarre der Kirche, aus dem leiblichen Tod als dem letzten Feind. Darum – o Wunder! – »zog Lot weg von Zoar und blieb auf dem Gebirge«. Jetzt endlich war die Entscheidung klar gefallen, wo Lot, wo die Kirche hingehört: weg von allen Verflechtungen mit der Welt, hin zur Gemeinde Gottes. Jetzt hatte er sie gefunden, »die Berge, von welchen mir Hilfe kommt«.

Wir müssen den Berg finden, den Hügel Golgatha, wo der Tod besiegt wurde. Aber dazu müssen wir weg von Sodom und weg von Zoar, weg von den Restbindungen an Restidole. Wir müssen ganz zu Jesus. »Wenn der nicht in mir wäre, so dürft und könnt ich nicht vor Gottes Augen stehen und vor dem Sternensitz; ich müßte stracks vergehen wie Wachs in Feuershitz...«

Wollen wir damit im Blick auf unsere Toten und auf unseren eigenen Tod wieder einmal auf das Jenseits vertrösten? Ja, das wollen wir, ganz sicher! Uns trösten mit der Gewißheit der neuen, kommenden, sodomfreien, todfreien Welt Gottes, uns trösten mit dem Sieg Jesu Christi über den Tod.

»Sein Auge hat uns stets bewacht, ihm sei Anbetung, Ehr und Macht! Gelobt sei Gott! Ja, Amen.«

# In Jesu Namen

*Apostelgeschichte 3, 1–21*
»Petrus aber und Johannes gingen hinauf in den Tempel
um die neunte Stunde, da man pflegt zu beten. Und es
ward ein Mann herbeigetragen, lahm von Mutterleibe; den
setzten sie täglich vor des Tempels Tür, die da heißt die
schöne, daß er bettelte um ein Almosen von denen, die in
den Tempel gingen. Da er nun sah Petrus und Johannes,
wie sie wollten zum Tempel hineingehen, bat er um ein Almosen. Petrus aber sah ihn an mit Johannes und sprach:
Sieh uns an! Und er sah sie an und wartete, daß er etwas
von ihnen empfinge. Petrus aber sprach: Silber und Gold
habe ich nicht; was ich aber habe, das gebe ich dir: Im Namen Jesu Christi von Nazareth stehe auf und wandle! Und
griff ihn bei der rechten Hand und richtete ihn auf. Alsbald
standen seine Füße und Knöchel fest, und er sprang auf,
konnte gehen und stehen und ging mit ihnen in den Tempel, wandelte und sprang und lobte Gott. Und es sah ihn
alles Volk wandeln und Gott loben. Sie kannten ihn auch,
daß er's war, der um Almosen gesessen hatte vor der schönen Tür des Tempels; und sie wurden voll Wunderns und
Entsetzens über das, was ihm widerfahren war. Als er aber
sich zu Petrus und Johannes hielt, lief alles Volk zu ihnen
in die Halle, die da heißt Salomos, und wunderten sich
sehr. Als Petrus das sah, sprach er zu dem Volk: Ihr Männer von Israel, was wundert ihr euch darüber, oder was sehet ihr auf uns, als hätten wir diesen wandeln gemacht
durch unsre eigene Kraft oder Frömmigkeit? Der Gott
Abrahams und Isaaks und Jakobs, der Gott unserer Väter,
hat seinen Knecht Jesus verherrlicht, welchen ihr überantwortet und verleugnet habt vor Pilatus, als der ihn loslassen wollte. Ihr aber verleugnet den Heiligen und Gerech-
ten und batet, daß man euch den Mörder schenkte; aber
den Fürsten des Lebens habt ihr getötet. Den hat Gott auf-

erweckt von den Toten; des sind wir Zeugen. Und durch den Glauben an seinen Namen hat diesen hier, den ihr sehet und kennet, sein Name stark gemacht; und der Glaube, der durch ihn gewirkt ist, hat diesem gegeben diese Gesundheit vor euer aller Augen.

Nun, liebe Brüder, ich weiß, daß ihr's in Unwissenheit getan habt wie auch eure Obersten. Gott aber hat so erfüllt, was er durch den Mund aller seiner Propheten zuvor verkündigt hat, daß sein Christus leiden sollte. So tut nun Buße und bekehret euch, daß eure Sünden getilgt werden, auf daß da komme die Zeit der Erquickung von dem Angesicht des Herrn und er sende den, der euch zuvor zum Christus bestimmt ist, Jesus. Ihn muß der Himmel aufnehmen bis auf die Zeit, da alles wiedergebracht wird, wovon Gott geredet hat durch den Mund seiner heiligen Propheten von Anbeginn.«

Wie war das bei uns, als wir vorhin durch die Tür des Tempels, »die da heißt die schöne«, also durch den Haupteingang unserer Kirche mit seinen wunderschönen Bronzebildern, hier eintraten? Kamen wir nach einem guten, aber nicht mehr sehr verbreiteten Brauch hierher? Wenn ja, dann ist das ausdrücklich zu loben. Denn eine gute Gewohnheit ist wesentlich besser als eine schlechte, und ein kirchlicher Brauch ist besser als gar keiner. Die Apostel jedenfalls haben Gott nicht im nassen Wald gesucht, sondern in der Kirche.

Oder sind wir vor allem deshalb gekommen, weil wir hier zusammen mit Gottes Volk auf Gott hören wollten? Auch ohne Bettler vor der Kirchentür, zumal der lahme Bettler hier nicht die Hauptperson der Geschichte ist, die übrigens so ziemlich der erste Bericht aus der urchristlichen Kirche überhaupt ist. Die Hauptperson aber ist der, in dessen Namen dann dies alles geschah und gepredigt wurde, also Jesus Christus.

**In Jesu Namen** – das ist das Thema dieser biblischen Geschichte. Mit zwei kurzen Überschriften kann man die beiden Hälften dieses Berichts, die Sache mit der Heilung und die mit der Predigt des Petrus, überschreiben. Die erste heißt: *Der Glaube der Zeugen.*

»Lahm von Mutterleibe« war der Bettler vor der Kirchtür. Heute würden wir wohl denken: Wie ein besonders tragischer Fall eines jener von Geburt an geschädigten Contergankinder. Aber da durchfuhr es den Petrus angesichts der ihm aus dem zerschlissenen grauen Gewand entgegengestreckten schmutzigen Bettlerhände wie ein Signal des Glaubens: Auch für den da ist mein Herr gekreuzigt worden, auch für diesen Menschen ist er auferstanden! Weil nämlich der Herr nicht in irgendeinem Jenseits zum neuen Leben erwacht ist, sondern weil er in diese Erdenwelt hinein auferstanden ist, in diese Welt des Leides, des Blutes, des Hasses, des Todes, in die Welt der Gelähmten, Hungernden, Verstümmelten, Arbeitslosen, Überarbeiteten, Verbitterten, Traurigen, in diese Welt »mit ihren tausend Plagen und großen Jammerlast, die kein Mund kann aussagen . . .«

Wenn aber Jesu Auferstehung nicht in den Himmel, sondern in diese unsere Welt hinein geschehen ist, dann muß unser Glaube auch etwas zu tun haben mit der Liebe zu denen, die auf der Schattenseite des Lebens sitzen, wie zum Beispiel dieser Bettler da; er muß mit der Lebenshilfe für die Notleidenden in dieser Welt etwas zu tun haben. Allerdings meint der für uns zunächst doch fast verwirrende Glaube des Petrus es so: Wir setzen uns ein für den leidenden Nächsten, auch in seinen äußeren Nöten, aber nun nicht um des notleidenden Menschen willen, sondern ausdrücklich um Jesu willen, genauer: um seiner Auferstehung willen. Wir tun das, was man Nächstenliebe oder Tatchristentum nennen mag, nicht im Namen der Menschlichkeit, sondern im Namen Jesu – und das ist keineswegs dasselbe. Nicht das Elend der Welt, sondern die Liebe Christi drängt uns dazu.

»Was ich aber habe, das gebe ich dir: Im Namen Jesu Christi von Nazareth stehe auf und wandle!« Schön, daß Petrus dem armen Kerl auf die Beine geholfen hat – aber muß man da erst so fromme Sprüche machen? Warum hilft Petrus nicht einfach so, ohne große Feierlichkeit, mit einer wortlosen Tat? Muß er denn da unbedingt erst noch religiöse Formeln gebrauchen, »im Namen Jesu Christi von

Nazareth« und so, statt kurz und ohne viel frommes Gerede zu helfen?

Ja, das muß er unbedingt! Der Glaube der Zeugen ist nie ein stummer Glaube, sondern er ist immer bekennender Glaube – und zwar mit den großen und mit Fug und Recht auch feierlichen Worten der Sprache des Glaubens. Wer im Namen Jesu hilft, *sagt* das, sonst weiß niemand, daß es in Jesu Namen geschieht. Gott will, daß wir fromme Worte machen, Worte des Zeugnisses unseres Glaubens.

Wort und Tat kann man bei Gott, also in der Nachfolge Jesu Christi, nicht auseinanderhalten. Auch hier erfahren wir wieder aus der Bibel, daß es kein wortloses Tatchristentum gibt. Der Glaube der Zeugen ist der Glaube, bei dem alles Tun im Namen Jesu geschieht – und eben das muß man *sagen.*

Darum reicht Petrus dem Gelähmten die Hand, um ihm tatkräftig zu helfen, und er spricht ihn an im Namen Jesu Christi, um ihn an Leib und Seele zu heilen. Es geht bei der Sache mit dem Namen nicht um einen bei uns fast erstorbenen Brauch, um einen Überrest heidnischen Aberglaubens, wie er unter Naturvölkern in seltsamen Zauberriten oft üblich war, sondern seit der Berufung Moses am feurigen Busch und seit der Heiligung des Namens Gottes im zweiten Gebot und in der ersten Vaterunserbitte gilt die ernste Wahrheit, daß der Name Gottes, der Name Christi, wenn wir ihn anrufen, eine Kraft ist – ja mehr als dies: daß der Name die besondere Anwesenheit Jesu Christi, die Anwesenheit Gottes verwirklicht.

Auch für uns ist es nicht eine leere Floskel, wenn wir davon reden, in wessen Namen wir sprechen, handeln, arbeiten, beten, singen und leben, in Jesu Namen, in Dreiteufels Namen oder im eigenen Namen unseres Ich.

In der Altarlesung hörten wir es – und in Dietrich Buxtehudes Kantate ist es so unvergleichlich eindringlich musikalisch ausgedrückt: »Alles, was ihr tut mit Worten oder mit Werken, das tut alles in dem Namen des Herrn Jesus und danket Gott und dem Vater durch ihn.« Darum fangen auch unsere Gottesdienste »im Namen Gottes« an und gerade nicht mit dem Ich des Menschen: »Ich begrüße Sie zu unserem heutigen Gottesdienst und wünsche Ihnen einen wunderschönen Sonntag« – oder was man da schon an unerbaulichen Eingangsworten im Namen des Menschen zu hören bekommen hat. Wir fangen in Jesu Namen an.

Und in Jesu Namen bemühen wir uns auch wie Petrus um unsere Gelähmten. Nur selten sind es Querschnittgelähmte im Rollstuhl, aber umso mehr begegnen uns die, die gelähmt sind von der Angst der Welt oder vom Zwang des beruflichen Karrieremachens, vom Druck der Überforderung, von der Inhaltslosigkeit des Ruhestandes, von der Verfallenheit an Suchtmittel, vom Zwang zum Sündigen, vom Rückfall in die große Bitterkeit, vom Dunkel der Trauer. Greifen wir in Jesu Namen nach ihrer Hand und sind wir für sie da? Auch wenn es manchmal sehr lange, unbegreiflich lange dauert, bis sich einer in der Kraft des Namens Jesu emporziehen läßt, und wenn man in der Seelsorge noch viel mehr als in der Leibsorge manchmal Jahr um Jahr Geduld aufbringen muß, bis endlich »seine Füße und Knöchel fest stehen«? Ich denke, Sie verstehen das Bild, auch wenn es kaum einmal wörtlich zu nehmen ist. Gott sucht am Glauben der Zeugen auch das, daß dieser Glaube einen langen Atem hat.

Bis es je und dann doch bei einem Menschen passiert, was jenem Gelähmten widerfuhr: daß er in Jesu Namen das Leben neu anfangen durfte, wie neu geboren war, auf lateinisch: einer von den quasi modo geniti, einer von den wie Neugeborenen, zum neuen Leben Wiedergeborenen wurde. Wer an den Auferstandenen glaubt, gehört zu diesen quasi modo geniti, zu denen, die zum neuen Leben wiedergeboren sind. Wobei noch etwas Wichtiges anzufügen wäre: daß Petrus zu dem Mann sagt: »Sieh uns an!« und daß der Geheilte sich nachher »zu Petrus und Johannes hielt«. Das aber bedeutet: Niemand kann für sich allein und höchst privat Gottes wiedergeborenes Kind sein. Es geht eben nicht. Das geht bloß, wenn man zu den Leuten Jesu gehört und mit ihnen zusammen den Weg geht, also *in* der Gemeinde der Glaubenden, in der Kirche Jesu Christi. Quasi modo geniti, von neuem geborene Menschen, kommen niemals für sich allein vor, sondern die zieht es immer hinein in die Schar der Leute Jesu. Auch in Esslingen. » . . . und ging mit ihnen in den Tempel« heißt es hier, mit ihnen in den Gottesdienst, in den Schülerbibelkreis, in die Gemeinschaftsstunde, zum Abendmahl, in den CVJM, in den kleinen Gebetskreis, zu den Jesus-Leuten – in Jesu Namen.

Die kurze Überschrift über dem zweiten Teil der Geschichte ist das Gegenstück zur ersten. Die erste heißt: Der Glaube der Zeugen. Die zweite heißt: *Die Zeugen des Glaubens.*

»Petrus sprach zu dem Volke: Was wundert ihr euch darüber, oder was sehet ihr auf uns?« Und damit will er sagen: Hier ist weder der geheilte Mann die Hauptsache noch sind wir es, die dafür in Jesu Namen Gottes Werkzeuge waren. Wichtig sind weder er noch wir, wichtig ist allein Gott. Seine Hand hat eingegriffen, nicht unsere. Und zwar wegen euch! Das Wunder an dem Mann will nämlich *euch* zum Glauben an Jesus Christus rufen und zur Anbetung Gottes. Sie gehen also unverzüglich auf die Hauptsache zu, auf den Ruf zu Jesus Christus. So wie Petrus, der hier unverzüglich zu evangelisieren anfängt. Wir haben seine mächtige Rede wohl noch im Ohr, wie der Gott der Väter seinen Sohn gesandt und verherrlicht habe, der dann so schändlich mißhandelt und getötet worden war. Aber nun ist er auferstanden, und er wird das letzte Wort dieser und das erste Wort der kommenden Welt behalten.

Die Zeugen des Glaubens gehen also ohne Umweg auf die Mitte der Gottesbotschaft zu, auf den gekreuzigten und auferstandenen Gottessohn. Andere Themen, wie zum Beispiel die diakonischen oder gesellschaftlichen Aufgaben der Kirche und was sonst noch bei uns heute in den Vordergrund gespielt wird, kommen erst in zweiter und dritter Linie. Solche Aufgaben sollen ganz sicher auch wahrgenommen werden, damit es da keinen Zweifel gibt, aber sie stehen nie im Vordergrund. Im Vordergrund und in der Mitte steht allein Jesus Christus, der Auferstandene, der »Fürst des Lebens«, wie er hier genannt wird.

Die aufrüttelnde Predigt des Petrus spielt deshalb bloß

noch so nebenbei auf die helfende Tat an dem Gelähmten an. Nicht im Namen eines Menschen, sondern in Jesu Namen wird hier das Wort geführt. Darum wird durch diese Petruspredigt auch der letzte Zweifel an der Frage behoben, ob es nicht doch auch ein wortloses Christuszeugnis der Tat geben könne. Daß es zwar gewiß ein Christuszeugnis der Tat, aber ebenso gewiß kein Tatzeugnis ohne Worte gibt, das lehrt diese Rede des Petrus unzweideutig.

Über den Inhalt dieser Predigt des Petrus wäre noch viel zu sagen. Sie gäbe für uns genug Stoff für eine ausgiebige Predigtreihe über die ganze Passions- und Osterzeit hin. Das läßt sich unmöglich alles in eine einzige Predigt hineinpacken. Aber einen Hauptpunkt dürfen wir nicht unter den Tisch fallen lassen, nämlich das Wissen der Nachfolger Jesu, daß alle Taten der helfenden Liebe in dieser Welt, genauso wie zum Beispiel diese Heilung des Gelähmten an der schönen Pforte, so etwas wie Vorzeichen, Blinklichter sein wollen für Gottes neue, kommende Welt, für die Welt ohne Leid, ohne Angst, ohne Tod. Christliche Taten in dieser Welt gehen nie darauf aus, die Welt besser zu machen, sie sind nie Schritte zur Verwandlung der Welt in ein neues Paradies mittlerer Güteklasse. Dieses Menschenparadies kommt nie; Gottes todfreie Welt kommt.

Darum wollen alle helfenden, heilenden, rettenden Taten von Christen ein Nachglanz des großen Lichtes der Auferstehung Christi und ein Vorglanz des großen Leuchtens der kommenden Welt sein. Christliche Taten sind keine Beiträge zur Veränderung der Verhältnisse in dieser Welt, sondern sie blinken da und dort auf, um den Weg zu der kommenden Welt, zu der »Zeit der Erquickung vor dem Angesichte des Herrn« zu weisen. Da und dort wird dann wohl im Namen Jesu ein Gelähmter geheilt; da und dort steht in dieser Welt ein Wegweiser Gottes wie das Werk von Riesi, das Tullio Vinay und seine Freunde inmitten der unverändert hoffnungslosen Zone von Innersizilien im Namen Jesu begonnen haben; da und dort gibt es eine Oase der helfenden Liebe an den ganz Schwachen, eine Insel der Geborgenheit im Meer des Leides wie vielleicht in Bethel oder in Stetten; da und dort gibt es Menschen, die in Jesu Namen trösten können mitten in den Tränen; da und dort blinkt ein Wegweiser in der Nacht, der ins Licht führt. Aber »die Zeit der Erquickung« findet nie endgültig auf dieser Erde statt, sondern einst »vor dem Angesicht des Herrn«. So sagen es die Zeugen des Glaubens, heute nicht anders als damals jene Apostel in der Tempelhalle in Jerusalem.

Aber dann darf auch ein Ton im Wort der Zeugen des Glaubens nicht fehlen: »So tut nun Buße und bekehret euch, daß eure Sünden getilgt werden!« Es ist ja immer dieselbe doppelte Wahrheit: Mit der Umkehr zu Gott ist es dasselbe wie mit dem Glauben: Beides ist ein Geschenk Gottes, das wir nur in leere Hände hinein empfangen können – und beides ist zugleich auch ein Entschluß, Ihr, mein Entschluß. Natürlich geht diese Rechnung nicht logisch auf, aber sie stimmt trotzdem. Bekehrung, Umkehr ist Ruf und Gabe Gottes – und sie ist zugleich ein Aufruf an uns zur Entscheidung.

Es ist wie bei dem Gelähmten: Geheilt wurde er in Jesu Namen, so steht es da. Und geheilt wurde er durch seinen Glauben an den Auferstandenen, das steht auch da. Man soll das Ineinanderwirken von Gnade Gottes und Entschluß des Menschen nicht auseinanderflechten wollen, denn beides gehört zusammen. Wo aber beides zusammen von den Zeugen des Glaubens weitergesagt wird, da tun sie es in Jesu Namen.

Und da geschieht immer wieder das Wunder, daß Menschen zu einem neuen Anfang gelangen und quasi modo geniti werden, zu deutsch: wie wiedergeboren zum neuen Leben, das ihnen der Vater geschenkt hat.

»Du bist mein Vater, ich dein Kind; was ich bei mir nicht hab und find, hast du zu aller Gnüge ... Dein soll sein aller Ruhm und Ehr; ich will dein Tun je mehr und mehr aus hocherfreuter Seelen vor deinem Volk und aller Welt, solang ich leb, erzählen.«

In Jesu Namen: Amen.

# Christus vor den Toren!

Drittletzter Sonntag des Kirchenjahres   7. November 1976

*Jakobus 5, 7–11*
»So seid nun geduldig, liebe Brüder, bis auf den Tag, da der Herr kommt. Siehe, ein Ackermann wartet auf die köstliche Frucht der Erde und ist geduldig darüber, bis sie empfange den Frühregen und Spätregen. Seid auch ihr geduldig und stärket eure Herzen; denn der Herr kommt bald. Seufzet nicht widereinander, liebe Brüder, auf daß ihr nicht gerichtet werdet. Siehe, der Richter ist vor der Tür. Nehmet, liebe Brüder, zum Vorbild des Leidens und der Geduld die Propheten, die geredet haben in dem Namen des Herrn. Siehe, wir preisen selig, die erduldet haben. Von der Geduld Hiobs habt ihr gehört und habt gesehen, wie's der Herr hinausgeführt hat; denn der Herr ist barmherzig und ein Erbarmer.«

Von unserem schwäbischen Kirchenvater Christoph Blumhardt erzählt man, daß er als Pfarrer in Möttlingen und dann später in Bad Boll stets eine fahrbereite Kutsche in der Remise stehen gehabt hätte. Mit der entwaffnenden Selbstverständlichkeit des Kindes Gottes konnte dieser sonst so unentwegte Fußgänger den Zweck dieses Fahrzeugs erläutern: »Damit ich dem Herrn Jesus, wenn er wiederkommt, schnell entgegenfahren kann!«
Daß es die Pferdekutsche nicht war, die da selig macht, wußte dieser intelligente Kopf selber. Aber daß es auf das Herz derer ankommt, die auf ihren Herrn warten, weil dieser Herr im Kommen ist, das ist's, was uns unser Bibelwort klarmachen will, auch wenn wir statt einer Kutsche nur noch ein Allerweltsauto haben. Es geht um das Herz derer, die begriffen haben, daß der Herr des letzten Wortes vor der Tür steht, vor den Toren der Welt, die ihn aussperren will und doch nicht kann. »Hannibal ante portas, Hannibal steht vor den Toren!« – so gellte einst der Ruf

der fast zu späten Einsicht durch das alte Rom. Christus ante portas,

**Christus vor den Toren!**

– das ist die Fanfare dieses Mittelabschnitts aus Jakobus 5, freilich nicht eine Fanfare des Schreckens, sondern der Freude und des Mutes.

Darum erstens: *Wir warten auf seinen Tag.*

»Siehe, ein Ackermann wartet auf die köstliche Frucht der Erde.« Beweisen kann er es nicht, daß der ausgestreute Samen keimen und Frucht tragen wird, aber er redet mit der Zuversicht des Wissenden dennoch von der kommenden Ernte. Er muß noch die Geduld des Wartens aufbringen, aber die Ernte kommt! Er weiß das.

Mit der Geduld der Wissenden und mit der Sehnsucht der Zuversicht warten Christen »bis auf den Tag, da der Herr kommt«. Und sie warten nicht bloß, sie reden auch davon, gerade weil sie wissen, daß das Reifen der Ernte seine Zeit braucht, auch das der großen Ernte Gottes, »bis sie empfange den Frühregen und den Spätregen«. Das aber heißt: bis die Geschichte dieser Welt ganz und gar abgelaufen ist und bis Gott sagt: Jetzt ist es spät, jetzt ist es Zeit. Denn der Herr der Geschichte bleibt Gott. Gottes Ernte hat ihre Zeit. Jetzt herrscht noch die Ruhe vor dem Sturm. Aber der Gottessturm kommt, der über das zur Ernte weiße Feld der Erde blasen wird.

Darum »seid geduldig, liebe Brüder, bis auf den Tag«. Das Wort, das hier im griechischen Urtext des Neuen Testamentes für Geduld steht, ist sehr bezeichnend. Wörtlich heißt es: Habt den großen Atem – den langen Atem, würden wir sagen. Das ist's, was die Gemeinde Jesu Christi, die Kirche haben soll: den längeren Atem. Die andern haben's eilig, wir haben Zeit. Die anderen müssen schnell an die Macht kommen, sie müssen schnell Geld machen, damit es noch was einbringt; sie müssen schnell die Welt verändern, damit die nächsten schneller drankommen, die dann die Veränderung wieder verändern wollen – und wir Schwaben müssen schnell ein Häusle bauen und schnell schaffe, schaffe. Man kann dann die jungen Jahre schneller hinter sich bringen und schon entsprechend früher sterben.

Gottes Volk kann warten. Christen haben den längeren Atem. Sie wissen, daß ihr Herr im Kommen ist und längst vor den Toren steht, vor den Toren dieser aufgeregten, berstenden, aus tausend Wunden blutenden Welt. Sie warten auf seinen Tag. »Wir warten dein, du kommst gewiß.«

Auf *ihn* warten wir, nicht auf andere Zeiten, wo es unsere Kinder mal besser haben sollen, noch besser, bis zum Überdruß immer noch besser; sondern wir warten auf Gottes neue Zeit. Wir warten nicht auf eine schönere Welt von morgen, Motto: »Alle sollen besser leben«, sondern auf die neue Welt Gottes, auf die todfreie Welt. Die Zeiten werden nie besser, und alle neuen Zeiten gehen immer mehr dem Ende aller Zeiten entgegen. Am Ende der Zeit kommt der Herr. »Daß Jesus siegt, bleibt ewig ausgemacht«, das Lied stammt von Christoph Blumhardt, und wir können uns darauf verlassen, daß Jesus siegt.

Davon sollten unsere Herzen voll sein. Unsre Herzen, unsre Lippen, unsre ausgestreckten Hände sollten den Fakkeln gleich sein, die schon brennen, weil der Herr kommt. So wie jene kühnen Kletterer, die an der hohen Felswand einer östlich von Marseille verlaufenden Küstenstraße mit großen Lettern den aus der Kurve kommenden Autofahrern eine Predigt hingemalt haben: »Jésus vive – Jésus sauve – Jésus revient«, Jesus lebt, Jesus rettet, Jesus kommt. Jesus kommt. »Seid auch ihr geduldig und stärket eure Herzen, denn der Herr kommt bald.«

Daß Christus vor den Toren steht, das ist kein Schrekkensruf wie einst bei Hannibal, als er ante portas stand, sondern das ist ein Wort der Kraft, des Trostes und der großen Freude. Auch dann, wenn der kommende Herr gewiß zugleich der kommende Richter ist. »Siehe, der Richter ist vor der Tür!« Er wird dann, wenn all das Geschrei und all die Schuld, alles Blutvergießen und alle Menschenverachtung dieser Erde vergangen, das Gezerre der Ideologien und die Trompeten der Rattenfänger dieser Welt verstummt, alle Throne der Mächtigen und alle Fesseln der Ohnmächtigen zerbrochen sein werden, dann, wenn die Lawine der Schuld der Welt mit einem letzten, gewaltigen Donnerschlag zerborsten sein wird, aus der unsagbaren

Stille, die darauf folgen wird, hervortreten und das letzte Wort der Welt sprechen – der Richter. Über all unsre Schuld und über alle Schuld der Welt wird er das Urteil sprechen und denen eine Antwort geben, auf die keine Widerrede mehr erfolgen wird, denen, die ihn zum verunglückten Sozialrevolutionär, zum wenig erfolgreichen Erfinder der Nächstenliebe, zum galiläischen Guerillerohäuptling der Unterprivilegierten oder einfach zum Rabbi, zum ziemlich weisen Lehrer herunterloben wollen, ihn, den Sohn Gottes und den Herrn der Welt.

Nein, wir wollen den Ernst seines Gerichtes nicht zerreden. Aber wir wollen auch zweierlei darüber nicht vergessen: Zum einen, daß über aller unsrer Schuld, wenn sie uns dann plötzlich doch anspringt und in die Umkehr treibt, das Wort steht: »All Schuld hast du getragen.« Er selbst, unser Richter, ist zugleich unser Fürsprecher und Freisprecher. Und zum andern, daß er selbst uns den einen gültigen Maßstab genannt hat, nach dem die gerichtet werden, die als Christen nach seinem Namen genannt sind. Dieser Maßstab im Gericht heißt: »Wer mich bekannt hat vor den Menschen, den will ich auch bekennen vor meinem himmlischen Vater.« Wer in dieser Welt sein Zeuge war, wer sich mit den Worten des mutigen Zeugnisses der vielleicht bebenden, aber tapferen Lippen als sein Jünger zu ihm bekannt hat, der wird erfahren, daß dieser Herr selbst ihn auch im Gericht in den Mantel seiner Barmherzigkeit hüllen wird.

Noch steht Christus vor den Toren, das heißt zweitens: *Wir reden von seinem Kommen.*

»Nehmet, liebe Brüder, zum Vorbild die Propheten, die geredet haben in dem Namen des Herrn.« Denn danach, ausdrücklich danach fragt der Herr uns im Gericht, ob wir in seinem Namen geredet – sagen wir's also ganz offen: ob wir in seinem Namen Worte gemacht, Lippenbekenntnisse gewagt haben, also ob wir ihn »bekannt haben vor den Menschen«. Und es muß einmal klar gesagt werden, daß Christus seine Jünger im Gericht nicht fragen wird, was sie »getan haben einem unter seinen geringsten Brüdern«. Dieses bekannte Wort steht in Matthäus 25 unter der eindeutigen Überschrift, daß der Richter diese Frage nach dem Speisen der Hungrigen, dem Besuchen der Gefangenen und so weiter den vor ihm versammelten »Völkern«, das aber heißt nach dem eindeutigen Wort des biblischen Urtextes: den Heidenvölkern, stellen wird, die von ihm und seinem Evangelium nichts gewußt haben und denen solche Werke der Menschlichkeit angerechnet werden.

Aber seine Jünger, seine Gemeinde, uns fragt er im Gericht nicht auf diese Weise. Solche Taten sollten für Christen selbstverständlich sein. Mit keinen noch so guten Werken kann man sich den Himmel verdienen. »Mit fünf Mark sind Sie dabei!« So geht es nicht! Uns fragt der Herr, ob wir an ihn geglaubt, unser Leben ganz in seine Hand gegeben und ihn mit tapferen Lippenbekenntnissen vor unseren Kollegen, Mitstudenten, Nachbarinnen, Klubfreunden bekannt haben. Auf die Worte kommt es an, so schwer sie uns auch fallen! Taten sind dagegen ja auch viel leichter. Mit guten Taten hat sich noch niemand den Unwillen der anderen zugezogen, mit christlichen Worten aber fast immer. »Nehmet zum Vorbild die Propheten, die geredet haben in dem Namen des Herrn!« Wir wissen nicht, wieviel Zeit uns Gott noch läßt, ihn mit Worten zu bekennen. »Siehe, der Richter steht vor der Tür«, auch vor unsrer.

Dies ist die wahre und einzige Weltverantwortung, die Christus seiner Gemeinde aufgetragen hat. Er hat ihr ganz gewiß nirgends aufgetragen, diese Welt und die Gesellschaft, in der wir leben, zu verändern. Er hat uns nicht aufgetragen, uns namens der Kirche in alle nur erdenkliche innen- und sogar außenpolitische Fragen einzumischen und zu allem, was in Chile, Südafrika, im Bundestag und sonstwo in der Welt geschieht, unsere nichtverlangten kirchlichen Verlautbarungen dreinzugeben. Sondern er hat uns, er hat der Kirche eine einzige Weltverantwortung aufgetragen: »Gehet in alle Welt und predigt das Evangelium. Macht zu Jüngern alle Heiden und taufet sie und lehret sie halten alles, was ich euch befohlen habe!«

Das ist die einzige Weltverantwortung der Kirche, nach

der der Richter am Jüngsten Tag fragen wird. Darum reden wir von seinem Kommen, vor unseren Nächsten im Alltag, von unseren Kanzeln am Sonntag, vor aller Welt im Dienste der Mission, einer Mission, die nicht den Dialog um die Wahrheit mit anderen Religionen sucht, sondern die die eine Wahrheit vor aller Welt und an allen Orten ausruft.

Niemand sollte das so mißverstehen, als wollten wir sagen, auf christliches Tun und auf einen christlichen Lebenswandel komme es nicht an. Im Gegenteil: Je mehr ein Mensch es wagt, sich mit Worten zu Jesus zu bekennen, desto mehr wird man auf sein Tun und auf seine Wege sehen. Nur: Die Bibel macht von derlei Selbstverständlichkeiten wenig Aufhebens. Vom Tun redet man nicht, vor allem nicht, um zu »fordern«, daß andere Leute etwas tun oder bezahlen sollen. Auch hier in unserem Abschnitt begnügt sich die Bibel mit einem einzigen Hinweis, also mehr so im Vorbeigehen: »Seufzet nicht widereinander, liebe Brüder«, zu deutsch: Blamiert euren Herrn und seine Kirche nicht dadurch, daß ihr euch untereinander zerstreitet und es nicht miteinander aushalten könnt, sondern arbeitet einander in die Hand und macht miteinander die Sache eures Herrn vor der Welt groß!

Wer auf das Kommen den Herrn wartet, der hat keine Zeit und kein Herz mehr für drittrangige Dinge. Und wer geduldig auf diesen seinen Herrn wartet, sollte nicht ungeduldig sein mit seinen Brüdern. Wo Christus vor den Toren steht, müßten Christen in den Toren zur Gemeinschaft der Hoffenden zusammenwachsen – nicht zur Einheit der Kirche, die gibt es in dieser Welt noch nicht, aber zur Einigkeit im Geist und im Hoffen, »bis nach der Zeit den Platz bereit an deinem Tisch wir finden«. Amen.

# Wir leben von der Frist

Buß- und Bettag                                        17. November 1976

*Jesaja 5, 1–7*
»Wohlan, ich will meinem lieben Freunde singen, ein
Lied von meinem Freund und seinem Weinberg.
Mein Freund hatte einen Weinberg auf einer fetten Höhe. Und er grub ihn um und entsteinte ihn und pflanzte
darin edle Reben. Er baute auch einen Turm darin und
grub eine Kelter und wartete darauf, daß er gute Trauben
brächte; aber er brachte schlechte. Nun richtet, ihr Bürger
zu Jerusalem und ihr Männer Judas, zwischen mir und
meinem Weinberg! Was sollte man noch mehr tun an meinem Weinberg, das ich nicht getan habe an ihm? Warum
hat er denn schlechte Trauben gebracht, während ich darauf wartete, daß er gute brächte? Wohlan, ich will euch
zeigen, was ich mit meinem Weinberg tun will! Sein Zaun
soll weggenommen werden, daß er verwüstet werde, und
seine Mauer soll eingerissen werden, daß er zertreten werde. Ich will ihn wüst liegen lassen, daß er nicht beschnitten
noch gehackt werde, sondern Disteln und Dornen darauf
wachsen, und will den Wolken gebieten, daß sie nicht darauf regnen. Des Herrn Zebaoth Weinberg aber ist das
Haus Israel und die Männer Judas seine Pflanzung, an der
sein Herz hing. Er wartete auf Rechtsspruch, siehe, da war
Rechtsbruch, auf Gerechtigkeit, siehe, da war Geschrei
über Schlechtigkeit.«

»Die Weise von Liebe und Tod« könnte man über dieses
Lied aus Jesaja 5 schreiben, das der Prophet wohl einst an
einem Laubhüttenfest in Jerusalem vor der zuerst lächelnd
lauschenden und dann über diese Provokation schimpfen-
den Volksmenge im rhythmischen Sprechgesang zur Gitarre gesungen haben mag. »Die Weise von Liebe und Tod«,
das ist der Titel einer in Prosalyrik gedichteten wunderschönen, zarten und doch so männlichen Novelle von Rai-

ner Maria Rilke, dessen Werk wohl heute niemand mehr liest. Aber es ist durchaus auch der Ton, der durch diese Verse klingt, die wie ein Liebeslied anfangen, bei dem die Geliebte, die Braut, mit einem herrlichen Weinberg verglichen wird: »Wohlan, ich will meinem lieben Freunde singen, ein Lied von meinem Freunde und seinem Weinberg...«

Und dann wird jäh aus der »Weise von Liebe« die »Weise vom Tod«. In erschreckender Härte zerklirrt die Liebeserklärung und wird zum Totenlied über die treulose und damit verstoßene Braut. Die Gitarre bricht ab, eine gesprungene Saite hängt in das betroffene Schweigen der Menge. Denn alle haben begriffen, daß hier plötzlich Gott zu reden begonnen hatte, daß die Weise von Liebe und Tod aus dem Gewölk Gottes gekommen war.

Zweierlei sagt Gott, denn im Namen, ja als Mund seines Gottes, spricht hier der Prophet. Der erste Satz heißt: *Gott sagt: Ich will eure Antwort.*

»Mein Freund« – und hinter der Chiffre des Freundes steht Gott selbst – »mein Freund hatte einen Weinberg auf einer fetten Höhe. Und er grub ihn um und entsteinte ihn und pflanzte darin edle Reben. Er baute auch einen Turm darin und grub eine Kelter und wartete darauf, daß er gute Trauben brächte... Was sollte man noch mehr tun an meinem Weinberg, das ich nicht getan habe an ihm?«

Gott hat bei uns gepflügt, gepflanzt, gepflegt. Er hat mit uns gesprochen, als die Mutter am Kinderbett uns beten lehrte; als er uns sein Wort überbringen ließ vom Kindergottesdienst an bis zur Predigt am Hochzeitstag, in Jungscharandacht und Sonntagspredigt, in Hauskreis und bis zum Theologiestudium. Gott hat mit uns gesprochen, als wir – lang, lang ist's her! – im Krieg oder im schwankenden Luftschutzkeller einst gelobten: »...und dann gehört dir unser Leben ganz!«, dann, wenn wir hier noch einmal lebend herauskommen. Gott hat mit uns gesprochen, nachts zwischen den Zelten des Sommerlagers, als wir nach dem wunderschönen Tag noch miteinander gebetet haben. Er hat mit uns gesprochen, als wir den Vater in die Erde betteten und als er uns eine Jugendgruppe anvertraute oder eigene Kinder oder eine Gemeinde, auf die Gott seine Hand legen wollte. Als wir krank wurden, ernsthaft krank, und als wir gesund wurden, wieder richtig gesund, sprach er mit uns. »Bald mit Lieben, bald mit Leiden, kamst du, Herr, mein Gott, zu mir.« Gott hat gepflügt, gepflanzt, gepflegt – damals in Israel, gestern und heute bei uns – »und wartete darauf, daß er gute Trauben brächte; aber er brachte schlechte«, »Herlinge« hieß es in der alten Lutherübersetzung, also diese mickrigen harten Beeren, aus denen sich kein Tropfen auspressen ließ – klein und verkümmert und steinhart.

»Warum hat er denn schlechte Trauben gebracht, während ich darauf wartete, daß er gute brächte?« Warum? Warum könnt ihr bloß so sein? so fragt uns Gott, nicht nur am heutigen Bußtag. Sonst sind wir es ja meist, die in unbegreiflichem Übermut den Spieß umzudrehen suchen und fragen: Gott, warum kannst du bloß so sein? Wie kannst du das zulassen? Warum bist du so? Warum läßt du uns Unschuldige leiden?

Geht es uns denn nie auf, daß es in Wirklichkeit nur das andere Warum gibt, das gegen uns gerichtete Warum Gottes: Warum seid ihr Menschen so? Warum lehnt ihr euch mit Herzen, Mund und Händen gegen mein Wort, gegen mein Gebot und sogar gegen meine Barmherzigkeit auf? »Warum hat er denn schlechte Trauben gebracht?« Wie könnt ihr Menschen bloß so sein? »Ich wartete auf Rechtsspruch, siehe, da war Rechtsbruch, auf Gerechtigkeit, siehe, da war Schlechtigkeit!« Wo der Mensch die oberste Instanz und das Maß aller Dinge sein will, geht es dem Menschen fürchterlich. Wo Gott vorgeht, kann auch der Mensch atmen und in Recht und Freiheit leben, aber nur dort. Darum wartet Gott auf Antwort auf all sein Werben um uns. Er sagt: »Ihr müßt euch entscheiden, und ich will eure Antwort!«

Es gibt eine Erwählung Gottes. Wir wären nicht hier, wenn Gott uns nicht erwählt hätte, herausgerufen aus den vielen, die lebenslang an Gott vorbeiblinzeln. Aber dazu erwählt, daß sein Wort uns zur Entscheidung ruft. Gott erwählt Menschen dazu, daß sie wählen sollen! Wählen zwischen dem Weg zum Tod und dem Weg zum Leben. Gottes Erwählung wartet auf unsere Antwort, wie wir gewählt haben. »Ihr Männer Judas, nun richtet zwischen mir und meinem Weinberg!«

Der »Weinberg des Herrn« ist nicht nur unser eigenes Leben, in dem Gott Frucht sucht wie an einem Weinstock, sondern er ist Gottes ganzes Volk aus vielen Weinstöcken, Gottes Gemeinde, die Kirche. Nicht nur am einzelnen Weinstock, sondern im ganzen Weinberg will Gott ernten, und zwar gute Frucht, nicht unbrauchbare, verkrüppelte Knorpelbeeren, die wie ein Fremdkörper am Weinstock hängen.

Israel hat solche Krüppeltrauben zur Zeit Jesajas damit hervorgebracht, daß es ein Volk sein wollte wie andere Völker auch, politisch aktiv und gesellschaftlich fortschrittlich, wie die Nationen und Staaten der Welt, in der es lebte. Israel hatte vergessen, daß es gerade kein Stück dieser Welt war, kein Volk wie andere Völker, in kein Gesellschaftssystem und in keine Ideologie dieser Welt paßte, sich dort gerade nicht integrieren sollte, weder in Kanaan noch in Ägypten noch in Babylon, sondern daß es Gottes Volk war, das sich mit nichts und mit niemandem solidarisieren sollte. Weil es nämlich sonst nicht mehr seines Gottes Sache, sondern Allotria trieb. Allotria aber heißt auf deutsch nicht etwa soviel wie »närrischer Unfug« oder so ähnlich, sondern es heißt soviel wie »Fremdarbeit«, und Allotria treiben heißt also: in fremdem Auftrag tätig sein.

Das Volk Gottes, also die Kirche, soll kein Allotria treiben, keine Fremdaufträge übernehmen. Es ist Fremdarbeit, wenn die Kirche oder kirchliche Gruppen oder christliche Vereine sich in irgendein politisches Kielwasser begeben, und Fremdarbeit, wenn sie sich ins Schlepptau revolutionärer Weltveränderungsprediger nehmen lassen. Es ist Fremdarbeit, wenn die Kirche die Tagesordnung der Welt zu ihrem Thema macht. Es ist Fremdarbeit, für oder gegen die Idole dieser Welt auf fremde Barrikaden zu gehen, auf denen ganz gewiß nicht Jesus die Fahne schwingt. Es ist Fremdarbeit, sich in politische Aktionen eingliedern zu lassen und die fremde Fahne der Proteste dieser Welt zu schwingen, sei es für oder gegen Vietnam damals oder in Brockdorf oder Wyhl heute oder sei es in kirchlichen Unterschriftensammlungen für oder gegen eine politische Partei. Das ist alles Fremdpflügen in fremden Weinbergen. Gott aber sucht Frucht in *seinem* Weinberg.

Gott sucht an uns Frucht, Gott will unsere Antwort auf sein Wort, das er uns anvertraut hat, uns allen, nicht nur den paar ordinierten Theologen unter uns. Wir alle haben den Auftrag, Mundboten des Wortes unseres Herrn zu sein und darum ganz und gar alle Menschenfurcht abzulegen, alle Angst vor den Lautsprechern der Welt und manchmal auch der Kirche. »Laß vor nichts uns beugen als vor deinem Worte und als deine Zeugen stehn an jedem Orte!«

Der zweite Satz heißt: *Gott sagt: Noch habt ihr Frist.*

»Wohlan, ich will euch zeigen, was ich meinem Weinberg tun will: Er soll verwüstet werden!« Es gibt keinen Kompromiß: Verwüstet, aus! Die Weise von Liebe schlägt um in die Weise vom Tod. Das ist ein schrecklicher Bußtag: ein Bußtag ohne Bußruf. Zur Umkehr wird nicht gerufen. Es gibt den Punkt, an dem der Sünder, an dem eine geistlich verwahrloste Kirche dem Gericht Gottes nicht mehr entrinnt. Das gibt es bei Gott, und das ist großer, letzter Ernst. »Seine Mauer soll eingerissen werden. Ich will ihn wüst liegenlassen. Ich will den Wolken gebieten, daß sie nicht darauf regnen.« Also Schluß mit »Ein feste Burg ist unser Gott«, also keine Neubelebung der Kirche, kein Regen einer neuen Erweckung mehr. Wem hier nicht der Atem stockt, der ist selber schon wüst, leer und tot. Um nur ein einziges Beispiel zu nennen: tot wie die einst blühende, geistlich fruchtbare nordafrikanische Kirche des Kirchenvaters Augustin, die dann erstarrte und innerlich abstarb, bis Gott es zuließ, daß sie vom Sturm des Islam weggefegt wurde, daß der Weinberg zur Wüste wurde.

Verwüstet, eingerissen, zertreten, preisgegeben als nutzlose Sache: der Weinberg – *und* der einzelne Weinstock dort. Denn auch dem einzelnen, auf den Gott schon seine Hand gelegt hat, der aber auf das Lied der Liebe Gottes nicht geantwortet hat, kann dies widerfahren: preisgegeben werden. Wie es Saul geschah am Ende der schrecklichen Nacht bei der Totenbeschwörerin von Endor: »Was willst du mich fragen, wo der Herr von dir gewichen und dein Feind geworden ist?« Der Herr, dein Feind – »hab ich das Haupt zum Feinde«, dies ist das Ende aller Dinge, dies ist das Ende aller Bußtage. Mein Gott, mein Gott, warum habe ich dich verlassen?

Es ist dem sehr wenig hinzuzufügen. Die Worte dieser Weise von Liebe und Tod haben kein Happy-End. Es ist so. Es ist kein anderes Wort vom Herrn da. So spricht der Herr.

Nur sollten wir um unserer einzigen Chance willen eines nicht übersehen: daß es merkwürdigerweise bis zum Schluß auch von dem abgeräumten, preisgegebenen Weinberg immer noch heißt: »*mein* Weinberg«. Preisgegeben, aber nicht hergegeben. Er bleibt sein Eigentum, sein erwähltes Eigentum. An dieser gültigen Entscheidung ändert auch all unser Versagen, all unsere Schuld nichts. »Sind wir doch dein ererbtes Gut ...« – noch im Gericht. Auch im Gericht fallen wir in keine anderen Hände als in die seinen. Das ist sehr viel.

Darum sagt der, der einzig und ganz allein zwischen Gott und mir in den Riß treten kann, er, der Sohn, zu seinem Vater, der sonst keinen neuen Anfang mehr mit mir, mit uns machen würde: »Herr, laß ihn noch dies Jahr!«

Noch dies Jahr – um Gottes Volk unter Gottes Wort zu rufen, gerade auch Gottes junges Volk, im Konfirmandenunterricht, in der Jugendgruppe – und gewiß ganz besonders von der Kanzel aus. Noch dies Jahr, um an den Särgen zu sagen, wer uns den eigenen Tod überleben läßt; um im Gespräch etwas von Jesus weiterzusagen und um mit den Kranken und Sterbenden zu beten. Um dem Nächsten zu sagen, daß er von Gott abgeräumt wird ebenso wie ich, wenn wir beide uns nicht vor ihm beugen. Um ihn, um Jesus Christus zu bekennen. Noch dies Jahr – noch haben wir Frist.

Nur von dieser Frist, die uns der Sohn verschafft hat, leben wir noch. Wenn wir aber am Ende – o unfaßliches Wunder! – doch noch überleben sollten, dabeisein, wenn die vollendete Gemeinde den großen Lobgesang singt, dann nur deshalb, weil er, Jesus, anstelle des toten Weinberges der lebendige Weinstock geworden ist und weil in seinem Tod die Liebe durchbricht, Gottes zürnende, rettende Liebe. »An dir laß gleich den Reben mich bleiben alle Zeit.« Amen.

# Das Einfache tun,
# bis das Große kommt

3. Sonntag im Advent                    12. Dezember 1976

*Lukas 3, 7–20*

»Da sprach Johannes zu dem Volk, das hinausging, daß
es sich von ihm taufen ließe: Ihr Otterngezüchte, wer hat
denn euch gewiesen, daß ihr dem zukünftigen Zorn entrinnen werdet? Sehet zu, tut rechtschaffene Früchte der Buße; und nehmet euch nicht vor zu sagen: Wir haben Abraham zum Vater. Denn ich sage euch: Gott kann dem
Abraham aus diesen Steinen Kinder erwecken. Es ist schon
die Axt den Bäumen an die Wurzel gelegt; welcher Baum
nicht gute Frucht bringt, wird abgehauen und in das Feuer
geworfen.

Und das Volk fragte ihn und sprach: Was sollen wir
denn tun? Er antwortete und sprach zu ihnen: Wer zwei
Röcke hat, der gebe dem, der keinen hat; und wer Speise
hat, tue auch also. Es kamen auch die Zöllner, daß sie sich
taufen ließen, und sprachen zu ihm: Meister, was sollen
denn wir tun? Er sprach zu ihnen: Fordert nicht mehr, als
euch verordnet ist! Da fragten ihn auch die Kriegsleute
und sprachen: Was sollen denn wir tun? Und er sprach zu
ihnen: Tut niemand Gewalt noch Unrecht und lasset euch
genügen an eurem Solde!

Als aber das Volk voll Erwartung war und alle dachten
in ihren Herzen von Johannes, ob er vielleicht der Christus
wäre, antwortete Johannes und sprach zu allen: Ich taufe
euch mit Wasser; es kommt aber ein Stärkerer als ich, und
ich bin nicht genug, daß ich ihm die Riemen seiner Schuhe
auflöse; der wird euch mit dem Heiligen Geist und mit
Feuer taufen. In seiner Hand ist die Worfschaufel, und er
wird seine Tenne fegen und wird den Weizen in seine
Scheune sammeln, und die Spreu wird er mit unauslösch-
lichem Feuer verbrennen. Und mit vielem anderen mehr er-
mahnte er das Volk und verkündigte ihm das Heil.

Herodes aber, der Vierfürst, da er von ihm zurechtgewiesen ward um der Herodias willen, seines Bruders Frau, und um alles Üblen willen, das Herodes tat, legte zu alldem auch noch Johannes gefangen.«

»Kameraden, macht die Zelte dicht und legt euch eng in Reihen! Und wer noch einen Mantel hat, der deck' ihn über zweien!« Daß einem so etwas mehr als dreißig Jahre nach der Rückkehr aus den Zeltstädten des Kriegsgefangenenlagers plötzlich samt der vergessenen Melodie wieder einfällt! Bloß wegen dem Täufer Johannes, dieser alttestamentlich bizarren Gestalt unter dem dritten Adventstor des Neuen Testaments und weil er so eine etwas grantige Aussage robuster Nächstenliebe gemacht hat: »Wer von euch zwei Röcke hat, der gebe dem einen, der keinen hat«. Damals hinter dem Stacheldraht hat doch tatsächlich einer das Herz gehabt, sogar noch ein Lied der Kriegsgefangenen zu dichten und eine Melodie dazu zu summen, und dann haben sie immer mehr halbleise vor sich hin gesungen, vor allem abends, wenn wir dicht aneinander gedrängt zu viert in die kleinen Zweierzelte der Amerikaner krochen, »...und wer noch einen Mantel hat, der deck' ihn über zweien ...«

Damals haben wir gewartet, immerzu gewartet, ob einmal das Große geschehen würde, ob der Tag käme, an dem wir nach Hause dürften, zur Frau und zu den Kindern – und konnten doch jeden Tag nur das Allereinfachste tun: das kostbare bißchen Essen empfangen, die Zeltstadt in Ordnung halten, miteinander sprechen, einander seelisch über Wasser halten, auf Arbeitskommando gehen, schlafen.

Nach über dreißig Jahren haben wir das längst alles, nicht nur jeder seine Mäntel und alles zum Kleiden, Essen, Wohnen, Reisen und Festen. Aber wir warten immer noch. Auf irgend etwas, das kommen muß, oder auf irgend jemand oder auf das Leben – darauf warten die Jungen unter uns – oder auf den Tod oder auf den Adventskranz des ewigen Lebens. Es kommt darauf an, es ist nicht bei jedem gleich. Aber das ist bei allen gleich: Wir können bis dahin doch immer nur das Alltägliche, das ganz Einfache tun.

Das ist geradezu das Thema dieses Bibeltextes zum dritten Advent und wohl das Thema eines ganzen Christenlebens: **Das Einfache tun, bis das Große kommt.**
Wie geschieht das? In drei Schritten antwortet die Geschichte vom Täufer Johannes auf diese Frage. Die erste Antwort heißt: *Bei sich anfangen.*

Irgendwo stehen wir ja selbst unter den Leuten, die einen mehrtägigen Fußmarsch durch die endlosen Sanddünen der Wüste Juda hinter sich hatten, weil sie zu diesem berühmten Propheten, zu diesem Grobian Gottes, wollten – irgendwo unter »dem Volk, das hinausging, daß es sich von ihm taufen ließe«. Dieser äußerst unhöfliche Wegbereiter Jesu meint genauso uns mit seiner fast polternden Rede: »Wer hat denn euch gewiesen, daß ihr dem zukünftigen Zorn entrinnen werdet?« Kurz und deutlich gesagt: Es geht nicht ewig so weiter mit der Welt, mit dem Fortschritt, mit den Greueln und mit der Sünde des Menschen. Diese ganze Erde rollt auf den Tag des Zornes Gottes zu. Advent – er kommt, ja sicher. Aber »er kommt zum Weltgerichte, zum Fluch dem, der ihm flucht«. Das Große kommt, aber das Große ist auch und zunächst einmal der Tag des Zornes Gottes. Das ist ernst, und das stört die Kerzenstimmung des Adventssonntags, aber es ist wahr, daß er als Richter kommt.

Dann ist also jetzt noch Frist! Also: »Sehet zu, tut rechtschaffene Früchte der Buße!« Noch ist Frist, noch brennt das Feuer des Weltgerichts nicht, noch ist das Heute der Geduld Gottes mit Ihnen und mit mir. Aber irgendwie spüren wir den kühlen Stahl der »Axt, die den Bäumen an die Wurzel gelegt ist«; irgendwie haben wir alle Signale in unser Leben hereinblinken gesehen, gespürt, Vorsignale der sich hebenden Axt. Einmal geht jede Gnadenfrist, jedes Leben zu Ende.

»Sehet zu, tut rechtschaffene Früchte der Buße!« Das A und O des Glaubens ist die Abkehr von den falschen Göttern unserer Zeit, unseres Lebens, und die Hinkehr zu Gott, also die Veränderung des einzelnen Menschen. Der einzelne muß bei sich anfangen, nicht bei den anderen, nicht bei den Verhältnissen. Das ist der Kern der harten

Rede des Täufers vom Jordan. Bei sich anfangen, das ist die wenig populäre, aber die einzige realistische Möglichkeit, zur Besserung der Welt beizutragen. Mit den einfachen Dingen bei sich anfangen, das ist der Adventsruf des Vorläufers. Das Einfache tun, bis das Große kommt, das ist die Antwort auf die Frage des Adventslieds von Paul Gerhardt: »Wie soll ich dich empfangen und wie begegn' ich dir?«

Das Einfache tun, bis das Große kommt. Wie geschieht das? Die zweite Antwort heißt: *Das Kleine anders tun.*

»Das Volk fragte Johannes und sprach: Was sollen wir denn tun?« Umkehren, sich selbst verändern – gut, aber wie macht man das? Wie werde ich denn ein anderer Mensch? Lerne ich das aus den Büchern des toten Mao oder bei einem indischen Guru oder durch eine psychotherapeutische Behandlung oder ganz einfach durch Einnahme von Valium? Wie wird man denn ein anderer Mensch? Tut das Gewöhnliche, antwortet der Täufer, aber tut es nach Gottes Weisung. Gott sucht an euch nicht das Außergewöhnliche, das Umwälzende, das Große. Gott sucht keine Spitzensportler der Nachfolge, Gott sucht einfache, alltägliche Nachfolger. »Wer zum Beispiel zwei Röcke hat, der gebe dem, der keinen hat«, und wer Speise hat oder viel Weihnachtsgebäck, der tue auch also, und wer einen Menschen kennt, der immer allein ist und dessen äußerst zeitraubende Gesprächigkeit sich dementsprechend wie eine geöffnete Schleuse über den Besucher ergießt, wenn schon einmal einer kommt, der nehme sich zwischen Weihnachten und Neujahr einmal 120 Minuten seiner kostbaren Zeit bloß zum einfachen, geduldigen Zuhören. Und wer das Büble vor der Haustür stehen sieht, diesen Einzelgänger, der aus unklaren Gründen nie mit den anderen im Hinterhof mitkickt, der fahre ihm einmal im Vorbeigehen über den Kopf; vielleicht spricht er mal was. Tut das Einfache, tut das Gewöhnliche, das sind die »rechtschaffenen Früchte der Buße«, das ist so etwas wie praktischer Advent. Denn Buße, Umkehr, das ist die kleine, schlichte menschliche Tat heute und hier und ohne alles programmatische Geschrei. Gott will, daß wir ein bißchen gütig sind, auch gegen die schwierigen Menschen, daß wir das Kleine und das Einfache tun, bis das Große kommt.

Soviel ist auf jeden Fall sicher, daß Johannes, daß also die Bibel konsequent den einzelnen anspricht und ihn zur Umkehr ruft und mit keinem Wort sagt, daß das ganze schlimme System und die Strukturen verändert werden müßten. Kein Wort fällt gegenüber den Zöllnern, daß das ganze ungerechte System des Steuereinzugs schuld sei und daß – so sagt man heute – »die Strukturen bekehrt« werden müßten. Kein Wort wird an die Soldaten gerichtet, sie sollten den Wehrdienst verweigern und sich dafür dem bewaffneten Friedenskampf zur Verfügung stellen. Nichts wird gesagt von der Veränderung der Gesellschaft und der Strukturen, weder hier noch sonstwo im Neuen Testament!

In der Bibel gibt es keine Ideologie des Umsturzes, der Revolution. Gott ruft den einzelnen, den Menschen zur Umkehr, nicht die Systeme, nicht den oder die »Fürsten dieser Welt«, Gott ruft *mich*. Gott will meine, Ihre Umkehr. Gott will, daß jeder von uns an seinem Platz in der Welt, die er im Großen nicht ändern kann, das Kleine anders tut als andere Leute. Das Kleine anders tun, das geht durch die ganze Predigt des Täufers hindurch. Er predigt nicht gegen den Kapitalismus, sondern er redet dem Kapitalisten ins Gewissen, dem, der zwei Mäntel hat, zwei Kühlschränke, zwei Radios, sechs Weihnachtsstollen, dreizehn Monatsgehälter, aber bloß ein einziges Zweitauto oder vielleicht überhaupt nur ein Auto – und fragt ihn: Wie gehst du damit um? Du kannst das alles gerne haben und behalten, aber was hat dein Nächster davon, daß du das alles hast, lieber Kapitalist?

Und Gottes Wort predigt hier am Beispiel der Zöllner nicht die Demonstration gegen das Steuersystem oder für die neuen Gehaltsforderungen oder den nächsten ÖTV-Warnstreik, sondern es sagt schlicht und ohne Umwege: Erfüllt eure Aufgabe peinlich korrekt, macht nicht die kleinste krumme Tour und tut eure Pflicht!

Die Soldaten – sie waren unter Herodes mehr eine Art Bereitschaftspolizei – bekommen die gleiche Antwort auf ihre Frage: Tut eure Pflicht! Treibt keinen Mißbrauch mit euren polizeilichen Befugnissen »und lasset euch genügen an eurem Solde«! Verlangt keine Extra-Zulagen, die im Endergebnis ja doch andere bezahlen müssen! Und außerdem steht also kein Wort davon da, daß der Dienst mit der Waffe mit der Nachfolge Gottes und mit dem Gebot Gottes nicht vereinbar wäre. Dieser Gedanke ist der Bibel völlig fremd, weil alle Berufe teilhaben an der Sünde der Welt, der des Kaufmanns genauso wie der des Zollbeamten, der des Sozialfürsorgers genauso wie der des Polizisten, der der Hausfrau genauso wie der des Soldaten. Gott will nicht die Flucht aus etlichen problematischen Berufen, Gott will, daß sich jeder dort als Christ bewährt, wohin ihn nicht der böse Zufall, sondern die Hand Gottes geführt hat: hinter dem Ladentisch, am Fließband, in einer Schulklasse, in der Kaserne, auf der Kanzel, in der Küche, im Sprechzimmer, im Büro, und daß er dort das Kleine anders tut, anders als andere Leute, obwohl es dieselbe Arbeit ist.

Könnte dann also das Warten der Adventszeit darin bestehen, daß wir – zwar alle Tage aller Jahre, aber nun doch besonders in diesen Wochen vor dem Christfest – sehr bewußt von der biblischen Erkenntis Gebrauch machen, daß Gott nicht das Außerordentliche, das Große, das ganz andere an uns sucht, sondern das Kleine, aber das Kleine anders, sowohl im lauten Lärm des Tages als auch in den stillen Atempausen der Seele?

Vielleicht sucht dann Gott aber auch an unserem inneren Menschen gar nichts anderes? Vielleicht sucht er bloß den ganz gewöhnlichen Kirchgang an uns und die Gemeinschaft am Abendmahlstisch und um die aufgeschlagene Bibel und das kleine Gebet mit dem Losungsbüchlein morgens und das müde Gebet abends? Vielleicht will er bis zu unserer letzten Stunde auch innerlich gar nichts anderes von uns, als daß wir treu das Kleine tun? Bis dann beim letzten, ewigen Advent alles von selber groß wird. Vielleicht ist das Advent, daß uns aufgeht, daß Gott nichts anderes an uns sucht, im Alltag, im Beruf, im Streß und in dem bißchen Frömmigkeit unseres bescheidenen Christseins, als daß wir das Einfache tun, bis das Große kommt?

Was das Große sei, auf diese Frage gibt es die dritte Antwort aus der Predigt des Täufers: *Mehr zu hoffen haben.*

Auf was hoffen wir eigentlich? Darauf, daß es dieses Jahr endlich wieder so richtig adventlich und weihnachtlich werde wie – ja wie, wann denn nun eigentlich? Träumen wir da nicht hinter vergangenen Tagen her, die nie Gegenwart waren? Es ist schwer zu sagen. War Advent früher adventlicher und Weihnachten weihnachtlicher? Auf was für eine Wiederkehr guter Stunden von einst warten wir, hoffen wir wohl?

Schöne Erinnerungen sind gut, selbst dann, wenn sie ein bißchen verschwommen sein mögen. Aber Christen warten nicht auf ein Gestern, Christen warten auf Gottes Morgen. Wir warten auf den Herrn, der wiederkommt. So wie Johannes auf den gewartet und hingewiesen hat, der nach ihm die Erfüllung alles Wartens bringen werde. »Es kommt aber ein Stärkerer nach mir ... der wird euch mit dem Heiligen Geiste und mit Feuer taufen.«

Das klingt zwar fast bedrohlich, ist aber in Wirklichkeit auch nichts anderes als die Taufe mit Wasser, damals als Johannes taufte und heute, wenn wir nach dem Befehl Jesu taufen. Denn beides ist, so verwirrend das im ersten Augenblick klingen mag, gleichermaßen tödlich: das Wasser, in dem einer ertränkt, und das Feuer, in dem einer verbrannt wird. Aber beides will sagen: Du Täufling wirst hineingenommen in den Tod, wie ihn auch dein Herr am Kreuz gestorben ist. Aber eben deshalb gehst du auch wieder mit ihm heraus aus dem Tod, ganz gleich, ob es der Tod am Kreuz oder im Wasser oder im Feuer ist, und mit ihm hinein in das neue Leben der Auferstehung. Du bist hinübergerettet in Gottes neue Welt. Getauft sein heißt, teilzuhaben am endgültigen Leben und darum mehr, viel mehr zu hoffen haben.

Viel mehr zu hoffen haben, weil im Advent der gekommen ist, der dann aus dem eigenen Grab ausbrach, und weil wir mit seinem neuen Kommen rechnen dürfen, mit ihm, der alle Vollmacht Gottes in Person ist. Darum haben Christen mehr zu hoffen – weil das Große kommt. Amen.

# Gottes Stunde nicht verpassen

*Lukas 13, 31–35*

»Zur selben Stunde kamen etliche Pharisäer und sprachen zu ihm: Gehe fort und ziehe von hinnen; denn Herodes will dich töten! Und er sprach zu ihnen: Gehet hin und saget diesem Fuchs: Siehe, ich treibe böse Geister aus und mache gesund heut und morgen, und am dritten Tage werde ich am Ziel sein. Doch muß ich heute und morgen und am Tage danach noch wandern; denn es geht nicht an, daß ein Prophet umkomme außerhalb von Jerusalem. Jerusalem, Jerusalem, die du tötest die Propheten und steinigst, die zu dir gesandt werden, wie oft habe ich wollen deine Kinder versammeln, wie eine Henne ihr Nest unter ihre Flügel, und ihr habt nicht gewollt! Sehet, euer Haus soll euch wüste gelassen werden. Denn ich sage euch: Ihr werdet mich nicht sehen, bis daß die Zeit komme, da ihr sagen werdet: Gelobt ist, der da kommt im Namen des Herrn!«

Die Ausgräber im altgriechischen Olympia, der Stätte der Olympischen Spiele, haben ihn als kleine Statue zutage gefördert, diesen lustig-besinnlichen Hüpfer, der mit weitem Schritt, nur mit einer Fußspitze federnd den Boden berührend, davoneilt und der eine recht ungriechische Haartracht aufweist, nämlich einen festen Mittelschopf auf einem sonst tonsurartig glatten Kopf. Es ist der Genius des Kairós, bedeutet die entscheidungsträchtige Stunde, die Zeitspanne, die man entschlossen beim Schopf ergreifen muß, sonst springt sie einem davon. Oder wie es im lateinischen Sprichwort von der enteilenden Zeit heißt: »carpe diem!« sag ja zum Tag, den du hast, nütze dein Heute! »Heute und morgen und am dritten Tage . . . und ihr habt nicht gewollt«, sagt Jesus. Und das ist eine ernste Sache, Gottes Kairós, Gottes Heute zu verpassen.

## Gottes Stunde nicht verpassen

– das ist die Mitte, um die Jesu Worte hier im Evangelium kreisen. Gottes Stunde wahrnehmen bedeutet erstens: *Wo Jesus alles gilt, wird der Mensch frei.*

Die Prominenten sind gegen Jesus; er stört und beeinträchtigt sie, er untergräbt ihre Stellung, Publicity, Autorität, so meinen sie. Und je mehr sich jemand für einen Halbgott hält, wie zum Beispiel der Schattenkönig Herodes damals, desto empfindlicher ist er an dieser Stelle. Jener Herodes, ein Titularkönig von Römers Gnaden, war ja eher so etwas wie ein erblicher Staatspräsident – mit dem Recht auf Ehrenwache und eigene Bereitschaftspolizei. Aber umso allergischer war er gegen populäre oder gar bedeutende Leute, die ihm den ersten Rang ablaufen könnten. »Zieh von hinnen; denn Herodes will dich töten!« Die Halbgötter sind immer gegen Jesus; in Galiläa, in Uganda und überall.

Die Schärfe der Antwort Jesu schockiert einigermaßen: »Gehet hin und saget diesem Fuchs ...!« Solche Töne ist man sonst in Jesu Mund nicht gewohnt. Aber mit dieser massiven Rede macht Jesus klar: Entweder habt ihr mich oder ihr habt den Fuchs, den orientalischen Wüstenfuchs also, den Schakal. Entweder gelte ich bei euch oder der Schakal. Ihr müßt wählen. Wenn man Jesus ablehnt, bekämpft, hinauskomplimentiert, aus seinem Leben streicht, bekommt man den Schakal. Entweder haben wir den Frieden Jesu oder die Angst der Welt. Entweder leben wir aus der Vergebung Gottes oder die Wölfe heulen im Keller unsrer Sünde. Entweder bergen wir uns nach der letzten Operation in den Trost derer, die durch Jesus sogar ihren eigenen Tod überleben, oder wir fallen in den Rachen des großen Schakals.

Und die Kirche kann es nur entweder ganz mit Jesus oder doch lieber ganz mit Herodes halten. Es gibt keine Nachfolge Jesu und zugleich eine Rückversicherung bei Herodes, keine Koalition der Kirche mit Jesus und gleichzeitig mit Idi Amin, mit Jesus und den Frelimos, die zuerst vom Weltkirchenrat unterstützt wurden und dann über die Christen und die Gemeinden in Mosambik blutig herfielen, mit Jesus und den Kommunisten in Vietnam und Kambodscha, wo sich zur Zeit eine der grausigsten Christenverfolgungen der Geschichte hinter dichten Vorhängen abspielt, oder mit Jesus und den »Befreiern«, die ganze Missionsstationen massakrieren, mit Jesus und dem großen Geld, mit Jesus und dem großen Schakal. Wer es mit Jesus zu tun bekommt, der muß wählen. Wo Jesus gilt, will er ganz gelten.

Wo aber Jesus alles gilt, wird der Mensch frei. »Siehe, ich treibe böse Geister aus und mache gesund heute und morgen.« Das ist Jesu Werk, heute wie damals: den Menschen von den Dämonen dieser Welt zu befreien. Dabei geht es nicht nur um die Befreiung von Diktatoren, Machthabern, Parteisekretären, Imperialisten, Ausbeutern, Bossen und was es da alles gibt. Die Freiheit, die Jesus bringt, ist das Loswerden von den Dämonien des eigenen Lebens und am Ende von Tod und Teufel. Wo Jesus in einem Menschenleben alles gilt, da wird dieser Mensch frei; frei von der Angst vor dem Morgen, frei von der Furcht vor Menschen, frei von all diesen Selbsterlösungsangeboten östlicher und westlicher Seelenaufkäufer, die heute gerade junge Leute so magnetisch anziehen, frei von der Allmacht der Droge, der Flasche, frei sogar mitten in der Angst vor der Diagnose des Arztes, frei von den unheimlichen Träumen bleierner Nächte, frei im Gericht.

Aber Jesus muß es sein, wirklich Jesus. Frei wird ein Mensch nur dort, wo Jesus alles gilt. Nicht »etwas Religiöses«, nicht ein »Hauch von Göttlichem«, nicht sogenanntes praktisches Tatchristentum – obwohl gegen das letztere ganz und gar nichts einzuwenden ist, im Gegenteil. Aber das genügt nicht, es muß Jesus sein, Jesus als der Herr des Lebens. Nicht Aufgeschlossenheit für religiöse Probleme, sondern Glaube an Jesus, Lebensverbundenheit mit Jesus, Nachfolge Jesu. Frei werden wir nur mit Jesus. Alle die anderen Befreier knechten uns zu Tode. Jesus macht frei, von innen heraus frei, wenn und wo er alles gilt. Wir müssen wählen: den Schakal oder Jesus.

Sie haben dazu ebenso wenig wie ich unbegrenzte Bedenkzeit. Irgendwann hört das Meditieren, das Testen, das

Vertagen auf, irgendwann wird die Sache mit Jesus für mich, für Sie zum Entschluß – oder zur Flucht. »Ich muß heute und morgen und am Tage danach noch wandern.« Jesus wandert jetzt noch neben uns her, »heute und morgen und am Tage danach noch . . .«. Also nicht immer, und niemand weiß, wann dieser »Tag danach« zu Ende ist und wann dieser Begleiter sich nach dem »Tag danach« von uns löst: » . . .und ihr habt nicht gewollt«. Wir müssen wollen, daran führt kein Weg vorbei. Sonst kommt ein »Tag danach«, an dem der Begleiter verschwunden sein wird, an dem der Kairós nicht mehr beim Schopf ergriffen werden kann. Noch ist Gottes Stunde. Es geht darum, sie nicht zu verpassen.

Das aber bedeutet zweitens: *Wo Jesus nicht alles gilt, bleibt die Kirche leer.*

»Jerusalem, Jerusalem, wie oft habe ich deine Kinder versammeln wollen wie eine Henne ihr Nest unter ihre Flügel, und ihr habt nicht gewollt! Seht, euer Haus soll euch wüste und leer gelassen werden.«

Jerusalem, das sind wir. Jerusalem, das ist das Herz Israels, jenes Israel, das heute dort im Land der Väter wieder den Gesang des Heimwehs und der Freude singt: »Jeruschalajim, Jeruschalajim . . .«. Israel aber ist als Gottes Volk Vorbild des neuen Gottesvolkes, der Kirche. Jerusalem, das sind wir, das ist die Gemeinschaft derer, die Gott sammeln will zu seinem Volk, »versammeln wie eine Henne ihr Nest unter ihre Flügel«. Also unter den Flügeln, wo Geborgenheit ist wie in einer Burg, wo Friede ist, »nicht wie ihn die Welt gibt«, wo Vergebung ist unter der Last der Schuld, wo Überleben ist mitten in der Angst des Sterbens. »Breit aus die Flügel beide, o Jesu, meine Freude, und nimm dein Küchlein ein. Will Satan mich verschlingen, so laß die Englein singen: Dies Kind soll unverletzet sein.«

»Und ihr habt nicht gewollt.« Keine Kritik an Jerusalem – also an der Kirche – geht so in die Tiefe wie die aus Jesu Mund. »Und ihr habt nicht gewollt.« Ihr habt nicht auf mich gehört, sondern auf die Rattenfänger der Zeit und seid den Trommlern eures Jahrhunderts nachgelaufen, von

Herodes bis Mao, von den Religionsmischern des Altertums bis zu ihren Nachfahren, die uns heute – ich zitiere ein neues Dokument der Organisation »Christen für den Sozialismus« – einzuhämmern versuchen, daß »die neue Theologie eine militante Theologie ist, indem sie von der Bejahung des Klassenkampfes ausgeht« und daß der »Glaube sich in der Revolution verwirklicht«.

Bitte sagen Sie nicht, dies sei eine politische Predigt! Das Gegenteil ist der Fall. Wir möchten uns hier ja gerade gegen das Eindringen politischer und ideologischer Einflüsse in die Kirche stellen und sagen, daß es eine Verwirrung ist, eine Verkehrung des Evangeliums, wenn die Stimmen falscher Lehre, politischer Botschaften und verführerischer Irrtümer in der Kirche Eingang finden. In der Kirche gilt nichts als allein die Stimme Jesu – und Jesus ist ganz gewiß weder ein sozialer Reformer noch jener Umstürzler aus Nazareth, zu dem ihn manche machen wollen, noch einer der großen Weisen, sondern er ist Gottes Sohn und der Heiland, der uns durch seinen Tod am Kreuz den Frieden Gottes, also einen anderen Frieden als den dieser Welt bringt, und der uns durch seine Auferstehung eine Bresche durch die Gefängnismauer des Todes gebrochen hat und der wiederkommen wird zur Auferweckung aller Toten und zum Gericht über alle Welt. »Wie oft habe ich euch versammeln wollen!«

Aber zu Jesus ja sagen, das muß man bewußt wollen. Man kann durchaus auch *nicht* wollen, man kann den breiten Weg der Vielen, der Massen gehen, die Straße, die in die Nacht führt. Entschließen müssen wir uns auf jeden Fall. Glaube, Frömmigkeit ist keine angeborene Erbanlage, die manche Leute so mit sich herumschleppen wie ein Hüftleiden oder wie gänzliche Unmusikalität. Nein, Glaube ist eine Entscheidung Jerusalems, also der Kirche.

Denn wo die Kirche sich nicht unter den Flügeln Jesu sammelt, sondern hinter den Revolutionsbannern und sonstigen Fahnen der allemal neuen Zeit dreinhastet, da »soll euer Haus wüste gelassen werden«, den Ruinen der einst und auf ihre Art auch heute noch herrlichen, aber toten Tempel von Paestum oder Agrigent gleichend, durch die der Wind sein Lied singt. In Jerusalem, in der Kirche, in jeder christlichen Gemeinde gilt nur die Stimme Jesu. »Wie oft habe ich wollen deine Kinder versammeln!« Am Ruf Jesu aber gibt es nichts zu modernisieren und nichts zu verändern. Wo dies dennoch geschieht, da läßt Gott es zu, daß die Kirche verödet und verkümmert, verwüstet zurückgelassen wird, wie es hier heißt. Denn wo in der Kirche der Mensch und die menschliche Gesellschaft zum Maßstab aller Dinge gemacht wird, wo also nicht Jesus alles gilt, da bleibt die Kirche leer. Nicht nur, was Gottesdienstbesucher anbelangt, sondern auch leer an geistlicher Kraft und biblischer Vollmacht, leer an Gott.

Mag sein, daß Gott dann manchmal das Gehäuse noch bestehen läßt, den Apparat, die Organisation, den Eingang der Kirchensteuer, die Institutionen, durch die etliche unheilbare Veteranen immer noch den langen Marsch durchzuhalten gesonnen sind, weil sie nicht merken, daß Gott und Gottes Volk längst wieder über sie hinweggewandert sind. Denn wo Jesus abgewiesen wird, da zieht Gott aus.

Das zeigt die Geschichte der Christenheit, und das zeigt unsere Gegenwart: daß Gott sein Jerusalem, seinen Tempel, sein Haus, seine Kirche dem Verfall preisgeben kann, wo wir seine Stunde verpassen, verschlafen, vertun. Gottes Stunde wahrnehmen, den Kairós »Gott rufet noch« ergreifen, das ist der Ruf Jesu an diesem Tag. Daß wir doch begreifen möchten, daß Jesus bei uns »heute und morgen und am Tag danach« noch durch unsere Häuser, unsere Familien, unsere Kindergärten, unsre Gemeinden, unsre Kirche wandert! Und daß wir doch Gottes Stunde wahrnehmen!

»Denn ich sage euch: Ihr werdet mich nicht sehen, bis daß die Zeit komme, da ihr sagen werdet: Gelobt ist, der da kommt im Namen des Herrn!« Man müßte dabeisein – dann! »Die geheiligte Gemeine weiß, daß eine Zeit erscheine, da sie ihren König grüßt.« Amen.

# Mein ist allein die Ehre, mein ist allein der Ruhm

Sonntag Exaudi                                          22. Mai 1977

*1. Mose 11, 1–9*
»Es hatte aber alle Welt einerlei Zunge und Sprache. Als sie nun nach Osten zogen, fanden sie eine Ebene im Lande Sinear und wohnten daselbst. Und sie sprachen untereinander: Wohlauf, laßt uns Ziegel streichen und brennen! – und nahmen Ziegel als Stein und Erdharz als Mörtel und sprachen: Wohlauf, laßt uns eine Stadt und einen Turm bauen, dessen Spitze bis an den Himmel reiche, damit wir uns einen Namen machen; denn wir werden sonst zerstreut in alle Länder. Da fuhr der Herr hernieder, daß er sähe die Stadt und den Turm, die die Menschenkinder bauten. Und der Herr sprach: Siehe, es ist einerlei Volk und einerlei Sprache unter ihnen allen, und dies ist der Anfang ihres Tuns; nun wird ihnen nichts mehr verwehrt werden können von allem, was sie sich vorgenommen haben zu tun. Wohlauf, laßt uns herniederfahren und dort ihre Sprache verwirren, daß keiner des andern Sprache verstehe! So zerstreute sie der Herr von dort in alle Länder, daß sie aufhören mußten, die Stadt zu bauen. Daher heißt ihr Name Babel, weil der Herr daselbst verwirrt hat aller Länder Sprache und sie von dort zerstreut hat in alle Länder.«

Ist das Europäische Parlament in Straßburg und das Traumziel der Vereinigten Staaten von Europa ein Unterfangen, das sich gegen Gottes Ehre und Majestät richtet? Wird es eines Tages heißen: »So zerstreute sie der Herr von dort in alle Länder, daß sie aufhören mußten, Europa zu bauen«? Und der Ostblock? Und der Machtblock der blockfreien Länder? Steht Einigung und Einheit der Welt, der Sprache, die Welteinheitsreligion unter dem zornigen Nein Gottes? Und hat Gott vielleicht etwas gegen Wolkenkratzer, deren »Spitze bis an den Himmel reicht«, gegen den Stuttgarter Fernsehturm und gegen den lieben, alten

Eiffelturm in Paris? Und sind die 160 Meter des Ulmer Münsters gerade noch Gott wohlgefällig?

Was will also die uralte Geschichte vom Turmbau zu Babel predigen? Dies ist ihre Überschrift:

**Mein ist allein die Ehre, mein ist allein der Ruhm.**

In dieser Geschichte geht es genau wie in der heutigen Zeit um drei menschliche Idole, Hochziele: um die Sicherheit, um den Ruhm und um die Einheit. Gott sagt erstens: *Ihr wollt Sicherheit – aber eure Burg bin ich.*

»Es hatte aber alle Welt einerlei Zunge und Sprache. Als sie nun nach Osten zogen, fanden sie eine Ebene im Lande Sinear und wohnten daselbst.«

Das ist ein Stück Weltgeschichte, wie sie im Buch steht. Aus unbekannten Gründen geraten ganze Stämme und Völker in Bewegung und wandern in ein unbekanntes Irgendwohin, die Kelten, die Dorer, die Germanen, die Hunnen, die Araber, die Mongolen. Und aus den großen Wanderungen gehen Völker, Königreiche, Staaten hervor, im Auf und Ab von Ebbe und Flut der Völkergeschichte.

»Da fanden sie eine Ebene im Lande Sinear (im heutigen Irak also) und sprachen untereinander: Wohlauf, laßt uns eine Stadt bauen«, einen Staat gründen; denn wir driften sonst bis zur Versandung weiter durch alle Welt »und werden zerstreut in alle Länder«. Wir brauchen Mauern, Ordnung, Gesetze, Sicherheit. Safety first, Nummer eins: unsre Sicherheit.

Es ist bezeichnend, daß dabei am Anfang schon ein Wahlspruch stand: »Wohlauf, lasset uns einen Turm bauen!« Am Anfang war die Parole, das Spruchband, der Sprechchor, der Aufruf, der Fernsehspot, der Slogan, am Anfang war und am Anfang ist die kollektive Gehirnwäsche. »Proletarier aller Länder, vereinigt euch!« – »Deutschland, erwache!« – »Alle sollen besser leben!« – »Sicherheit und Wohlstand« und so fort. Ohne Sprache keine Parole, ohne Parole kein Wille, ohne Wille kein Fortschritt. Man muß die Sprache regulieren, wenn man siegen will. Denn die Sprache des Menschen ist die Münzstätte der Ideologien und der Propaganda.

Wir fordern Sicherheit! »Wohlauf, laßt uns eine Stadt

bauen!« Das hatte man auswendig zu lernen und allezeit aufzusagen. »Und nahmen Ziegel als Stein und Erdharz (also Asphalt) als Mörtel.«

Der Ziegel war sicherlich der durchgängige Baustoff im alten Zweistromland zwischen Euphrat und Tigris. Aber die »Ziegel als Stein« sind zugleich Symbol für die Brüchigkeit allen Menschenwerks, für die Unsicherheit aller Sicherheit, die sich der Mensch geben kann. Ihr wollt Sicherheit? sagt Gott. Wann werdet ihr lernen, daß *ich* eure Burg bin, daß in mir Schutz und Friede ist, daß ich allein die Stadt baue, die ewig bleibt, und daß es Sicherheit nur in mir gibt?

Und das gilt jetzt schon. Denn wer sich in meine Arme hineinbetet, der ist geborgen; wer sich in mein Erbarmen hüllt, ist sicher; wer an mich glaubt, der ist in der Hut meiner Mauern. Aber es ist erst recht dann wahr, wenn die ewige Stadt Gottes an Stelle dieser Erde getreten sein wird, dann, wenn das Wort aus Offenbarung 21 erfüllt ist: »Und er zeigte mir im Geist die große Stadt, das heilige Jerusalem, herniederfahren aus dem Himmel von Gott, und sie hatte die Herrlichkeit Gottes ... und die Könige auf Erden werden ihre Herrlichkeit in sie bringen.«

Ihr wollt Sicherheit? Eure Burg bin ich, so lehrt Gott durch sein Wort.

Das zweite Idol des Menschen heißt Ruhm, Macht, Größe, Glanz. Gottes Antwort heißt:

*Ihr wollt Ruhm     aber die Ehre ist mein.*

» ...und laßt uns einen Turm bauen, dessen Spitze bis an den Himmel reiche.« Das war noch immer so: Mit großen Epochen, vor allem mit neuen politischen, historischen Umbrüchen, war immer auch eine explosive Leidenschaft für große Monumentalbauten verbunden. Die ägyptischen Pyramiden und Kolossaltempel, die Akropolis von Athen waren Zeichen dafür – und zur deutschen Einheit: »Ein Volk – ein Reich – ein Führer!« gehörten die gigantischen Bauten des heute vergessenen Nürnberger Parteitagsgeländes. Die Glorie Frankreichs zeigt sich im Arc de Triomphe, die Größe des alten Rom im Kolosseum und die des neuen Rom im gigantischen Marmordenkmal am Kapitol, von den Moskauer Super-Kolossal-Gebilden der Architektur ganz zu schweigen. Je großzügiger und je höher, desto strahlender ist das Symbol des Ruhmes, des glanzvollen Namens. Darum: »Lasset uns einen Turm bauen, dessen Spitze bis an den Himmel reiche!«

Zikkurah heißen diese babylonischen Göttertürme, und der größte stand in Babel selbst. Er hieß dort Enemenanki und war aus 85 Millionen Ziegelsteinen erbaut. Gut 91 Meter war er hoch und von einem Tempel gekrönt. Das Fundament dieses »Turmbaus zu Babel« haben die Archäologen gefunden. Der Turm sollte demonstrieren, was der Mensch vermochte, was für ihn doch alles machbar war.

Und hier wird es für die Bibel ernst. Das Widergöttliche ist nicht der hohe Turm, der Wolkenkratzer, weder in Babel noch in New York noch in Ulm. Aber was gegen Gottes Ehre gerichtet ist, ist die Tatsache, daß aller Ruhm, alle Ehre, alles Lob hier auf den Menschen gelenkt wird. Gott aber sagt: »Mein ist allein die Ehre, mein ist allein der Ruhm.« Der Turmbau zu Babel ist nicht ein Symbol der feierlichen Absetzung Gottes – das würde ja nur unnötigen Ärger machen und womöglich noch Märtyrer –, sondern er ist ein Symbol für die Methode, alle Bewunderung und Ehre und allen Ruhm auf die Leistungen des Menschen zu lenken, »damit wir uns einen Namen machen«, und Gott auf diese Weise so leise wie möglich aus dem Verkehr zu ziehen. Der Bruch zwischen Schöpfer und Geschöpf setzt dort ein, wo der Mensch seine Leistung so rühmen, loben und ehren läßt, daß alle Welt staunend sagt: Wir haben die richtigen Macher, hallelujah! Es gibt nichts, was die nicht machen! Gottes Antwort darauf aber heißt: Ihr wollt den Ruhm – aber die Ehre ist mein!

»Da fuhr der Herr hernieder, daß er sähe die Stadt und den Turm, die die Menschenkinder bauten.« Das ist der blanke Spott Gottes. Psalm 2, Vers 4: »Aber der im Himmel wohnt, lachet ihrer, und der Herr spottet ihrer.« Als ob Gott gleichsam erst ganz nah herantreten müßte, um die Titanenwerke des Menschen, das Kolosseum, den Kreml und die Wolkenkratzer von Manhattan zu sehen.

Gott läßt es sich nicht gefallen, wenn der Mensch mit ihm wie mit seinesgleichen umgehen will. Gott ist nicht unser Nachbar, Gott ist unser Herr. »Da fuhr der Herr hernieder, daß er sähe die Stadt und den Turm.«

Und dann sieht Gott – sieht, was der Mensch tut und wo das mit Sicherheit hinführen wird, wenn der Mensch allen Ruhm haben wird, ein paar Menschen natürlich immer bloß, damit die vielen anderen Beifall klatschen können oder in den Gefängnissen verschwinden. Gott sieht, wo unsere krummen Wege hinführen und wo eines Tages das Ende sein wird. Gott sieht den Anfang unsrer Sünde und weiß vor uns, wie das Ende sein wird. Und Gott sieht unsre Angst, Sorge, Anfechtung, Ratlosigkeit, »sieht, wie oft ein Frommer wein'«, und weiß den Ausweg und das Ziel, ehe wir ihn darum bitten. Daß Gott herniederfährt und »sieht«, das ist voll großen Ernstes und voll großen Trostes.

Wo wir ihm die Ehre geben, da sieht er uns, sieht alle Haare auf unserem Haupt; da ist er bei uns. Wo wir aber unsere Ehre suchen, einen Namen haben wollen vor der Welt, auf unseren Ruhm erpicht sind, da sieht er uns auch und setzt sich unmißverständlich durch. Ihr wollt Ruhm? Die Ehre ist *mein!*

Das dritte und heute wieder überaus aktuelle Idol des Menschen ist die Einheit, die Einheit der Völker, der Welt, der Ideologien und womöglich noch der Religionen. Gottes Antwort darauf heißt:

*Ihr wollt Einheit – aber die Einigkeit schenke ich.*

Verblüffend und dennoch so wirklichkeitsnah zeigt sich das Motiv, die Triebkraft für den großen Bau der festen Stadt und ihres Turmes der Selbstverherrlichung: Es ist einfach Angst! »Wohlauf, laßt uns bauen, denn wir werden sonst zerstreut in alle Länder!« Wir müssen also unsere Einheit mit allen Mitteln festigen, wir müssen eine Mauer bauen, sonst laufen uns die Leute noch davon. Wir müssen die Voraussetzungen für die Einheit schaffen: die große Mauer, in der wir alle drin sind, und keiner darf da raus!

Das bedeutet: Je weiter die Einheit geht, je mehr sie eines Tages vielleicht zur Welteinheit wird, desto weiter geht auch die Chance der wenigen Herrschenden zu jeder Maßlosigkeit, jeder Willkür, jeder Gesetzlosigkeit, jedem Zwang. Je größer die Einheit ist, Einheit der Schaffenden, Einheit der Bauern, Einheit der Kleidung, Einheit des Denkens, Einheit der Zuteilung aller Dinge und so weiter, desto kleiner wird das Maß an Freiheit, desto geringer ein Rest von Menschlichkeit. Eine Welteinheit aber ist zwangsläufig das Ende aller Menschlichkeit. Darum gehört die große Einheit, die Welteinheit aller Völker, Nationen, Denkweisen, sogar der Lieder, die man singen darf, die Einheit aller Brotrationen, Gefängnisse, Straflager, Bücher, Nachrichten und so fort zu den Schrecken der zunehmenden Endzeit, zu den apokalyptischen Zeichen der Zeit. Einheit ist etwas Fürchterliches.

»So zerstreute sie der Herr von dort in alle Länder, daß sie aufhören mußten, die Stadt zu bauen«, die Einheit zu schaffen. In dieser gefallenen Welt der Sünde will Gott die Einheit der Welt nicht. Es ist Gottes Gnade, daß er nein sagt zu den Mauern Babels, zur Einheit in der Welt der Menschen. Es ist Gnade mitten im Gericht, daß Gott aller Einheit, aller Uniformität entgegentritt, daß er die menschliche Sprache aufgelöst hat in viele Sprachen. Es ist Gnade im Gericht, daß es ganz verschiedene Staaten, Völker, Systeme, Sprachen gibt.

Ja, um alles, sollen denn Christen dann allüberall für Zersplitterung, Uneinigkeit, Spaltung, Streit und für alle Gegensätze eintreten? Das ist doch etwas ganz anderes! Sollte das im Ernst so schwer sein, den Unterschied zu begreifen zwischen Einigung und Einheit, zwischen Einigkeit und Gleichschritt, zwischen Frieden in der Welt und einer unter ständiger Polizeiaufsicht fronenden Menschheit? Wir begreifen doch diesen Unterschied sehr gut! Gottes Wort lehrt: Ihr wollt Einheit? Ich schenke euch, die ihr auf mich hört, die Einigkeit, die Einigkeit in meinem Heiligen Geist.

Im Heiligen Geist – denn nicht von ungefähr ist diese Geschichte von der babylonischen Sprachenverwirrung der Predigttext am Sonntag vor Pfingsten. Beim ersten Pfingsten damals hat Gott durch seinen Heiligen Geist das Sprachenwunder bei der Predigt der Apostel geschenkt, wo plötzlich alle die Rede in ihrer Heimatsprache verstanden, auch wenn die Parther Parther, die Meder Meder und die Elamiter Elamiter blieben. Von Einheit war auch an Pfingsten keine Rede, wohl aber von Einigkeit, von Einigkeit im Geist.

Unser Sprachverwirrungsproblem heute ist kaum mehr die Fremdsprachenschwierigkeit. Es gibt heute Dolmetscher, und es gibt die englische Weltsprache. Die Not unserer christlichen Verwirrung der Sprachen hat ein anderes Gepräge bekommen: daß uns die biblischen Hauptworte des Glaubens im Mund herumgedreht werden. Aus der Gerechtigkeit vor Gott wird Gerechtigkeit für die Dritte Welt gemacht; die Versöhnung mit Gott wird in eine Versöhnung mit Polen oder mit Nord-Vietnam umgefälscht; Liebe bedeutet Sex, aber nicht, daß Gott also die Welt geliebt hat; Friede ist nicht der Friede mit Gott, sondern man möchte den Frieden auf Erden losgelöst von der Ehre Gottes. Man könnte noch lange weitermachen mit dieser babylonischen Sprachverwirrung, durch die die Christenheit ernstlich bedroht wird.

»Da fuhr der Herr hernieder, dort ihre Sprache zu verwirren.« Aber es ist da wieder wie vorhin: Mitten im Gericht ist Gottes Gnade verborgen. Wenn Gott zur Erde kommt, in Babel oder in Bethlehem, dann kommt er immer mit beidem: mit dem ernsten Ruf zur Umkehr und mit der Erneuerung seiner Treue. Gottes Gericht hebt Gottes Treue nicht auf – auch für uns nicht. Die Sprachverwirrung von Babel und das Sprachenwunder von Jerusalem sind miteinander zu sehen und anzubeten. Gott ist gegen die Einheit, aber er schenkt die Einigkeit, die Einigkeit im Geist. Gott lehrt uns beten: Höre, o Herr (Exaudi heißt ja auf deutsch: höre!), und komm, Heiliger Geist, Herre Gott!

Wo aber Gottes Geist weht, da gibt es auch heute über alle inneren Spannungen und über alle äußeren Grenzen hinweg eine pfingstliche Gemeinde Jesu Christi. Da begreifen es seine Kinder voll Staunen und Dank, daß Gott sich selbst in den Arm fällt und mitten im Bersten der Welt über alles Gericht hinweg seine Gemeinde sammelt und eint. Wie die Vielfalt der Völkerwelt sowohl Gottes Gericht als auch Gottes Gnade zum Ausdruck bringt, weil er uns in der lebendigen Vielfalt bewahrt vor der tötenden Einheit, so ist es erst recht Gnade und Wunder, daß Gott sich aus dem Gewirr der Völker, Sprachen, Rassen, Nationen und Religionen durch den Heiligen Geist sein Volk »beruft, sammelt, erleuchtet, heiligt und bei Jesus Christus erhält im rechten, einigen Glauben«. Und daß er uns froh macht und tröstet, weil seine Hand sich auch auf uns gelegt hat und weil wir mitbekennen dürfen: »Dein ist allein die Ehre, dein ist allein der Ruhm«, weil wir dabeisein dürfen bei seiner Gemeinde, die um sein Reich und um seinen Heiligen Geist betet: »Du Heiliger Geist, bereite ein Pfingstfest nah und fern.« Amen.

# Suchet der Stadt Bestes!

1200-Jahrfeier der Stadt Esslingen          5. Juni 1977

*Jeremia 29, 7*
»Suchet der Stadt Bestes ... und betet für sie zum Herrn; denn wenn's ihr wohlgeht, so geht's auch euch wohl.«

Gott das erste Wort haben lassen, darauf kommt es an, wenn wir die Festwoche unseres Esslinger Jubiläumsjahres hiermit an der Stätte beginnen, die die Keimzelle unserer Stadt birgt. »Das walte Gott, der helfen kann! Mit Gott fang ich den Festtag an.« Gott das erste Wort haben lassen, das ist christlich und das ist weise. Das letzte Wort behält Gott sowieso, nicht nur über dem Stadtjubiläum, sondern immer und bei jedem. Wohl der Stadt und wohl den Menschen, die Gott allezeit das Sagen haben lassen.

Im Buch Gottes findet sich freilich kein Kapitel und kein Psalm, in dem die Jubelfeier einer Stadt das Thema wäre. Das Thema der Bibel ist eben *Gott,* und dort heißt es: »Jubilate deo« und »Gloria in excelsis deo«, Ehre sei Gott in der Höhe! Weil wir meinen, daß es unserer lieben Stadt an diesem Meilenstein ihrer Geschichte zu ihrer Ehre gereicht, wenn sie Gott die Ehre gibt, darum sind wir hier. Jubilate deo, großer Gott, wir loben dich!

Doch wollen wir uns in dieser festlichen Stunde dennoch unter ein Wort aus Gottes Buch stellen, auch wenn es in der Bibel keinen Esslinger Stadtjubiläumspsalm gibt. Aber um eine Stadt geht es auch, und darum, daß Gott uns Esslinger samt allen unseren Gästen aus allen Partner- und anderen Städten heute mahnt: »Suchet der Stadt Bestes und betet für sie zum Herrn.«

Als dieses Wort einst in einem Brief des Propheten Jeremia an deportierte Volks- und Glaubensgenossen geschrieben wurde, da ging's allerdings schon gar nicht um ein Jubiläum, sondern höchstens um das Gegenteil, nämlich um die inständige Hoffnung jener in den Osten zwangsumgesiedelten Israelis, daß aus den sich mehrenden Jahren der Gefangenschaft nicht eines Tages auch noch ein Jubiläum, ein deprimierendes Jubiläum würde. Sie lebten in Babel, in einer fremden Stadt, und die Bezeichnung »Gastarbeiter« für diese äußerst unfreiwilligen Bürger der Stadt Babel wäre eher Spott als Ermutigung für sie gewesen.

Die Lage derer, an die dieser Brief vor urlanger Zeit gerichtet war, war ganz anders. Aber es geht um die gleiche Sache: »Suchet der Stadt Bestes und betet für sie zum Herrn. Denn wenn's ihr wohlgeht, so geht's euch auch wohl.« Daran hat sich auch für uns nichts geändert, auch wenn wir alles andere als gezwungen, sondern vielmehr aus eigenem freiem Entschluß in unserer Stadt wohnen, ausländische Mitbürger eingeschlossen.

Man darf das wohl heute nach beiden Seiten hin wieder einmal ausdrücklich sagen: daß beide Teile gut fahren, wenn sie gut miteinander auskommen, die Christen und die Stadt. Die Stadt – das ist natürlich nicht etwa nur die Stadtverwaltung, sondern die Gesamtheit des Gemeinwesens – hat in den Christen, den engagierten Leuten der Kirche, gute und verläßliche Mitbürger – das ist wenigstens zu hoffen! – und eben diese Kirchenleute und aktiven Christen aller Art sollten sich darüber klar sein oder notfalls endlich wieder klar werden, daß ihr Gott ihnen nicht die destruktive Kritik an ihrem Staat und ihrer Stadt und nicht die Systemveränderung aufgetragen hat, sondern das, was man früher ehrlich und biblisch ein christliches Bürger- und Staatsbewußtsein nannte.

Was unser Landesbischof und derzeitiger Ratsvorsitzender der Evangelischen Kirche in Deutschland in seiner Pfingstpredigt im Blick auf unseren Staat sagte, gilt genauso für das Verhältnis der Christen zu ihrer Stadt. Der Bischof sagte: »Ich verstehe es schlechterdings nicht, wenn Christen, auch einige Theologen, diesen unseren Staat in die Nähe eines Polizeistaates rücken. Wer das tut, zeigt doch nur eines, nämlich, daß er keine Ahnung davon hat, wie das Leben in einem Polizeistaat aussieht. Staatsverdrossenheit oder Staatsfeindschaft stehen einem Theologen und einem Christen schlecht an. Ich bin dankbar für diesen Staat und für diese Gesellschaft, die uns als Kirche so viel Freiraum geben. Noch nie hatten wir im Staat so viel Freiheit und so gute Partner.«

Das gilt – und ich sage das bewußt hier und mit Dank und Freude – auch für unsere Stadt, für ein gegenseitiges Nehmen und Geben von Rathaus und Kirche. »Suchet – miteinander! – der Stadt Bestes.« Wer das sagt, trägt noch lange nicht die Politik auf die Kanzel, sondern hält sich an das, was in der Bibel steht.

Bloß: Was ist das, »der Stadt Bestes«? Das ist zunächst ganz gewiß vorab der einfache Alltag: Wenn wir etwa jeden öffentlichen Quadratmeter in der Stadt als unser schutzwürdiges, gemeinsames Gut behandeln und verteidigen; wenn wir alles tun, was der Wohlfahrt dient und dem Frieden in unseren Mauern; wenn wir das Überkommene bewahren und das Schöne pflegen.

Aber wir dürfen mit der gleichen Offenheit auch das andere kurz und klar sagen: Das Beste, was einer Bürgerschaft passieren und was sie gewinnen kann, ist die Erkenntnis, daß auch so ein großes Gemeinwesen wie unsere Stadt mit Gott besser fährt. Das Beste – das sind Gottes Ordnungen und wenn man auch im öffentlichen Leben, gar nicht bloß im privaten, darnach fragt, wie man den Respekt vor dem Gebot und den Ordnungen Gottes in ein Stück Bürgersinn und in ein Stück kommunaler Verantwortung umsetzt. Ja gewiß, die Zeiten sind lang dahin, in denen der Rat der Stadt Esslingen auch über Kirchen- und Glaubensfragen beraten und befunden hat. Aber eine Stadt, ihr Rathaus, ihr Stadtrat, ihre Presse, jede Amtsstelle fährt gut damit, wenn sie mithelfen, daß in dieser Stadt der ungestörte Freiraum für Gottes Wort am Sonntag erhalten bleibt, oder wenn die verantwortlichen Vertreter von Stadt und Kirche miteinander reden, wie es bei uns zum Glück der Fall ist, und nicht gegeneinander schweigen oder gar gegeneinander polemisieren. Aber auch dort, wo in den Sachfragen der Stadt Männer und Frauen ihre Entscheidung daran messen, was vor ihrem christlichen Gewissen recht ist, im Umgang mit den öffentlichen Mitteln, in der Sorge für die junge Generation ebenso wie für unsere Kranken und Alten.

»Der Stadt Bestes«. Das Beste, was einem Gemeinwesen widerfahren kann, sind Bürger, die nach Gott fragen und die in ihrer Stadt ihres Gottes Wort weitersagen und den Gehorsam gegen Gottes Gebot anderen lieb machen. Christen können ihrem Land und ihrer Stadt keinen besseren Dienst erweisen als den, daß sie auf den weisen, dessen Namen sie tragen: auf Jesus Christus, auf den, der auch für uns alle Frieden bringt und ausgestreckte Hände in einer Welt der geballten Fäuste. »Jesus, aller Menschen Heil, unserer Stadt ein Gnadenzeichen, unseres Landes bestes Teil, dem kein Kleinod zu vergleichen. Jesus, unser Trost und Hort, sei die Losung fort und fort.«

»Suchet der Stadt Bestes und betet für sie zum Herrn!« Darf ich zum Schluß wohl ganz offen fragen, ob wir schon einmal den Gedanken gehabt haben, für unsere Stadt zu beten? Nicht nur im sonntäglichen Kirchengebet, wo das ja gelegentlich vorkommt, sondern selber, persönlich. Also für die rechten Entscheidungen derer, die die Last der Verantwortung tragen, für die Lösung schwieriger und manchmal notvoller Fragen der Stadt? Natürlich kann man, statt zu beten, auch einen kritischen oder manchmal auch etwas bissigen Leserbrief an die »Esslinger Zeitung« schreiben, und meist wählt man ja wohl eher diesen Weg. Aber man sollte vielleicht doch einmal darüber nachdenken, ob Christen außer der Zeitung nicht noch einen Adressaten haben für ihre Gedanken über ihre Stadt und die verantwortlichen Leute dort – und wenn diese Gedanken auch einmal zu Gebeten werden könnten.

Am heutigen Festtag sind das gewiß vor allem Gebete des Dankes, an diesem Meilenstein der Geschichte, wie es dieser Tag für unsere Stadt ist. Es ist gut, daß wir heute, vor den Höhepunkten des Jubiläumsjahres, zuerst diese Stunde des inneren Durchatmens haben und still und andächtig sein dürfen vor Gottes Angesicht, das eintausendzweihundert Jahre auch auf unsere Stadt gerichtet war. Wir wollen ihm danken, daß Gottes Wort von dieser Stätte hier in zwölf Jahrhunderten nicht gewichen ist; danken, daß unsere Stadt immer wieder überlebt hat, »durch Krieg und große Schrecken, die alle Welt bedecken«, daß Gott gerade unsere Stadt vor dem Bombenkrieg bewahrt hat; danken für allen neuen Wohlstand, für die Bewahrung des Friedens, für die rechten Männer zur rechten Stunde.

Als nach dem gerade auch für Esslingen so furchtbaren Dreißigjährigen Krieg der Westfälische Friede geschlossen war, wurde auch bei uns ein Choral gesungen, der damals entstand, als der Esslinger Bürgermeister Georg Wagner nach dem Friedensschluß aus Osnabrück zurückkehrte. Die Schlußstrophe dieses Chorals soll – wenn auch im Augenblick nicht alle die dort erwähnten Instrumente aus dem 150. Psalm auf einmal erklingen – den Ton auch für diese Stunde des Dankes und der Besinnung unter Gottes Augen angeben: »Herr Gott, wir danken dir, mit Orgeln und Trompeten, mit Harfen, Zimbelschall, Posaunen, Geigen, Flöten; und was nur Odem hat, ertön jetzt für und für: Herr Gott, dich loben wir, Herr Gott, wir danken dir!« Amen.

# Veränderte Menschen – veränderte Verhältnisse

3. Sonntag nach dem Dreieinigkeitsfest          26. Juni 1977

*Lukas 19, 1–10*
»Und er zog hinein und ging durch Jericho. Und siehe, da war ein Mann, genannt Zachäus, der war ein Oberster der Zöllner und war reich. Und er begehrte Jesus zu sehen, wer er wäre, und konnte nicht vor dem Volk; denn er war klein von Person. Und er lief voraus und stieg auf einen Maulbeerbaum, auf daß er ihn sähe; denn allda sollte er durchkommen. Und als Jesus kam an die Stätte, sah er auf und sprach zu ihm: Zachäus, steig eilend hernieder; denn ich muß heute in deinem Hause einkehren. Und er stieg eilend hernieder und nahm ihn auf mit Freuden. Da sie das sahen, murrten sie alle und sprachen: Bei einem Sünder ist er eingekehrt. Zachäus aber trat vor den Herrn und sprach: Siehe, Herr, die Hälfte meiner Güter gebe ich den Armen, und wenn ich jemand betrogen habe, das gebe ich vierfältig wieder. Jesus aber sprach zu ihm: Heute ist diesem Hause Heil widerfahren, denn auch er ist Abrahams Sohn. Denn des Menschen Sohn ist gekommen, zu suchen und selig zu machen, was verloren ist.«

Dies ist die tröstliche Geschichte von dem Menschen, der mit seiner Vergangenheit fertig geworden ist, weil Jesus seine Gegenwart verändert, umgedreht hat. Es kommt alles auf diese Reihenfolge an. Sie ist absolut nicht umkehrbar. Es ist nämlich gerade nicht so, daß der Mann sein Leben gründlich geändert hätte und daraufhin wäre Jesus in sein Leben getreten. Sondern Jesus ruft den übelbeleumundeten Zachäus zu sich und setzt sich an seinen Tisch – und daraufhin ändert sich das Leben dieses Mannes. «Zachäus aber trat vor den Herrn und sprach: Siehe, Herr, fünfzig Prozent meines Einkommens gebe ich den Armen, und wenn ich jemand betrogen habe, das gebe ich ihm vierfältig wieder.» Also heißt die einzig mögliche Reihenfolge:

### Veränderte Menschen – veränderte Verhältnisse.

Davon spricht die Geschichte vom Oberzollrat Zachäus, von der ein Ausleger sagt, sie sei das Konzentrat des ganzen Evangeliums. Jede ihrer drei kleinen Szenen ist ein großer Hauptsatz Gottes.

Über der ersten Szene, der Sache mit dem Maulbeerbaum, steht der Satz: *Ein Mensch sieht Jesus.*

Es steht nicht fest, warum dieser Zachäus eigentlich Jesus sehen wollte. Von einer inneren Sehnsucht, die den Sünder zum Heiland getrieben hätte, steht kein Wort, keine Andeutung da. Es heißt bloß: »Er begehrte Jesus zu sehen.« Das Warum bleibt mindestens zwielichtig.

Und zwar nicht zuletzt deshalb, weil die Geschichte in Jericho spielt. Jericho ist eben kein verträumtes Kreisstädtchen aus der Zeit vor der Kreisreform, mit Amtsgericht, Finanzamt und mittelgroßem Kreiskrankenhaus, sondern eine Stadt, deren Geschichte einem den Atem verschlägt, deren Gesicht steinhart ist.

Jericho, so sagen uns die Archäologen, sei die älteste Stadt der Welt: älter als Babel und Troja, älter als Ur in Chaldäa, älter als die vom Urwald verschlungenen Städte Hinterindiens. An der einzigen südlichen Jordanfurt lag der befestigte Sperriegel Jericho. Durch diese hohle Gasse mußten sie alle kommen, wie die Schiffe durch die Straße von Gibraltar: Heere und Karawanen, Pilger und Flüchtlinge, Schmuggler und Nomaden, Josuas Scharen, die die Mauern Jerichos zum Einsturz brachten, und die Weisen aus dem Morgenland, die hinter dem Stern her zum Christkind zogen. Jerichos Geschichte ist eine endlose Saga des Blutes, des Lasters, der Verschlagenheit – und wer dort Chef des Grenzkommissariats war, der brauchte ein kaltes Herz und eine harte Hand, der mußte so ein kleiner, drahtiger, mit allen Wassern gewaschener Levantiner sein, einer wie – ja, wie Zachäus.

»Der war reich.« Es entsprach dem Steuersystem Roms, daß das Handwerk eines Finanzbeamten seinen Mann zu ernähren hatte. Der Tüchtige brachte es eben weiter als der Gemütvolle. Also mußte Zachäus sehr tüchtig gewesen sein. Er nahm den Gaunern an der Grenze das Geld ab, daß es eine Pracht war. Leider nicht nur den Gaunern. Das war der neuralgische Punkt seines Lebens, daß sein Gott Mammon hieß, Geld.

Warum er bloß Jesus sehen wollte? Vielleicht trieben ihn wenig erfreuliche Motive auf den lächerlichen Hochsitz hinter dem dichten Spalier der Gaffer. Wollte er ihn sehen, um ihn nachher der römischen Staatspolizei anzuempfehlen? »Er begehrte Jesus zu sehen, wer er wäre«, klingt das nicht sehr nach »diesem Mann mal auf den Zahn fühlen wollen«?

Wir wissen es nicht sicher. Weiß man das je einmal sicher, warum ein Mensch in den Bannkreis Jesu gerät? Obwohl er aus gar keiner so kirchlichen Familie stammte und dennoch zum eigenen Glauben gelangt? Wer weiß das je, wenn ein Mensch dorthin geht, wo Jesus vorbeikommt? Warum er auf so einen Maulbeerbaum klettert oder warum er doch wieder einmal in die Kirche geht oder zu einer Abendmahlsfeier hineinsitzt oder zu einem Hausbibelkreis mitging, obwohl laut Einladung ein Gespräch um die Bibel zu befürchten war, oder sogar in so einen komischen Schülerbibelkreis. Man weiß es eigentlich nie, und doch geschieht es, daß Menschen, von denen man es oft kaum gedacht hätte, auf einmal Jesus sehen. Ein Mensch sieht Jesus – das geschieht auch heute noch, auch mitten unter uns.

Der eine sah Jesus vielleicht mitten unter den Scharen einer großen Billy Graham-Evangelisation, die andere an dem Tisch, um den herum ein paar alte Frauen saßen und miteinander gebetet haben, für die Frucht des Wortes Gottes gebetet und für die Prediger des nächsten Sonntags. Wieder ein anderer sah Jesus über dem Studium eines nüchternen theologischen Sachbuchs und der nächste beim CVJM-Zeltlager am Bodensee, wo jetzt vielleicht Jesus gerade zwischen Birnau und Unteruhldingen unterwegs ist. Ob ihn einer sehen wird?

Ein Mensch sieht Jesus – wie, das kann man nicht programmieren. Und im voraus für eine Begegnung garantieren können wir auch nie, nicht einmal, wenn ein ganz berühmter Evangelist spricht. Wir können nur immer demütig auf *unseren* Maulbeerbaum deuten, wo wir Jesus sahen, und sehr schlicht bekennen, daß es um uns geschehen war, als wir ihn sahen – und als er uns sah.

Aber das ist auch schon der zweite und wohl der entscheidende Satz: *Jesus sieht einen Menschen.*

Aber so wie es hier steht: »Und als Jesus an die Stätte kam, sah er auf und sprach zu ihm: Zachäus!« Über all die gestikulierenden Leute hinweg trifft das Auge Jesu ausgerechnet den Oberzollrat in dieser genierlichen Situation da oben. Mit Besoldungsgruppe A 14 auf dem Ast hocken – peinlich!

Aber Jesu Auge findet uns überall. »Ich sitze oder stehe auf, so weißt du es«, heißt es im Psalm. »Und Gott rief Adam und sprach zu ihm: Wo bist du?« – »Nathanael spricht zu Jesus: Woher kennst du mich? Jesus antwortete: Ehe dich Philippus rief, da du unter dem Feigenbaum warst, sah ich dich.« Oder hier: »Zachäus, steig eilend hernieder, denn ich muß heute in deinem Hause einkehren.«

Wir wissen nicht, warum wir dorthin gerieten, wo Jesus vorbeikam. Wir wissen nur, daß sein Auge uns traf wie den Zachäus im Geäst. Auf wen aber das Auge Jesu fällt, um den ist es geschehen, der ist nicht mehr sein eigener Herr – und nicht mehr Knecht der Herren dieser Welt. »Und als Jesus kam, sah er auf und sprach zu ihm: Zachäus!«

Jesus sieht einen Menschen. Er findet und beschlagnahmt die, die er haben will. Auch mitten unter uns, auch uns. Seine Augen gehen durch die Spalierreihen in Jericho, durch die Bankreihen unsrer Kirchen, durch die Häuserreihen unsrer entkirchlichten Städte. Irgendwo sieht er einen: »Ich muß heute in deinem Hause einkehren.«

Jesu Ruf durchbricht alle Spaliere, alle Reihen, alle Schranken, auch wenn es nach unseren Maßstäben noch so unpassend erscheint. »Bei einem Sünder ist er eingekehrt!« so mokierten sie sich damals in den kirchlichen Kreisen Jerichos, bei einem Weltkind schlimmster Sorte, bei einem Kapitalisten, bei einem Polizisten, bei einem Rassisten – so ein Skandal! Aber Jesus geht eben auch dorthin, wo »man« nicht hingeht, in die Villa des reichen, verachteten Zachäus, auf die exklusiven Empfänge der

Prominenz, in die nächtlichen Gassen der Altstadt, ins Offizierskasino, in die Gefängnisse, an die Stehbiertheken, ins Krematorium. Jesus geht in die Kirchen und in die Kämmerlein der Beter und zu den Kirchenfremden, zu verbitterten alten Leuten und zu den ausgeflippten jungen Opfern der Drogen. Jesu Auge fällt immer wieder auf einen unter all denen. Wo aber Jesus einen Menschen sieht, heraussieht und ihn herausruft aus seiner Verlorenheit, da ist diesem Menschen Heil widerfahren, die Rettung für alle Ewigkeit.

Dann aber wird mit dem dritten Satz die Sache mit den geänderten Verhältnissen erst ganz durchsichtig. Er heißt: *Ein Mensch sieht sich.*

Es war gegen alle Etikette, was der Zachäus tat, als er eilend herniederstieg und Jesus in sein Haus aufnahm. Aber mit Jesus muß man sich einlassen, richtig einlassen. Sich unverbindlich über Jesus mal etwas informieren, das geht nicht. Mit Jesus muß man sich persönlich einlassen und ihn in sein Leben hereinlassen, und zwar so, daß er der neue Herr eines Menschenlebens wird.

Wobei die bisherigen Herren unerbittlich entthront werden müssen. Bei Zachäus und bei vielen anderen heißt dieser Herr: Mammon, Geld, Besitz, »mein Sach«. Bei anderen heißt er Macht oder Haschisch oder Reformen; der Götter sind viele. Wo aber im neuen Licht Jesu ein Mensch sich selber sieht, erkennt, da stürzen die anderen Götter. Hier also der Gott des Geldes und des Besitzes. Wohlgemerkt: Hier ist nicht etwa Hab und Gut verschleudert worden. Zachäus bleibt im geltenden Gesellschaftssystem das, was er ist; er behält sein gutes Einkommen, er bleibt Beamter. Der Weg jenes anderen Zöllners im Evangelium, der des Levi Matthäus, der den Beruf und alles aufgab und in die Nachfolge Jesu trat, bleibt die göttliche Ausnahme, die es je und dann gewiß einmal gibt. Aber auch ein Zachäus, der in aller Regel in seinem Beruf und Amt bleibt, kann jetzt nicht mehr ungerührt zusehen, wie es dem Nächsten am Nötigsten fehlt, während er selbst recht vermögensbildende Fortschritte macht.

Darum gibt er spürbare Prozente an die Armen und

Hungernden in Bangladesh und anderswo. »Die Hälfte gebe ich den Armen.« Vor diesen 50% zuckt unsereiner freilich zusammen. Aber wahrscheinlich tut es nicht so unbedingt der Hundertsatz, sondern daß der Götze und Großtyrann Mammon überhaupt vom Herrn zu einem an die Kandare genommenen Knecht wird.

Oft genug wird aber ein Mensch, der sich jetzt selber sieht, dabei nicht darum herumkommen, daß dies auch rückwirkende Kraft bekommt. »Wenn ich jemand betrogen habe, das gebe ich vierfältig wieder.« Wo Jesus Christus der Herr eines Menschenlebens geworden ist, da will auch die Vergangenheit in Ordnung gebracht werden. Man kann sein Gestern nicht ignorieren, wo das Heute durch Jesus anders geworden ist. Unrechtes Gut zum Beispiel kann nicht in dem Hause bleiben, in das Jesus, als der neue Herr eingezogen ist. Man muß es zurückbringen. Und für alte Kränkung muß man dann um Verzeihung bitten, auch wenn solche Worte sehr schwer über die Lippen gehen. Und manche Sünde muß dann vor Gott und nicht selten auch vor Menschen bekannt und gebeichtet werden.

Wo Jesus ist, bereinigt man alte Schuld, indem man sie bekennt und indem man sie vergibt. Ohne eine nach Kräften bereinigte Vergangenheit liegt kein Segen auf einem neuen Heute.

Wo aber ein Mensch umgekehrt ist in die offenen Arme Gottes – und das heißt Buße tun, das heißt Bekehrung –, da ändert sich auch die Welt dieses Menschen, da bekommen seine Mitmenschen etwas davon zu spüren. Wo sich Menschen verändern, da verändern sich auch die Verhältnisse. Umgekehrt geht es einfach nicht. Aus mehr oder weniger gewaltsam veränderten Verhältnissen kamen und kommen niemals veränderte, neue, bessere Menschen.

Wer aber wie Zachäus bei Gott Gnade gefunden hat, kann einfach nicht mehr bleiben, wie er war. Wenn ein Mensch sich im Lichte Jesu neu sieht, dann verändert sich in seinem Leben eine ganze Menge. Und zwar nicht nur für sich privat und höchstpersönlich, sondern das strahlt dann auch auf seine Umgebung aus. »Heute ist diesem Hause Heil widerfahren« – also der ganzen Familie und was so dazugehörte. Es kann für eine ganze Familie oder für ein Haus oder für einen Freundeskreis ein Segen und ein neuer Anfang sein, wenn *ein* Mensch dort von Jesus gerufen worden ist. Wo der eine vom Baum stieg, da ist dem ganzen Hause Heil widerfahren. »Denn des Menschen Sohn ist gekommen, zu suchen und selig zu machen, was verloren ist.«

Vorletzte Woche war ich im Hause des Zachäus, nicht in Jericho, sondern in B., aber das tut ja wenig zur Sache. Das Haus war die große Osterfeldhalle dort oben mit ihren sechshundert Sitzplätzen. Sie war rammelvoll mit lauter jungen Leuten. Und welche Attraktion hatte sie zusammengebracht? Ein Film über Jesus wurde gezeigt, über seinen Erdenweg, seine Passion und – in größter Zurückhaltung – über die Begegnungen der Jünger mit dem Auferstandenen. Vielleicht waren dreißig oder vierzig Erwachsene darunter, aber sonst sah man nur junge Leute zwischen vierzehn und zwanzig Jahren. Offenkundig »begehrten sie Jesus zu sehen, wer er wäre«. Also nicht: ihre Probleme zu diskutieren, nicht: die Gesellschaft zu verändern, nicht: Aktionen zu fordern und politische Stellung zu beziehen, nicht: einem der Musik- und Popgötter von heute zuzujubeln. Sie wollten Jesus sehen.

Es war am Anfang sehr laut im Saal, so laut wie es ist, wenn sich sechshundert normale junge Leute unterhalten. Es wurde dann schon recht still, als ein paar von ihnen auf die Bühne traten und sagten, warum sie zu dem Abend mit dem Jesus-Film eingeladen haben und daß sie es für ihr Teil auch mit Jesus hätten. Als dann aber der Film lief, war kein Laut mehr in dem großen Saal zu hören. Da war Jesus eingekehrt, nur noch Jesus.

Es ist eine große Gnade, wenn man unter den eigenen Abendschatten noch einen Blick in das Haus des Zachäus tun darf, noch dabeisein darf, wenn diesem Hause heute Heil widerfahren ist. Amen.

# Jesus geht vor

5. Sonntag nach dem Dreieinigkeitsfest        10. Juli 1977

*Lukas 14, 25–33*

»Es ging aber viel Volks mit ihm; und er wandte sich und sprach zu ihnen: So jemand zu mir kommt und hasset nicht seinen Vater, Mutter, Weib, Kinder, Brüder, Schwestern, auch dazu sein eigen Leben, der kann nicht mein Jünger sein. Und wer nicht sein Kreuz trägt und mir nachfolgt, der kann nicht mein Jünger sein. Wer ist aber unter euch, der einen Turm bauen will, und sitzt nicht zuvor und überschlägt die Kosten, ob er's habe, hinauszuführen? Auf daß nicht, wenn er den Grund gelegt hat und kann's nicht hinausführen, alle, die es sehen, anfangen, sein zu spotten, und sagen: Dieser Mensch hob an zu bauen und kann's nicht hinausführen. Oder welcher König will sich begeben in einen Streit wider einen andern König und sitzt nicht zuvor und ratschlagt, ob er könne mit zehntausend begegnen dem, der über ihn kommt mit zwanzigtausend? Wo nicht, so schickt er Botschaft, wenn jener noch ferne ist, und bittet um Frieden. Also auch ein jeglicher unter euch, der nicht absagt allem, was er hat, kann nicht mein Jünger sein.«

### Jesus geht vor

Das ist der Angelpunkt, die Mitte dieser harten Worte Jesu. »So jemand zu mir kommt und hasset nicht seinen Vater, Mutter, Weib, Kinder, Brüder, Schwestern, auch dazu sein eigen Leben, der kann nicht mein Jünger sein« – da stockt doch jedem der Atem! Wie das mit dem Hassen zu verstehen ist, werden wir noch sehen. Soviel aber ist sicher: Jesus will vorgehen.

Das heißt nämlich Nachfolge: daß da jemand vorangeht, vor-geht, dem man nachgeht, nachfolgt. Was ist das also, Nachfolge, wenn Jesus vor-geht?

Die erste Antwort heißt: *Nachfolge ist Entscheidung.*

Nachfolge ist das Ende aller Diskussion. Solange man diskutiert, ist die Entscheidung nicht gefallen. Wenn die Entscheidung gefallen ist, braucht man nicht mehr zu diskutieren. Wer aber Jesus nachfolgt, hat sich entschieden. Die Entscheidung bedeutet, daß Jesus nun mein Herr ist. Nicht mein Gesprächspartner, mit dem ich etwaige religiöse Probleme erörtere, sondern mein Herr. Er geht jetzt vor. Also nicht meine Familie geht vor, nicht meine Ehe, nicht mein Glück, mein Beruf, mein Geschäft, sondern Jesus. Wer ihm nachfolgt, kann gewiß verheiratet sein, Familie haben, Glück haben, Erfolg haben. Aber dies alles, »Vater, Mutter, Weib, Kinder, Brüder, Schwestern, und dazu sein eigen Leben«, das kommt jetzt, an Jesus gemessen, erst in zweiter Linie. Jesus geht vor.

Das ist eine harte Sprache. Aber sie verhindert jede Unverbindlichkeit im Umgang mit Jesus, im Glauben an Gott. Gott ist nicht unverbindlich. Gott ist kein Feierabendhobby, und die Nachfolge Jesu ist kein altschwäbischer Strickstrumpf, an dem man gelegentlich weiterstricken kann, wenn man gerade Zeit und Lust hat. Jesus geht vor. Er will, daß wir andere Bindungen hintanstellen, wenn es um die Bindung an ihn geht. »Hintanstellen« trifft bestimmt die Sache besser als das harte Wort hassen. Vater und Mutter hassen, das heißt nicht: mit möglichst gehässigen Gedanken an die Eltern denken, sondern das bedeutet: alles und alle, auch zum Beispiel die Eltern, dann hintanstellen, wenn es um Jesus geht. Das vierte Gebot will Jesus darum sicher nicht aufheben. Aber er geht vor.

Vor diese Entscheidung stellt uns Gottes Wort hier. Nachfolge ist Entscheidung, darum kommt keiner herum. »Also auch ein jeglicher unter euch, der nicht absagt allem, was er hat, kann nicht mein Jünger sein.« Das heißt normalerweise nicht, daß jeder Christ ein mönchisches Leben der Besitzlosigkeit führen soll. Aber es heißt, daß Jesus uns aufruft, um seinetwillen alles das an die zweite Stelle zu rücken, was wir nach aller Welt Lauf in Gefahr sind die erste Rolle spielen zu lassen: Eltern, Ehe, Familie, Vermögensbildung, Aufstieg im Beruf, Gesundheit, guter Ruf, mit der Mehrheit konform gehen, es mit niemandem verderben wollen, die Fahne in den Wind der Zeit hängen und so fort. Jesu Weg führt oft genug gegen den Strom, gegen den Wind der Zeit. Er sucht Nachfolger, die ihn vorgehen lassen und die all das andere hintanstellen. »Gib, daß ich nichts achte, nicht Leben noch Tod, und Jesus gewinne: dies Eine ist not.«

Es bedeutet mehr als bloß private, persönliche Entscheidungen, wenn Jesus vorgeht. Unsere Zeit hallt wider von den Lautsprechern und Trommeln der großen Verführungen, der Massenbewegungen mit ihrer Propaganda, der Ideologien, der Geister und Götter, deren Namen auf -ismus enden, wie Marxismus, Leninismus, Sozialismus, Faschismus, Antirassismus und so weiter. Sie alle wollen den Menschen mit Leib und Seele beschlagnahmen und zu bedingungslosen Mitmarschierern machen. Sie verlangen, daß man mit ihnen konform geht und sich mit ihren Zielen und ihren Marschkolonnen solidarisch erklärt.

Jesus aber – und das kann für uns eine ernste Sache werden! – ruft uns zum Gegenteil auf: daß wir uns mit den Fahnen, Kolonnen, Ideologien, Parolen dieser Welt gerade *nicht* solidarisieren und daß wir uns ausdrücklich *nicht* integrieren, zu deutsch: einflechten, in die Massenbewegungen der Welt, gerade nicht den breiten Weg der Vielen gehen, sondern seinen schmalen Weg, den nur wenige finden. Jesus ruft uns auf, uns von den sogenannten Gruppen zu lösen, die unsere Meinung machen und unsere Seele kneten wollen, und dafür ihn vorgehen zu lassen. Das ist eine schwere, heute ganz unpopuläre Entscheidung. Aber Nachfolge ist Entscheidung.

Nicht der Mensch geht vor und nicht die Gesellschaft, nicht die Revolution und nicht die Tradition, nicht die Grundwerte und nicht die Ideologien gehen vor. Jesus geht vor.

Das kann uns unter harten Druck bringen. »Wer nicht sein Kreuz trägt und mir nachfolgt, der kann nicht mein Jünger sein.« Wir dürfen uns darüber nichts vormachen, daß es noch nie Popularität eingebracht hat, wo es ein Mensch mit der Nachfolge Christi, mit dem unentwegten Vorrang ernstgenommen hat. Geht uns Jesus vor? Wir kommen um die Entscheidung nicht herum. Nachfolge ist Entscheidung. »Also auch ein jeglicher unter euch, der nicht absagt allem, was er hat, kann nicht mein Jünger sein.«

Was ist Nachfolge, wenn Jesus vorgeht? Die zweite Antwort ist nur scheinbar fast die gleiche wie die erste. Sie heißt: *Nachfolge ist Einzelentscheidung.*

Da ist nun die Sache mit den beiden kleinen Gleichnissen, die Geschichte mit dem König, der für einen Krieg rüstet, und die von dem Mann, der einen Turm bauen will. Der Turm ist sicher kein Aussichtsturm wie droben auf der Alb oder gar wie ein alter Esslinger Torturm – wer baut schon privat derlei Türme? –, sondern das ist so ein kleiner Geräte- und Wachturm im Weinberg, ein besseres Ausguck- und Unterstehhäusle für den Wengertschütz. Immerhin, kosten tut's auch was, und einen Kostenvoranschlag muß man auch da machen, ob's nicht zu teuer wird: »...und überschlägt die Kosten, ob er's habe, hinauszuführen«.

Das aber will sagen: Nachfolge Jesu ist für menschliches Kalkül ein Wagnis, das man sich gut überlegen soll, ob man es damit ernst meint. Natürlich ist deshalb die Nachfolge Jesu noch lange nicht berechenbar wie der Häuslesbau eines ordentlichen Schwaben, der seinen Bausparvertrag, sein Sparbuch und das Erbe von der Tante addiert, falls sie mal stirbt. Im Gegenteil, Nachfolge Jesu ist voller Unwägbarkeiten – ein Leben lang! Aber gerade deshalb soll man sich ernsthaft darüber klarwerden, ob man das ernst meint, daß Jesus immer vorgeht und daß damit die Heilige Schrift in allen Fragen der gültige Maßstab der Leute Gottes gegen alle Normen der Welt ist und daß man nicht unter dem Dach der Mehrheit mit untersteht, sondern sich oft genug in der Minderheit befindet, wo einem der Wind der Zeit ins Gesicht bläst. Das muß jeder für sich einzeln entscheiden. Nachfolge ist kein Mehrheitsbeschluß, sondern immer meine Einzelentscheidung – und die Ihrige auch.

Wer sich nun die Sache mit Gott so ernsthaft überlegt wie der Mann mit dem Turm im Gleichnis oder wie der

König mit seinem Kriegszug, der kommt dennoch nicht soweit, daß er dann auch für die Stabilität seiner Nachfolge garantieren könnte. Das kann keiner. Aber er wird sich dabei darüber klar, daß Nachfolge Jesu kein Intermezzo des Lebens ist, keine Ehe auf Zeit, sondern daß Nachfolge lebenslänglich ist. »Ob er's habe, hinauszuführen«, das stellt eindeutig die lebenslange Nachfolge vor Augen.

Die Entscheidung zur Nachfolge ist also auf jeden Fall – und gerade dies ist wichtig! – immer eine Entscheidung des einzelnen. Man muß da schon beim Eingangssatz genau hinhören! Es heißt da: »Es ging viel Volks mit Jesus, und er wandte sich und sprach zu ihnen: So jemand zu mir kommt und hasset nicht sein eigen Leben, der kann nicht mein Jünger sein.« Das ist außerordentlich auffällig. Denn in aller Welt und nach der Psychologie aller Propaganda würde der Satz so heißen müssen: »Es ging viel Volks mit ihm, und er sprach zu den Massen: Kommt zu mir! Wenn ihr auf mich hört, dann seid ihr auf dem Weg in die bessere Zeit« ... und so fort. Jeder andere würde *so* fragen: »Wollt ihr mit mir der neuen Zukunft entgegengehen?« – so wie einst Dr. Goebbels, den die Alten unter uns noch im Ohr haben: »Wollt ihr den totalen Krieg?« In dieser Welt wird nämlich immer an die Masse, an die Vielen, an die Gruppe appelliert, die man aufruft.

Es kann gar nicht Gewicht genug auf die Waagschale gelegt werden, daß Jesus nicht per »ihr« redet, sondern den einzelnen anspricht. Angesichts der Volksmassen, die ihm nachgelaufen sind, wendet er sich entgegen aller Kunst der Propagandisten unverzüglich an den einzelnen, als ob die Scharen der Leute gar nicht da wären: »So jemand zu mir kommt...«, ganz wörtlich übersetzt heißt es: »Wenn einer zu mir kommt...« Das ist von großem Gewicht! Jesus wendet sich nicht an Massen und nicht an Gruppen. Er will keine Nachfolger als Ergebnis von sogenannten Gruppenprozessen, wie das gefährliche Zauberwort unserer Zeit heißt, sondern er sucht Nachfolger, die sich bewußt zu ihrer persönlichen Einzelentscheidung durchgerungen haben, oft genug ausdrücklich gegen die Gruppe, in der sie sich befinden und in der man ihnen aufschwätzen will, die Gruppe müsse doch einig sein. Jesus spricht den einzelnen an und ruft ihn heraus, ausdrücklich heraus aus dem breiten Weg der Massen, aus der Gruppe, die ihn in eine angebliche gemeinsame Gruppenentscheidung hineinmanipulieren will. Jesus mutet uns zu, daß wir aus unseren Gruppen ausscheren. Nachfolge ist Einzelentscheidung. Nur die Einzelentscheidung führt dann in die Gemeinschaft der von Jesus in die Nachfolge Gerufenen, in die Gemeinschaft der Gläubigen.

Dann aber beginnt Nachfolge mehr und mehr zu einer großen, stillen Freude zu werden, zu einem Stücklein Dank der Getrösteten, derer, denen Jesus gesagt hat: »Freuet euch, daß eure Namen im Himmel geschrieben sind!«

Zum Schluß bleibt noch eine Frage, wenn wir über das Gleichnis vom Turmbauen nachdenken und ob man auch »habe, es hinauszuführen«. Es ist die Frage derer, die keinen Turm mehr bauen, weil sie keine Vorschau mehr halten, sondern nur noch Rückschau, weil die Abendschatten über ihrem Leben lang geworden sind. Nicht wenige von denen, die in den Kirchenbänken sitzen, gehören zu ihnen, und später oder früher kommen alle dahin. Nämlich dahin, wo alle Versuche, einen Turm zu bauen, also: mit der Nachfolge Jesu ernst zu machen, an ihrem Ende angelangt sind und wo alle Wege eines Lebens mit Jesus fast bis zu Ende abgeschritten sind. Herr, was ist es nun in deinen Augen mit meinem kleinen, armen Versuch, ein Leben zu führen, in dem du vorgehen solltest und in dem ich dir nachfolgen und dir dienen wollte? Ich begreife es kaum, daß es jetzt schon dem Ende zugeht. Herr, wirst du mir dann gnädig und barmherzig sein, wenn es vollends soweit ist? »...zu dir zurück wir bringen die anvertraute Zeit.« Herr, du solltest vorgehen in meinem Leben, aber du mußt mir so viel vergeben, wo es leider oft ganz anders war.

Herr, jetzt baue ich keinen Turm mehr. »In deine Hände befehle ich meinen Geist.« Amen.

# Den Frieden erlangen, der nicht siegen muß

18. Sonntag nach dem Dreieinigkeitsfest   9. Oktober 1977

*Matthäus 5, 38–48*
»Ihr habt gehört, daß da gesagt ist: ›Auge um Auge, Zahn um Zahn.‹ Ich aber sage euch, daß ihr nicht widerstreben sollt dem Übel; sondern, wenn dir jemand einen Streich gibt auf deine rechte Backe, dem biete die andere auch dar. Und wenn jemand mit dir rechten will und deinen Rock nehmen, dem laß auch den Mantel. Und wenn dich jemand nötigt eine Meile, so gehe mit ihm zwei. Gib dem, der dich bittet, und wende dich nicht von dem, der dir abborgen will.

Ihr habt gehört, daß gesagt ist: ›Du sollst deinen Nächsten lieben und deinen Feind hassen.‹ Ich aber sage euch: Liebet eure Feinde; segnet, die euch fluchen; tut wohl denen, die euch beleidigen und verfolgen, auf daß ihr Kinder seid eures Vaters im Himmel. Denn er läßt seine Sonne aufgehen über die Bösen und über die Guten und läßt regnen über Gerechte und Ungerechte. Denn wenn ihr liebet, die euch lieben, was werdet ihr für Lohn haben? Tun nicht dasselbe auch die Zöllner? Und wenn ihr nur zu euren Brüdern freundlich seid, was tut ihr Sonderliches? Tun nicht dasselbe auch die Heiden? Darum sollt ihr vollkommen sein, gleichwie euer Vater im Himmel vollkommen ist.«

Wenn man nach diesen umwerfenden Regeln Jesu die Welt regieren wollte, dann gäbe das ein vollendetes Chaos, wogegen das derzeitige Treiben verblendeter Chaoten harmlos zu nennen wäre. Soll man denn den mörderischen Terroristen und Geiselnehmern nach dem Grundsatz begegnen: »Und wenn dich jemand nötigt – nötigt, also mit Gewalt zwingt – eine Meile, so gehe mit ihm zwei. Und wenn dir jemand einen Streich gibt auf deine rechte Backe, dem biete die andere auch dar«? Ist das etwa Gerechtigkeit? Ist das das Rezept, unsere Welt zu verändern?
190

Jesus ist nicht gekommen, die Welt zu verändern, sondern Menschen zu verändern. »Tut Buße!« ruft Jesus, wörtlicher übersetzt: Ändert eure Herzen, verändert eure Gesinnung! Nirgends gebietet das Neue Testament den Leuten Jesu, der Kirche, auf eine Veränderung dieser Welt hinzuwirken. Umsomehr aber predigt die Heilige Schrift, daß *wir* uns ändern, uns bekehren und für uns ganz persönlich diese fast unheimlichen Worte Jesu übernehmen und dadurch den Frieden gewinnen sollen, den Frieden, der von oben kommt.

**Den Frieden erlangen, der nicht siegen muß**
– das ist der Kernpunkt dieser hochberühmten Sätze aus der Bergpredigt.

Jesus zeigt uns diese paradoxe Wahrheit in zwei Schritten. Der erste Schritt heißt: *Hinnehmen, nicht zurückschlagen.*

Es ist gerade bei diesen radikalen Worten Jesu aus Matthäus 5 unerläßlich, sich zu vergegenwärtigen, daß Jesus diese Bergpredigt gerade nicht für alles Volk, sondern für seine Jünger gehalten hat. Im Evangelium steht, daß eine Menge Leute Jesus nachgelaufen waren, nachdem er allenthalben gepredigt hatte und besonders durch seine Krankenheilungen in aller Mund war. Aber dann heißt es da im Einleitungssatz zur Bergpredigt: »Da er aber das Volk sah, ging er auf einen hohen Berg und setzte sich; und seine Jünger traten zu ihm. Und er tat seinen Mund auf, lehrte sie und sprach . . .«

Jesus hatte sich für die Bergpredigt zurückgezogen, sich von den Volksscharen entfernt: Er ging auf einen Berg hinauf. Das tut niemand, der am Berg zu einer Menschenmenge reden will, weil die Leute sich dann das Genick verrenken müßten, sondern er stellt sich unten an den Hang. Und er stellt sich dorthin, aber er setzt sich nicht wie Jesus. Jesus aber hat sich oben auf dem Berg hingesetzt und seine Jünger gelehrt. Die Bergpredigt ist also an die Nachfolgergemeinde Jesu, nicht an die Welt gerichtet.

Natürlich haben sich dann aus dem wartenden Volk einige auf die Suche nach dem weggegangenen Wundertäter gemacht und ihn oben auf dem Berg, inmitten der zwölf

Jünger sitzend, entdeckt. Sie haben dann fast konsterniert mit zugehört, und von ihnen heißt es am Schluß der Bergpredigt, daß sie erschrocken, ja »entsetzt« waren über die Worte Jesu, wie er seine Jünger zum Beispiel mahnte, nicht den breiten Weg der Vielen, der Massen, sondern den schmalen Weg der Wenigen zu gehen.

Jesu Bergpredigt lehrt mit unmißverständlicher Konsequenz, daß die Tagesordnung der Welt nicht die Tagesordnung der Kirche ist. In der Gemeinde Jesu geht es um andere Grundregeln, um andere Grundwerte, um einen anderen Frieden als um den, wie ihn die Welt propagiert.

Der Weg zu diesem Frieden, dem Frieden der Herzen, dem Frieden, der von oben kommt, ist ein ganz ungewöhnlicher Weg, und wir wollen nicht darum herumreden, daß dieser Weg oft schwer ist für die, die ihn gehen.

Eine ausgesprochen unpopuläre Fundamentalregel Jesu lautet: Hinnehmen, nicht zurückschlagen. Davon reden die berühmten Sätze Jesu: »Ich sage euch, daß ihr nicht widerstreben sollt dem Bösen« und dann also die unglaubliche Sache mit der rechten und der linken Backe – und: »Wenn jemand will deinen Rock nehmen, dem laß auch den Mantel.« Und »liebet eure Feinde, tut wohl denen, die euch hassen«. Wie will man denn damit in der Welt zurechtkommen?

Eben nicht in der Welt, sondern in der Gemeinde der Leute Jesu soll das gelten. Die Bergpredigt gibt an keiner Stelle Normen für die Kirche, um in den Problemen, Händeln, Nöten und Umwälzungen dieser Welt mitzureden, mitzumischen. Dies geht eben nicht. Die Kirche hat keinen weltpolitischen und keinen gesellschaftspolitischen Auftrag, sondern den Auftrag, die Botschaft von der anderen Gerechtigkeit und von dem anderen Frieden, »nicht wie ihn die Welt gibt«, auszurufen und so Seelen für Christus und sein Reich zu retten.

Nur in ein paar wenigen Strichen können wir das jetzt andeuten, fast nur in Schlagworten, weil wir dafür eben nur den schmalen Raum einer kleinen Sonntagspredigt zur Verfügung haben.

Hinnehmen, nicht zurückschlagen – nicht einmal nach

dem äußerst maßvollen Rechtsgrundsatz »Auge um Auge, Zahn um Zahn« soll es gehen. Diese Fundamentalregel des Rechtes schlösse ja alles dreifache Heimzahlen – *so* sagen und denken wir doch! – aus und verlangte die Verhältnismäßigkeit der Rechtsprechung. Aber Jesus sagt nein zum allgemeinen Rechtsempfinden und verlangt von seinen Jüngern etwas kaum Erträgliches: daß sie das Unrecht hinnehmen und ihr gutes Recht nicht fordern. »Ich aber sage euch, daß ihr nicht widerstreben sollt dem Bösen.«

Also nicht kontern, wo sie unwahre Dinge über mich, über Sie verbreiten, sondern »gib, daß ich meinen Feind mit Sanftmut überwind«. Nicht »dem mal den Standpunkt klarmachen«, sondern schlucken. Nicht die Galle überlaufen lassen, sondern das Herz des Jüngers.

Und die Sache mit der rechten Backe und dem Rock, daß wir erniedrigt werden und daß man uns das Letzte nimmt: Das heißt doch gar nichts anderes als das Unrecht hinnehmen und durchaus keinen Kampf führen gegen die Unrechtsstrukturen, keinen Aufstand gegen Ausbeutung und Ungerechtigkeit, keinen Kampf um Befreiung vom Unrecht. So etwas mutet Jesus uns zu: Hinnehmen, nicht auf die Barrikaden gehen!

Ein Christ ist nicht dabei, und die Kirche ist nicht dabei, wo man zurückschlägt und sich notfalls mit Gewalt gegen das angetane Unrecht zur Wehr setzt, weder bei uns, noch in Afrika, noch in Rußland. Unsere gepeinigten russischen Mitchristen rufen nicht nach einem Befreiungskomitée für ihre gefangenen und gemarterten Brüder und Schwestern, sondern sie rufen uns zur Fürbitte, ausdrücklich nur zur Fürbitte auf. Wo man aber zum Befreiungskampf aufruft, da ist die Gemeinde Jesu nicht dabei – oder sie verleugnet ihren Herrn. Und wo man ihnen buchstäblich das Hemd vom Leib nimmt, »dem laß auch den Mantel«. Welch ein Herr, der seinen Jüngern das an den Kopf wirft, ihnen so etwas zumutet! Ja, das sagt Jesus zu uns.

Jesus sagt nein zur Vergeltung, nein zum revolutionären Kampf gegen die Ungerechtigkeit in der Welt. Gottes Wort steht gegen jede sogenannte Theologie der Revolution. Er sagt dagegen etwas, was wir schier nicht ertragen können: »Liebet eure Feinde, bittet für die, so euch beleidigen«, also: Betet für eure Gegner, Übervorteiler, Peiniger, Unterdrücker, liebet eure Klassenfeinde! Mit der Bergpredigt sagt Gott nein auch zum politischen Klassenkampf. Sie schlägt uns alles das aus der Hand, was man Befreiung und Kampf gegen die Unrechtsstrukturen nennt. Jesus sagt: Hinnehmen, nicht zurückschlagen!

Man muß es ganz klar so sagen: Jesus lehnt nicht das Unrecht ab, sondern das Recht. Er sagt ganz gewiß nein zum Unrecht, wenn ich es tue, und ja zum Recht, das ich nach Gottes Ordnung tun soll, das ist klar. Aber er sagt nein zu dem Recht, das ich fordere und das ich mir notfalls erkämpfe. Jesus sagt ja zu dem Recht, das ich tun soll, und er sagt nein zu dem Recht, das ich durchsetzen will. Er lehrt mich und Sie, daß ich nicht meine oder andrer Leute Menschenwürde zum Maßstab machen soll, sondern allein die Ehre Gottes und daß ich ihm, meinem Gott, zutrauen soll, daß er meine Sache führen und dabei auch Menschenherzen wie Wasserbäche lenken wird. »Ihm hab ich heimgestellt mein Leib, mein Seel, mein Leben und was er sonst gegeben; er mach's, wie's ihm gefällt.«

Es geht hier also nicht um die blasse Magermilch dessen, was man eine Ethik des Christentums nennt. Sondern es geht hier in allen Stücken um unser persönliches, neues Verhältnis zu Gott. Wo sich ein Mensch durch den Ruf Jesu innerlich ganz umkehrt und sich ihm als seinem Herrn übergibt, da wird diesem anders gewordenen Menschen das Wort seines Herrn nicht mehr zur Last, sondern zur neuen Freude, zum Frieden des Herzens, zu dem Frieden, der nicht zuerst siegen muß, um Friede zu sein. Jesus will nicht die Verhältnisse und die Strukturen verändern, sondern Menschenherzen. Denn bei ihm allein ist Rettung und Heil.

Den Frieden erlangen, der nicht siegen muß. Der zweite Schritt dazu heißt: *Die kleinen Dinge tun, um den großen Frieden zu erlangen.*

»Liebet eure Feinde. Gib dem, der dich bittet. Wende dich nicht von dem, der dir abborgen will.« Nein, einfach ist das alles gewiß nicht, und wo ein Christ ein wenig danach lebt, ist's sicher immer eine kleine Sache, die die Welt nicht bewegt. Aber wo Jesus einen Menschen anders macht, da wird immer auch ein Stücklein Welt anders. Nie »die Welt«; die Welt wird erst anders, wenn Gott sie am Ende der Tage neu, ganz neu macht. Aber ein Stückchen Welt wird anders, lebenswerter, wo ein Mensch nach dem Wort seines Herrn zu handeln sich bemüht, auch jetzt schon ein Stückchen anders, solange Gott noch »die Sonne aufgehen läßt über die Bösen und über die Guten«.

Das bedeutet aber, daß Gott beiden noch Frist gibt, Gnadenfrist, Tag um Tag und uns mit jedem Sonnenaufgang neu seine Gnade zuwendet, uns heute neu in seine Arme zu bergen. Welch ein Geschenk seiner Barmherzigkeit!

Solange haben wir Frist, die kleinen Dinge der Liebe zu tun, ein wenig anders zu sein als diese Welt es will und tut, ein wenig mehr Liebe zu üben, ein wenig mehr Frieden zu haben. Und eben das ist Jesu gute Botschaft, daß er uns lehrt: Ihr braucht nicht das Große zu vollbringen, ihr müßt nicht erst das Unrecht der Welt beseitigen, ehe ihr anfangen dürft, das Rechte zu tun; ihr müßt nicht erst den Sieg erringen über die Mächte des Unfriedens, ehe ihr in mir Frieden findet, meinen Frieden. Wo ich bin, da ist Frieden mitten unter euch.

Denn das ist doch die Kehrseite alles irdischen Friedens, daß man immer erst andere besiegen muß, ehe Friede ist – seit die alten Römer das die staunende Welt gelehrt haben. Wenn Cäsar zum Beispiel über die gallischen Stämme herfiel, dann nannte er das pacare, zu deutsch: befrieden, und als schließlich ganz Gallien am Boden lag, da war Gallien befriedet. Die Pax Romana, den römischen Frieden, nannten sie das, und davon haben alle Friedensbringer gelernt. Friede ist dann, wenn die anderen alle besiegt und einverleibt sind, sei es durch Krieg, sei es durch den nächsten Schub der kommunistischen Weltrevolution. Die Idee ist immer dieselbe: Friede durch Niederwerfung.

Jesus bringt den anderen Frieden, seinen Frieden, der nicht zuerst siegen muß, der dort anhebt, wo ein Mensch nach dem Wort seines Herrn anfängt, im Kleinen darnach zu tun, und dabei weiß, daß sein Herr das Große, das Weltumwälzende gar nicht sucht. Das Große, das tut der Herr dann selbst. Wer aber ja sagt zum kleinen Gehorsam gegen Jesu großes Wort, wer vielleicht ein paar Menschen innerlich geholfen hat auf einem schweren Stück ihres Lebenswegs, ein paar besucht und mit ihnen gebetet hat, nicht diskutiert, ein paar geliebt, ein paar zu Jesus gewiesen hat, oder wer einmal getrost den kürzeren gezogen und seinem Herrn alles anheimgestellt hat, der findet den Frieden mitten in der äußerlichen Niederlage, der kann getröstet die Hände falten, weil er ja gar nicht zuerst siegen muß, um den Frieden Gottes zu erlangen.

Jesu gute Botschaft macht den froh, der umkehrt von den falschen Auftraggebern, die ihn aufstachelten, die Schlacht um den Frieden, also die Veränderung der Welt und der Gesellschaft, mit durchzufechten, dem aufgegangen ist, daß er aus dem Unfrieden und aus dem Kämpfen, ja aus dem Hassen nicht mehr herauskam und wie er bei der Rückkehr zur Bergpredigt, zum Evangelium Jesu den Frieden gefunden hat, einfach dadurch, daß er diese Wahrheit begriff: Die kleinen Dinge tun, um den großen Frieden zu erlangen. Dieser Friede ist keine Pax Romana, die erst nach irgendeinem Endsieg kommt, sondern er ist schon Gegenwart mitten im Unfrieden der Welt, mitten unter uns, mitten in einem sonst so friedlosen Menschenherzen.

Wer die kleinen Dinge nach dem Wort seines Herrn tut, der wird – und dies ist ein wunderbares Geheimnis – »vollkommen, gleichwie euer Vater im Himmel vollkommen ist«. Diese Vollkommenheit ist nicht göttliche Unfehlbarkeit, sondern sie ist die ganze Hinwendung des Herzens darauf, daß Jesus alles neu macht, Hinwendung zum Reich Gottes. »Ihr werdet vollkommen sein, gleichwie euer Vater im Himmel vollkommen ist«, daß heißt: In mir seid ihr der neuen Welt Gottes zugewandt, in der euer Vater im Himmel die Mitte der kommenden neuen Welt ist. Vollkommen sein, das heißt, dem Neuen, dem Kommenden zugewandt sein. Das ist der wunderbare »Friede Gottes, der höher ist als alle Vernunft«. Amen.

# Ohne Heimkehr kein Vaterhaus

*2. Korinther 6, 14–7, 1*
»Ziehet nicht am fremden Joch mit den Ungläubigen.
Denn was hat die Gerechtigkeit zu schaffen mit der Ungerechtigkeit? Was hat das Licht für Gemeinschaft mit der
Finsternis? Wie stimmt Christus mit Belial? Oder was für
ein Teil hat der Gläubige mit dem Ungläubigen? Was hat
der Tempel Gottes gemein mit den Götzen? Wir aber sind
der Tempel des lebendigen Gottes; wie denn Gott spricht:
›Ich will unter ihnen wohnen und wandeln und will ihr
Gott sein, und sie sollen mein Volk sein.‹ Darum ›gehet
aus von ihnen und sondert euch ab‹, spricht der Herr; ›und
rühret kein Unreines an, so will ich euch annehmen und
euer Vater sein, und ihr sollt meine Söhne und Töchter
sein‹, spricht der allmächtige Herr.
Weil wir nun solche Verheißungen haben, meine Lieben, so lasset uns von aller Befleckung des Fleisches und
des Geistes uns reinigen und die Heiligung vollenden in
der Furcht Gottes.«

»Verbrennt eure Ehrenurkunden und Auszeichnungen,
ihr stolzen Leute! Ehrentitel sind für einen Christen eine
Beschmutzung und Schändung... Und ein Christ wird
seine Kinder auch nicht aufs Gymnasium schicken. Mache
kein Abitur, sinne nicht auf solche Dinge, die vor Gott ein
Greuel sind!... Höre endlich auf mit deinem Luderleben
und wirf deinen Fernseher weg, du elender Götzendiener.
... Die Pfaffen und Priester sind die schlimmsten. Da ist
die Bader-Meinhof-Gruppe noch harmlos dagegen. Darum wehe euch, ihr Predigergesindel, inwendig seid ihr
Schweine... Sehr verweltlicht sind auch Billy Graham und
Anton Schulte.«
Ich traute meinen Augen nicht, in bezug auf das, was da
in einem Blättchen mit dem Titel »Glaubensnachrichten«

zu lesen war! Und dann noch dieser heutige Predigttext! »Ziehet nicht am fremden Joch mit den Ungläubigen. Darum gehet aus von ihnen und sondert euch ab, spricht der Herr.« Läuft das, was dort in der Bibel steht, in der Sache darauf hinaus? »So spricht der Herr…«?

Spricht er wirklich so? Was will dieser Text sagen, über den wir heute in der Predigt miteinander nachdenken? Will er uns zerschmettern, wie es dieses eifernde und zum Teil geifernde fromme Blättchen tut, oder was will Gottes Wort?

Wir wollen nicht darum herumreden: Dies ist ein ernster Bibelabschnitt. Er ist ein Ruf zur Umkehr, und darum paßt er auch sehr wohl jetzt in die Passionswochen. Vielleicht kommt bei uns dieser Ton im biblischen Wort allmählich ohnehin zu kurz.

Sein Thema könnte man wohl so zusammenfassen:

**Ohne Heimkehr kein Vaterhaus.**

Denn was nützte ein Vaterhaus, in das wieder heimzukehren ein Mensch sich nicht entschließen wollte?

Ins Vaterhaus heimkehren – was müssen wir dazu tun? Die erste Antwort unseres Bibelabschnitts lautet: *Gott will unsere Trennung von den Göttern.*

»Wie stimmt Christus mit Belial?« Belial ist ein spätjüdischer Name für den Teufel und er bedeutet hier soviel wie Antichrist, und es geht darum, daß das Widergöttliche auf keinen Fall mit Gott in Einklang zu bringen ist. Christus stimmt eben nicht mit Belial, um alle Welt nicht – stimmen im musikalischen Wortsinn, zusammengestimmte Instrumente. Wörtlich aus dem griechischen Urtext übersetzt heißt das in großartiger Bildhaftigkeit so: Wie soll es zwischen Christus und dem Antichristus, zwischen Gott und den Göttern eine Symphonie geben? Das geht sowenig, wie es zwischen der IX. Symphonie unter Karajan und einer marokkanischen Musik der Gaukler auf dem Markt von Marrakesch möglich wäre. Das geht einfach nicht.

Aber das hat dann für uns und für die Kirche handfeste Folgerungen, darüber muß man sich klar sein, auch wenn uns dann dieser Bibeltext sehr mißfällt und mir zum Beispiel gar nicht in manches Konzept paßt. Man kann aber nicht Gott dienen, nicht Gottes Werk treiben und zugleich die Geschäfte der Welt besorgen. Ein Christ kann nicht der Bibel trauen und der Mao-Bibel, dem Evangelium und dem kommunistischen Manifest, der Bergpredigt und dem berüchtigten Quebec-Papier der »Christen für den Sozialismus«. Man kann nicht zugleich Gottes Gebote heilig halten und zur Fristenlösungsberaterin laufen, nicht zugleich zur Bibel und zur Droge oder zugleich zum Gebet und zum magischen Pendel greifen. Man kann nicht eine christliche Ehe führen wollen und einen Atheisten oder einen Moslem heiraten. Man kann seine Freunde nicht in der Gemeinschaftsstunde und im Club Voltaire oder unter den Freidenkern haben. Es geht nicht, »es tut kein gut«, wie man auf schwäbisch sagt.

Und genausowenig kann sich die Kirche in die Händel der Welt einflechten und zugleich Gottes Werk treiben. Man kann nicht den gleichen Talar am Abendmahlstisch und bei der militanten Demonstration gegen ein Atomkraftwerk tragen, nicht eine politische Partei als kirchlicher Amtsträger unterstützen oder gar umgekehrt. Man kann nicht die Freiheit eines Christenmenschen predigen, zu der uns Christus freimacht, und zugleich mit gewalttätigen nationalen Befreiungsbewegungen sympathisieren oder gar paktieren. Es geht nicht, »es tut kein gut«. Gott läßt in einer Kirche, die hier eine Symphonie herstellen will, keine geistliche Erweckung, keinen evangelistischen Aufbruch mehr zu. »Was hat das Licht für Gemeinschaft mit der Finsternis? Wie stimmt Christus mit Belial?«

Man kann sich nicht mit der Welt anfreunden und zugleich singen: »Hab ich das Haupt zum Freunde und bin geliebt bei Gott«. Gott sucht Entscheidungen, also Scheidungen, Gott sucht unsere Umkehr, die zugleich Abkehr ist von den Götzen und den Mächten, von den Masken und den Massen dieser Welt. Gott will unsre Trennung von den Göttern, von den Idolen der Welt.

Was Paulus hier schreibt, das ist nur eine Version dessen, was Jesus in der Bergpredigt, in dieser Proklamation seines Grundgesetzes für seine Jünger, mit dem für seine Gemeinde, seine Kirche grundlegenden, aber heute in der

Kirche anscheinend ziemlich aus dem Verkehr gezogenen Bild vom breiten und vom schmalen Weg sagt. Die beiden Wege, der breite Weg der Vielen, der Massen, und der schmale Weg der Wenigen können unter keinen Umständen beide begangen werden.

Diese Wahrheit Gottes aber ist ein eindeutiges Nein Jesu und überhaupt der Bibel zu drei großen Schlagworten unserer Zeit, die gerade heute auch durch die Kirche geistern und manchmal auch poltern. Diese drei Schlagworte – natürlich sind es Fremdworte – heißen Konformismus, Solidarität, Integration.

Jesus und die Bibel sagen nein zum Konformismus, nein dazu, daß die Gemeinde sich mit den Zielen dieser Welt, ihrer Herren und ihrer Massen einig erklärt und sagt: Damit gehen wir konform; wir richten uns in der Kirche nach dem, was in der Welt anliegt.

Jesus und die Bibel sagen nein zur Solidarisierung mit den Vielen und zu den Parolen: Eure Wege sind auch unsre Wege. Wer euch, den Massen, etwas antut, der tut auch der Kirche etwas an.

Jesus und die Bibel sagen nein zur Integration, nein dazu, daß die Kirche sich einflicht in die Welt und erklärt: Wir sind ein Stück dieser Welt, ihrer Probleme, ihrer Hoffnungen. Wir gehören in diese Welt hinein.

Man wird heute die Gemeinde Jesu, die Kirche hart schelten, wenn sie sich weigert, auf dieser breiten, dreispurigen Einbahnstraße mitzumarschieren. Wenn sie aber ihrem Herrn den Gehorsam nicht aufsagen will, dann muß sie sich weigern. »Ziehet nicht am fremden Joch mit den Ungläubigen! Gehet aus von ihnen und sondert euch ab!«

Das hat für uns eine Reihe unbequemer, unpopulärer, aber unausweichlicher Folgerungen. »Was für ein Teil hat der Gläubige mit dem Ungläubigen?«, habt ihr, meine Jünger, mit den Nichtjüngern, mit den Nichtglaubenden? Die Kirche Jesu Christi ist eben nicht teilweise deckungsgleich mit der Welt und mit dem, was diese Welt gerade an Themen, an Tagesordnungen hat. »Was für ein Teil hat der Gläubige mit dem Ungläubigen? Was hat der Tempel Gottes, was hat die Kirche Gottes gemeinsam mit den Götzen?« Antwort: nichts, gar nichts.

Gottes Wort stört uns an dieser Stelle ganz gewaltig. Das geht doch heute nicht mehr!, entgegnen wir, und so darf das doch heute nicht mehr wahr sein! Aber eben dies sagt die Bibel, und zwar auf Schritt und Tritt: daß es keine deckungsgleichen Teilzonen gibt, die für den Glauben und den Unglauben, für Kirche und Welt gemeinsam sind. Die Themen der Welt sind nicht die Themen der Gemeinde Jesu. Die Tagesordnung der Welt ist nicht die Tagesordnung der Kirche. Gott will unsere Trennung von den Götzen und den Drahtziehern, von den Mächten und den Meinungsmachern dieser Welt. »Gehet aus von ihnen und sondert euch ab!«

So gewiß es ist, daß Christen in ihrem Alltag in dieser Welt leben, in der Welt der Arbeit, der Schule, des Staates, des Steuerzahlers, der Wehrdienstableistung, der bürgerlichen Wahlpflicht, des Urlaubstourismus, so gewiß ist es, daß dies alles nicht ihre Heimat, nicht ihr Vaterhaus, nicht ihr Vaterland ist, sondern daß dies in Gottes Reich ist, »im Himmel«, wie Paulus dafür einfach und ohne alle Umschreibungen sagt. Darum ist von Abraham bis zur apostolischen Urkirche immer Gottes Ruf an die Seinen erfolgt, »auszugehen aus deinem Vaterland«, »auszugehen von ihnen und sich abzusondern«. Gott will nicht unsere Integration, unsere Einflechtung in diese Welt, sondern unsere Desintegration, zu deutsch: unsere Ausgliederung aus ihr.

Dies kommt uns hart an, dagegen lehnen wir uns auf. Meinen Sie, mir passe das in den Kram, was da in der Bibel steht? Aber ich komme nicht an gegen das Wort meines Gottes. Und Sie auch nicht! Gott ist stärker als mein mit explosivem Widerspruch geladenes Herz. Kehren wir doch um zu Gott, jetzt, in der Passionszeit, heute!

Ohne Heimkehr kein Vaterhaus. Darum zweitens: *Gott gibt uns den Zugang zum Haus Gottes.*

»Wir aber sind der Tempel des lebendigen Gottes«. Was für ein Wort der Gnade ist das! Wir, seine oft so mickrigen und müden Nachfolger, dürfen der Tempel Gottes sein, die Kirche Jesu Christi! Wir dürfen die lebendigen Steine sein für das Haus Gottes, in dem er einziehen, Wohnung machen will. Trotz unsrer Kette von Sünden, trotz unseres lebenslangen Versagens. Wie soll man darauf anders antworten können als mit dem Gebet derer, die nicht wissen, wie ihnen geschieht, mit der Bitte: »Herr, komm in mir wohnen, laß mein Herz auf Erden dir ein Heiligtum noch werden«?

»So will ich euch annehmen und euer Vater sein.« Also unter dieser einen Voraussetzung: »Ziehet nicht am fremden Joch mit den Ungläubigen und sondert euch ab ... so will ich euer Vater sein.« Gott ist dann unser Vater, wenn wir uns von den vielen Vätern und Ersatzvatergestalten dieser Welt gelöst haben, die uns als Kinder vereinnahmen und manipulieren wollen. Er ist dann unser Gott, wenn wir den vielen Götzen des Lebens abgesagt haben. Dann gibt er uns den Zugang zum Haus Gottes, hier zur Gemeinde Jesu und dort zum Vaterhaus.

Aber: »Rühret kein Unreines an!« Gott warnt uns vor den falschen Freiheiten. Damals in Korinth waren das die vielen Götzenopfer, deren äußerer und innerer Verwesungsgeruch über einer kulturell hochstehenden und dennoch versinkenden Epoche lag. Wir verstehen aber auch ohne korinthische Apollo-Altäre gut, was mit dem Unreinen gemeint sein kann: Dieses damals in Korinth und heute bei uns ideologisch aufgeheizte Fordern nach dem Recht auf mehr Freiheit, mehr Lust, mehr Freizeit, mehr Bindungslosigkeit; die Flucht in den Sex, wo die Liebe erkaltet; die Flucht in den Aberglauben, wo der Glaube verachtet wird, in allerlei Weiße und Schwarze Magie, in die Orakel des Pendels oder in die Dämlichkeiten des Horoskops; die Flucht in die Politik und in den kalten Krieg, in die Anbetung der Liberalität und dessen, daß jeder machen könne, was ihm paßt und daß die Gebote Gottes heute doch kalter Kaffee seien.

»Rühret kein Unreines an!« Also: Laßt euch da auf gar nichts ein! Fangt's nicht an! Es ist sonst wie mit der Droge: Ihr kommt davon nicht mehr frei – von den Götzen des kalten Glanzes dieser Welt.

Die Idole und die Ideologien dieser Welt gehören nicht in den Tempel, nicht in das Haus Gottes. Gott gibt uns den Zugang zu seinem Haus, aber die Götter können wir nicht mitbringen! Weder den Götzen der Weltveränderung noch den der Welteinheit noch gar den der Einheits-Weltreligion von morgen. Wo die Götzen draußenbleiben, da öffnet Gott die Tür zum Vaterhaus.

Darum drittens und letztens: *Gott sucht an uns, daß wir uns zum Heimweg entschließen.*

»Weil wir nun solche Verheißungen haben, so lasset von aller Befleckung des Leibes und des Geistes uns reinigen.« Wie geschieht das? Sollen wir jetzt das Beten anfangen, womöglich noch mit unseren Kindern, oder sollen wir jetzt alle in die pietistische Gemeinschaft zur Bibelstunde gehen, oder wie geschieht das?

Zunächst einmal: Das Gebet und der Besuch der »Stunde« wäre noch lange kein verkehrter Weg, wenn es der Heimweg werden soll. Gott ist da freilich nicht auf Schablonen festgelegt, daß man es so oder höchstens noch so machen muß. Es gibt verschiedene Wege zum Vaterhaus. Bloß eines ist natürlich kein Weg: daß ein Mensch vor lauter Überlegungen sich entschließt, gar keinen Weg zu Gott einzuschlagen, denn es könnte ja genausogut auch ein andrer Weg sein. Und dann also am besten gar kein Entschluß. Gott will, daß wir uns entschließen. Nämlich zum Heimweg zu ihm statt zum unverbindlichen Flanier-Corso des Lebens.

Damit Ernst machen, das heißt Heiligung. »Lasset uns die Heiligung vollenden in der Furcht Gottes.« Heiligung ist, daß das alles sich im Leben der Christen in nicht wenigen Einzelheiten auswirkt. Vermutlich nicht darin, daß wir einen scheinchristlichen Feldzug gegen Fernseher, Autos und Haarfärbemittel eröffnen. Es wäre zu einfach, mit solchen Do-it-yourself-Werken in den Himmel kommen zu wollen. Aber irgendwo kommt es auch im Alltag sehr wohl zum Tragen, daß Menschen auf dem Heimweg, Menschen unter dem Ruf zur Heiligung anders sind als andere Leute.

Etwa in dem, was sie in ihrem Urlaub tun und was sie dort auf keinen Fall tun – oder daß sie manche Lieder singen, gar nicht bloß fromme, und daß sie manche ausdrücklich nicht singen. Daß sie manche Worte gebrauchen und andere bei sich ausmerzen oder daß sie sich den Menschen gegenüber anders benehmen als andere Leute oder daß sie im Hinblick auf Lüge, Betrug oder Selbstbedienungsladen ihre äußerst klaren Vorstellungen haben. Daß sie in manchen Konzertsaal mit festlicher Freude gehen und an manche anderen Orte durchaus nicht hingehen – und so weiter. Weil sie auf dem Heimweg sind und darum auf dem Weg einer schrittweisen, zerbrechlichen und doch oft so erstaunlichen Heiligung, bis hinein in die verborgenen Räume oder auch Keller der eigenen Phantasie.

» . . . und die Heiligung vollenden in der Furcht Gottes«. Gewiß, vollenden wird alles der Vollender, Jesus, der Herr, auch mein und Ihr Gestümper auf dem Weg der Heiligung des eigenen Lebens. Aber sie als Ziel vor Augen haben – und das meint das griechische Wort für vollenden –, also die Heiligung vollenden, das sucht Gott schon heute an uns, und für die Gnade der frohen Heiligung öffnet er uns hier schon die Augen der Staunenden. Amen.

# Christus siegt trotzdem

23. Sonntag nach dem Dreieinigkeitsfest    29. Oktober 1978

*2. Thessalonicher 2, 1–17*

»Was nun das Kommen unseres Herrn Jesus Christus angeht und unsre Vereinigung mit ihm, so bitten wir euch, liebe Brüder, daß ihr euch nicht so bald wankend machen lasset in eurem Sinn noch erschrecken, weder durch eine Offenbarung im Geist noch durch ein Wort noch durch einen Brief, wie von uns gesandt, als ob der Tag des Herrn schon da sei. Lasset euch von niemand verführen, in keinerlei Weise; denn er kommt nicht, es sei denn, daß zuvor der Abfall komme und offenbart werde der Mensch der Sünde, der Sohn des Verderbens, der da ist der Widersacher und sich überhebt über alles, was Gott oder Gottesdienst heißt, so daß er sich setzt in den Tempel Gottes und vorgibt, er sei Gott. Erinnert ihr euch nicht daran, daß ich euch solches sagte, da ich noch bei euch war? Und ihr wisset, was ihn noch aufhält, bis er offenbart werde zu seiner Zeit. Denn es regt sich bereits das Geheimnis des Frevels, nur daß, der es jetzt aufhält, erst muß hinweggetan werden; und alsdann wird der Frevler offenbart werden, welchen der Herr Jesus umbringen wird mit dem Hauch seines Mundes und wird ihm ein Ende machen durch seine Erscheinung, wenn er kommt. Denn der Frevler wird auftreten in der Macht des Satans mit allerlei lügenhaften Kräften und Zeichen und Wundern und mit allerlei Verführung zur Ungerechtigkeit bei denen, die verloren werden, weil sie die Liebe zur Wahrheit nicht angenommen haben zu ihrer Rettung. Darum sendet ihnen Gott auch kräftige Irrtümer, daß sie glauben der Lüge, auf daß gerichtet werden alle, die der Wahrheit nicht geglaubt haben, sondern hatten Lust an der Ungerechtigkeit.

Wir aber müssen Gott danken allezeit eurethalben, vom Herrn geliebte Brüder, daß euch Gott erwählt hat von Anfang zur Seligkeit, in der Heiligung durch den Geist und im Glauben an die Wahrheit, wozu er euch auch berufen hat durch unser Evangelium, auf daß ihr gewinnet die Herrlichkeit unseres Herrn Jesus Christus. So stehet nun fest, liebe Brüder, und haltet an der Lehre, in der ihr durch uns unterwiesen seid, es sei durch Wort oder Brief. Er aber, unser Herr Jesus Christus, und Gott, unser Vater, der uns hat geliebt und uns gegeben einen ewigen Trost und eine gute Hoffnung durch Gnade, der mache getrost eure Herzen und stärke euch in allem guten Werk und Wort.«

Bei den Papstwahlen dieses Jahres haben wir im Fernsehen auch einen Blick in die weltbekannte Sixtinische Kapelle – manche von uns waren sicher schon dort – tun können, in der die Kardinäle zum sogenannten Conclave versammelt waren. Dabei sah man auch Michelangelos hochberühmtes, riesiges Wandbild vom Jüngsten Gericht. Die Anregung dazu hatte der junge Michelangelo durch eine Darstellung im wundervollen Dom von Orvieto empfangen. Zu den Bildern, die im Zusammenhang mit diesem Weltgerichtsgemälde stehen, gehört auch eine Darstellung, die in der christlichen Kunst ziemlich einzigartig ist: das Bild vom Antichrist.

Da sieht man im Vordergrund vor einer Menge Leute eine Gestalt stehen, die nach Kleidung und ganzer Haltung zum Verwechseln an Jesus Christus erinnert. Erst bei genauerem Hinsehen bemerkt man, daß die Gesichtszüge des Antichristus, des Gegenchristus krampfhaft angespannt, fast verzerrt wirken. Sonst aber ist er dem wahren Christus verwirrend ähnlich, und die Menschen laufen ihm auch nur so zu.

Vom Antichrist, zu deutsch Widerchrist, Gegenchristus der Endzeit ist in unserem nur selten einmal an die Reihe kommenden Predigttext die Rede, wenn auch unter etwas anderen Decknamen: Mensch der Sünde, Widersacher, Sohn des Verderbens und »der vorgibt, er sei Gott«. Von ihm heißt es ausdrücklich: »Der Herr kommt nicht, es sei denn, daß zuvor offenbart werde der Widersacher.« Aber **Christus siegt trotzdem.**

Das ist das Thema dieser endzeitlichen Schau im 2. Thessalonicherbrief.

Christus siegt – *trotz aller antichristlichen Mächte*

Berührt uns das eigentlich? Oder sind solche Gedanken an die drangvolle Endphase vor dem Weltende und Weltgericht nicht doch mehr eine Spezialität einiger frommer Grübler, die die Bibel über das Kommende befragen und die es statt mit der eigenen Gegenwart mehr mit der sogenannten Endzeit haben? Ist denn unsre eigene Welt, in der wir leben, noch nicht antichristlich, gottverlassen genug? So mag mancher von uns denken, der schließlich nicht deshalb zur Kirche gekommen ist, um zusätzlich zu den Finsternissen unserer Gegenwart auch noch etwas über die Greuel einer endzeitlichen Zukunft zu erfahren, sondern weil er hier am Sonntag Kraft für den Montag sucht, Ermutigung, Frieden in Gott und Trost des Herzens.

So richtig und so wichtig es ist, daß das auch heute nicht zu kurz kommt, so wichtig ist es aber auch, gerade in allem Unfrieden und in allem Leid und Streit dieser Welt auch das andere unentwegt fest zu wissen: daß hinter dieser Welt »in ihren tausend Plagen und großen Jammerlast« Gottes neue Welt kommen wird und daß darum auch hinter unserer eigenen kleinen Wegstrecke, hinter Ihrem und meinem Sterben nicht das Nichts kommt, sondern Jesus Christus, *der* Herr, der trotzdem siegt, trotz aller antichristlichen Mächte und Großmächte dieser Welt.

Davon spricht unser Predigttext. Es handelt sich um ein schwierig zu verstehendes Kapitel des Glaubens, aber es ist ebenso ein tröstliches und stärkendes Wort. »Was das Kommen unseres Herrn Jesus Christus angeht und unsere Vereinigung mit ihm«, das ist's doch, um was es hier geht. Unser Herr geht und vergeht nicht wie alle Herren dieser Welt, sondern er ist im Kommen und will uns in ein neues, todfreies Leben in Gottes ewigem Reich hineinrufen, heraus aus einer Welt der Ängste, der Tränen und der Särge. Wir werden dabeisein, wenn der wiederkommende Herr die Toten auferweckt. »Die geheiligte Gemeine weiß, daß eine Zeit erscheine, da sie ihren König grüßt.«

Gottes Volk weiß auch das andere: daß es bis dahin in

einer Welt lebt, die vor Widerspruch gegen Gott schier aus den Angeln fällt, die selber groß sein will, deren antichristliche Vorreiter den Menschen das Blaue vom Himmel herunter und das rote Paradies auf Erden – oder sonst eines – versprechen, sofern die Menschen nur den Antichrist respektieren und seinen Trommelschlägern nachrennen, den kommunistischen, faschistischen, sozialistischen, antirassistischen, militaristischen, weltrevolutionsbeflissenen Vorreitern des Antichrists, der »sich setzt in den Tempel Gottes und vorgibt, er sei Gott... Denn der Frevler wird auftreten in der Macht des Satans mit allerlei lügenhaften Kräften« – Propaganda nennt man das heute – »und mit Zeichen und Wundern« – unaufhaltsamer Fortschritt, so heißt das in unseren Tagen.

Christen müssen wissen, daß der große Verführer auch sie aufsaugen, hineinlocken will in den Strudel der Verwirrung, um ihre Seele den falschen Göttern zu verkaufen. »Lasset euch von niemand verführen, in keinerlei Weise!« Am wenigsten durch die scheinchristliche Verführung im eigenen Haus, wenn allemal wieder Schwärmer und Irrlehrer behaupten, daß Christus bereits wiedergekommen sei, einstweilen aber nur für Eingeweihte erkennbar sei. Auch in unserem Jahrhundert haben Sektierer und Phantasten das wieder und wieder behauptet. »Lasset euch von niemand verführen!«

Leben wir heute in der Endzeit? Selbstverständlich. Seit Christi Himmelfahrt ist die Endzeit im Gang, seitdem kann jeder Tag zu Gottes Jüngstem Tag werden, auch wenn wir den Seufzer aus dem Choral gut verstehen: »O Jesu Christ, du machst es lang mit deinem Jüngsten Tage!« Aber jene Zeichen der Endzeit erfahren wir auch in unserer Zeit, wenn da immer wieder antichristliche Gestalten im gelben Gewand der schlaufrommen Verführung oder auch im roten Gewand der blutigen Brutalität das Volk Gottes bedrängen und zugleich die Welt verrückt machen und sich als Führer, Parteigeneralsekretär, Chefideologe oder als großer Vorsitzender bejubeln oder beweihräuchern lassen – »der da ist der Widersacher und sich überhebt über alles«. In diesem Sinne leben wir auch heute ganz gewiß in der Endzeit, denn parallel zur Heilsgeschichte der Gnade Gottes läuft immer die Unheilsgeschichte der Gnadenlosigkeit des Satans.

Was wir nicht wissen und nie wissen werden, das ist die Sache mit dem unsichtbaren Zeiger auf der Weltenuhr Gottes. Wir sehen nicht, wo dieser Zeiger steht, ob er vielleicht in der alles Seitherige in den Schatten stellenden Endphase der Endzeit schon sehr nahe auf die Zwölf vorgerückt ist. Wir sehen den Zeiger der Uhr nicht, »aber du hörst ihr Ticken wohl« – im Bersten aller Weltordnungen, im Count-down der Atomraketen auf den Abschußrampen, im heißeren Appell der Macher der Weltrevolution, in den Seufzern und Gebeten der allmählich weltweit drangsalierten und angefochtenen Leute Jesu Christi. Du hörst ihr Ticken wohl.

Christus spricht: »Was ich euch aber sage, das sage ich allen: Wachet!« Und seine Gemeinde weiß: Christus siegt trotzdem – trotz aller antichristlichen Mächte.

Er siegt zweitens: *Trotz aller brechenden Dämme*

Die Bibel läßt uns nicht einfach ohne Antwort mit unserer Frage, ob es Anzeichen dafür gebe, wie der unsichtbar bleibende Uhrzeiger Gottes vorrücke. Es gibt Zeichen der Zeit. Ein fast geheimnisvoll klingender und nicht leicht zu deutender Hinweis in unserem Text gibt eine Art Fingerzeig. Es heißt da: »Und ihr wisset, was ihn – also den Antichrist der Endphase – noch aufhält, bis er offenbar werde zu seiner Zeit.« Und gleich darauf: »Es regt sich das Geheimnis des Frevels, nur daß, der es jetzt aufhält, erst muß hinweggetan werden.«

» ... der ihn aufhält«? Was ist das? Wer ist das? Da ist also eine Macht, besser, im Bilde gesagt: ein Damm, der eine anrollende Großflut noch aufhält. Wenn der Damm bricht, dann kommt die Flut, kommt der Untergang. Wer oder was ist dieser Damm? Hier wird jenes geheimnisschwere Staugesetz Gottes offenbar, das uns oft so zu schaffen macht und das uns die Bibel auch sonst vielfach bezeugt. Es besagt: Gott läßt den Blitzstrahl seiner Gerichte keineswegs auf jede Übeltat und auf jeden Übeltäter und auf jeden Sünder alsbald herniederzucken. Gott läßt der Sünde, der Untatenfülle oft unbegreiflich viel Zeit, läßt sie sich anstauen wie einen riesigen Stausee, den der Staudamm hält. Wehe, wenn der Damm bricht! Solche Katastrophen sind furchtbar.

So hat Gott Dämme gegen die Sünde der Welt, gegen alles antichristliche Wesen, gegen die Macht des Bösen in dieser Welt aufgerichtet, obwohl diese Welt vergehen muß und wird. Aber Gott läßt das Unrecht sich anstauen, ehe die Gerichte kommen; schon in dieser Welt ist das so, in viel stärkerem Maß aber vor dem letzten, dem Weltgericht. Die Dauer seiner Geduld hängt zusammen mit dem frevlerischen Unterfangen des Menschen, Gottes Dämme anzubohren, auszuhöhlen, abzutragen.

Um welche Dämme geht es? Was ist es, »das ihn noch aufhält«? Die Antwort lautet: Es sind die Gottesordnungen für diese Erdenwelt. Sie vergehen zwar mit dieser Erde und sind keine Bestandteile, keine Merkmale der kommenden Welt. Aber für diese Welt haben sie Gültigkeit, und diese Welt ist so lange erträglich, als die Dämme nicht durchbohrt, sondern gepflegt und geachtet werden. Sind sie erst zerbrochen, kommt die Flut, die antichristliche Flut der Welt ohne Gott.

Die Dämme heißen: Gottes Gebote und Gottes Ordnungen. Also die Gottesordnung des Staates, der Obrigkeit und überhaupt der irdischen Autorität. Denn antiautoritär ist antichristlich. Und sie heißen: Ehe, Familie, Unverletzlichkeit des Lebens, auch des ungeborenen Lebens. Sie heißen: Unantastbarkeit des Eigentums und anderer Rechtsgüter, also Gesetz und Recht. Ja, Gottes irdische Ordnungen sind keine Kennzeichen seines ewigen Reiches. Aber in dieser Welt halten sie jetzt noch die kommende Sturmflut auf, die dem Weltgericht vorausstürzt.

Jeder von uns bedenke selbst, wie weit die Dämme Gottes von Menschen mit dem wilden Eifer von Selbstmördern schon angebohrt und abgebaut sind. Was gilt heute die Ehe, die faktisch jederzeit auflösbar ist? Was ist aus der Familie geworden? Aus der gottgewollten Autorität des Vaters und der Mutter, des Vorgesetzten und des Lehrers, des Staates und der Rechtsprechung? Wenn heute am Verbrechen doch meist die Gesellschaft, aber kaum noch der Rechtsbrecher schuld ist? Sie haben im Namen ihrer Freiheit die Dämme Gottes untergraben und zerschlagen. Und desto eher wird die große Flut sturmartig hereinbrechen und die Hölle auf Erden heraufführen und das Ende bringen. Das sagt Gottes Wort. »Wer Ohren hat, zu hören, der höre!« Wir alle sehen die Blitze des heraufziehenden Endgewitters unübersehbar am Horizont der Zeit zucken. Gottes Gemeinde aber weiß: Christus siegt trotzdem, trotz aller brechenden Dämme.

Das letzte Wort behält die Hölle nicht. Christus siegt: Drittens: *Trotz aller satanischen Mächte*

»Und dann wird der Frevler offenbar werden, welchen der Herr Jesus wird mit dem Hauch seines Mundes umbringen und wird ihm ein Ende machen durch seine Erscheinung«, also durch seine Wiederkunft. Unser Herr kommt.

Die Gemeinde Gottes weiß, wer siegt, trotz aller satanischen Mächte siegt. Niemand als ihr großer Herr, niemand als Christus. »So stehet nun fest, liebe Brüder, und haltet an der Lehre, in der ihr unterwiesen seid!« Habt den Mut der Kinder Gottes, gegen den Strom der Zeit zu schwimmen! Haltet die Ordnungen Gottes fest! Hört nicht auf das, was der moderne Mensch angeblich tun sollte und was für ihn als erledigt zu gelten habe! Modern, nämlich immer ganz vorne, ist allein Gott, sind allein seine Gebote, seine Ordnungen. »So stehet nun fest« – um des Zieles willen, »wozu Gott euch berufen hat durch das Evangelium, auf daß ihr gewinnet die Herrlichkeit unseres Herrn Jesu Christi«.

Es heißt, dann sei man abgemeldet unter den Menschen und außerdem frustriert und ohne Lebensglück. Das Gegenteil ist wahr! Weil uns Gott dann nämlich die Fülle des Trostes gibt mitten in der Trostlosigkeit, die Hoffnung mitten in der Hoffnungslosigkeit, die Gnade mitten in der Gnadenlosigkeit dieser Welt, und das schon in diesem Leben. Sie können sich darauf verlassen – bis daß er kommt.

»Er aber, unser Herr Jesus Christus, und Gott, unser Vater, der mache getrost eure Herzen und stärke euch in allem guten Werk und Wort.« Amen.

# Entweder dienen wir dem Teufel oder dienen die Engel uns

Sonntag Invocavit                    4. März 1979

*Matthäus 4, 1–11*
»Da ward Jesus vom Geist in die Wüste geführt, auf daß er von dem Teufel versucht würde. Und da er vierzig Tage und vierzig Nächte gefastet hatte, hungerte ihn. Und der Versucher trat zu ihm und sprach: Bist du Gottes Sohn, so sprich, daß diese Steine Brot werden. Und er antwortete und sprach: Es steht geschrieben: ›Der Mensch lebt nicht vom Brot allein, sondern von einem jeglichen Wort, das durch den Mund Gottes geht.‹

Da führte ihn der Teufel mit sich in die heilige Stadt und stellte ihn auf die Zinne des Tempels und sprach zu ihm: Bist du Gottes Sohn, so wirf dich hinab; denn es steht geschrieben: ›Er wird seinen Engeln über dir Befehl tun, und sie werden dich auf den Händen tragen, auf daß du deinen Fuß nicht an einen Stein stoßest.‹ Da sprach Jesus zu ihm: Wiederum steht auch geschrieben: ›Du sollst Gott, deinen Herrn, nicht versuchen.‹

Wiederum führte ihn der Teufel mit sich auf einen sehr hohen Berg und zeigte ihm alle Reiche der Welt und ihre Herrlichkeit und sprach zu ihm: Das alles will ich dir geben, so du niederfällst und mich anbetest. Da sprach Jesus zu ihm: Hebe dich weg von mir, Satan! denn es steht geschrieben: ›Du sollst anbeten Gott, deinen Herrn, und ihm allein dienen.‹ Da verließ ihn der Teufel. Und siehe, da traten die Engel zu ihm und dienten ihm.«

**Entweder dienen wir dem Teufel oder dienen die Engel uns.**
Das ist der Kern und das bleibende Thema dieser im Evangelium grundgesetzartig niedergeschriebenen, nicht zuletzt durch Dostojewskis hochberühmte Legende vom Großinquisitor zeitlos gültig ausgelegten Geschichte von der Versuchung Jesu. Um *uns* geht es dabei, wie immer in

der Bibel. Wir sind nicht die Zuschauer in der trostlos-imposanten Sandarena am Toten Meer beim Turnier Satan gegen Jesus, sondern wir sind die Betroffenen dieser Geschichte.

Mit den klugen Leuten, die heute den Teufel einfach abgeschafft haben und für die es natürlich auch keine Engel gibt, möchte ich hier nicht streiten. Maßgeblich ist aber allein, daß die Bibel vom Teufel spricht und von Gottes Engel erst recht – und davon, daß Jesus mit dem Teufel ein Erdenleben lang gekämpft hat. »Denn wir haben einen Hohepriester, der versucht ist allenthalben gleich wie wir, doch ohne Sünde«, sagt der Hebräerbrief. Und das andere sagt die Bibel auch: Jesus ist Sieger. Von seinem Sieg leben wir – mit allen unseren eigenen Niederlagen. Darum stehen wir für unser Leben ständig in der Entscheidung: Entweder dienen *wir* dem Teufel oder dienen die Engel *uns*.

Die Geschichte der drei Versuchungen sagt uns erstens: *Wo Gott nicht vorgeht, umgarnt uns der Teufel.*

In allen drei Phasen der Versuchung hat der Teufel ein und dasselbe Ziel, und das gilt es zu begreifen: daß das Kreuz Christi verhindert wird. Wenn Jesus nämlich als Brotspender, als Wundertäter und als Machthaber die Massen und die Mächtigen der Welt gewonnen hat, wird man ihn umjubeln, aber bestimmt nicht kreuzigen. Ohne seinen Tod am Kreuz aber gibt es keine Versöhnung des Sünders mit Gott; dann sind wir ohne Hoffnung im Tod verloren. Das ist's, was der Teufel erreichen will.

Für Jesus geht Gott und die Erfüllung seines Rettungsplanes vor, während wir unentwegt in Gefahr sind, mit den Offerten des Satans zu liebäugeln: daß unser Wohlstand vorgeht, der gute Eindruck bei den Menschen vorgeht, das eigene Glück oder, kurz und unverblümt, der eigene Lustgewinn vorgeht, unser Einfluß oder unsere Macht oder unsere Freiheit, sich auszuleben, oder etwa den Sonntag durchaus ohne Gott zu gestalten. Vielleicht geht es auch hart gesagt darum, Gott für unser Leben überhaupt abzuschaffen oder ihn zu lästern, zum Beispiel mit den hingeschmierten großen Buchstaben am Hauptportal des katholischen Münsters St. Paul drüben am Marktplatz: »Gott ist nicht tot. Er hat nur die Schnauze voll.«

Der Teufel sucht uns zu umgarnen, gewiß auf die vielfältigste Art, aber doch immer wieder im Gewand jener drei Versuchungen, mit denen auch Jesus fertig werden mußte. Sie behalten ihre beispielhafte Bedeutung für alle Zeiten, für den einzelnen Christen und besonders auch für die Gemeinde Jesu, für die Kirche. Hier geht es dreimal um die elementare Frage des ersten Gebots, also ob Gott immer und auf jeden Fall vorgeht oder ob für uns die Gaukelziele, die uns der Versucher einflüstert, doch den Vorrang haben.

Zum ersten hieß es: »Bist du Gottes Sohn, so sprich, daß diese Steine Brot werden«. Denn wer Brot für die Welt beschafft, der ist ihr König, der ist der Gott der Massen, dem rennen sie nach wie einem erfolgreichen Gewerkschaftsboß, der einen Lohnstreik der Müllmänner, Krankenschwestern und Briefträger siegreich durchgeboxt hat. Wer Brot bringt, hat die Massen.

Jesus sagt dazu ein klares Nein. Nicht dazu natürlich, daß Hungrige gespeist werden und daß also auch seine Gemeinde aus der Liebe Gottes heraus den Hunger der Welt zu lindern sucht. Aber er sagt nein dazu, daß der schmale Weg seiner Jünger, seiner Kirche zum breiten Weg, zum Weg der Massen umfunktioniert wird. »Und ihrer sind viele, die darauf wandeln.« Der Weg der Kirche ist nicht der Weg der Solidarisierung mit den Massen, die ihren Götzen dienen, sondern der Weg des Rufs zur Umkehr auf den schmalen Weg der Wenigen. Wo es aber zur falschen Gleichsetzung von Heil, also Heil des Sünders, und Wohl, also Wohlergehen des Menschen, zu kommen droht, da sagt Jesus ohne alle falsche Furcht vor den Buh-Rufen der Brot- und Brötchenforderer dieser Welt: »Der Mensch lebt nicht vom Brot allein, sondern von einem jeglichen Wort, das aus dem Munde Gottes geht.«

Ja, aber, so wird dann eingewandt, wie lange sollen wir dann noch warten, bis alle Menschen satt sind und bis diese Welt endlich zum Paradies des Menschen wird? Die Antwort der Bibel, die Antwort Jesu darauf ist ganz unzweideutig. Sie lautet: Die Welt ohne Leid und ohne Leiden ist erst Gottes kommende neue Welt. Solange diese

Welt steht, wird das verlorene Paradies nicht durch Menschenhand neu geschaffen werden. Im Gegenteil, der Mensch ruiniert Gottes Welt und seine eigene Umwelt nur immer mehr. Er macht sie umso mehr kaputt, je mehr er sich von Gott abgewandt hat, je mehr er Brot für die Welt will, ohne es vom Geber allen Brotes, von Gott, zu erbitten – genau so, wie er den Frieden auf Erden schaffen will, ohne zuvor und zugleich ausdrücklich Gott in der Höhe die Ehre zu geben und sich vor ihm zu beugen, so wie es Jesus in seinen drei Antworten an den Versucher klipp und klar tut.

Wo Gott nicht vorgeht, umgarnt uns der Teufel, da hat der Mensch das Nachsehen. Es kommt um jeden Preis darauf an, daß Gott vorgeht, daß wir nicht unser Ich und nicht unsere Macher, sondern ihn »über alle Dinge fürchten, lieben und ihm vertrauen«.

Um dieses erste Gebot geht es ebenso in der zweiten Versuchung, in dem Ansinnen, Jesus solle sich doch dadurch als Gottes Sohn ausweisen, daß er von einem der kleinen Hochbalkone des Tempels herunterspringe. Wobei der Teufel seinen Verführungsversuch auch noch mit einem mißbrauchten Bibelwort garniert, so wie es heute auch geschieht. Jesus soll's doch einmal im Glauben darauf ankommen lassen, ob die Sache mit Gott tatsächlich funktioniert.

»Du sollst Gott, deinen Herrn, nicht versuchen«, antwortet Jesus mit dem Wort der Bibel. Das aber heißt: Mit Gott experimentiert man nicht! Gott beim Wort nehmen, ja, das dürfen wir. »Du hast's gesagt, und darauf wagt mein Herz es froh und unverzagt.« Aber Gott provozieren – nein! Seinem Wort vertrauen dürfen wir gewiß. Aber Gott herausfordern, das steht uns nicht zu.

Damit lehnt Jesus den Irrweg ab, die Wirklichkeit Gottes vor den Menschen des Unglaubens beweisen zu wollen. Du sollst aus Gott keinen Gottesbeweis machen, sondern du sollst Gott lieben von ganzem Herzen und an ihn glauben mit ganzer Seele und ihm alle deine Wege anbefehlen. Denn an Bewahrung, Erfolg und Glück im Leben ist der Segen Gottes nicht ablesbar. Das Gegenteil kann sogar der

Fall sein. Deshalb widersteht Jesus auch diesem zweiten Umgarnungsversuch des Teufels. Das demütige Ja zu Gott muß vorgehen.

Von brennender Aktualität ist der dritte Anlauf, den der Versucher nimmt. Bei der Schau auf alle Reiche der Welt soll Jesus – und soll seine Kirche heute – in die teuflische Verlockung geführt werden, irdische, also politische Macht zu übernehmen oder sich in staatliche Macht oder politische Bestrebungen erfolgreich einzumischen. Entsprechend schroff ist die Antwort Jesu: »Hebe dich weg von mir, Satan!« Das ist eine eindeutige Teufelsaustreibung, mit dem Fremdwort: ein Exorzismus, wie ihn Jesus des öfteren in großem Ernst geübt hat.

Jesus sagt nein zur irdischen Macht und also nein zur Beteiligung seiner Kirche an politischen oder gar an revolutionären Bestrebungen. »Du sollst Gott, deinen Herrn, anbeten und ihm allein dienen« – und nicht den Herren der Welt, den Fahnenträgern blutiger Befreiungsbewegungen, den Machern der Weltrevolution, den Götzen der modernen Heilslehren, deren Namen auf -ismus enden. Denn wo diese Vermischung der Anbetung Gottes mit der Verehrung irdischer Wundertäter geschieht, da herrscht nicht Christus, sondern der Antichristus, und da wandelt sich die Kirche von der Braut Christi zur Hure der Machthaber.

So wie Jesus damit also ein klares Nein gesagt hat zu den gewalttätigen jüdischen Befreiungsbewegungen seiner Zeit, so klar folgt daraus sein Nein zur Beteiligung von Christen und Kirchen an den revolutionären Befreiungsbewegungen unsrer Gegenwart in Europa, Afrika, Südamerika. Auch evangelische Christen können dem neuen Papst dankbar sein, daß er kürzlich in Amerika so klar festgestellt hat, klarer als dies bei uns, besonders im Oekumenischen Rat der Kirchen, leider oft der Fall ist, daß der Platz der Christen dort nicht sein kann, weil sie, vor allem auch in leitender Position, Seelsorger sind und Prediger, aber keine Machtpolitiker und Lakaien der Weltrevolution.

Es ist Umgarnung des Teufels und nichts sonst, wenn die Kirche sich mit irdischen Machthabern und solchen, die es werden wollen, arrangiert oder gar solidarisiert. In der Kirche gilt allein Gott, ganz allein er. Wo Gott nicht vorgeht, umgarnt uns der Teufel. Wo aber Gott vorgeht, so wie für Jesus dort in der Wüste, da geschieht das Wunder, daß ein solcher Mensch und eine solche Kirche frei wird, frei von Menschenfurcht, frei von Weltangst, frei von modernen dämonischen Verzauberungen durch Ideologien oder asiatisch-heidnische Sekten, frei von den Alpträumen der kommenden Weltkatastrophen und getröstet in Gott, der seine Engel schickt, uns mitten in der Angst der Welt zu stärken und uns zu dienen.

Der Schluß der Versuchungsgeschichte sagt uns:

*Wo Gott vorgeht, umgeben uns seine Engel.*

Über dieses ernste und so herrliche Entweder-Oder predigt ja diese ganze, in ihrer vollen Tiefe nie auslotbare Erzählung: Entweder dienen wir dem Teufel, oder die Engel dienen uns. Für Jesus schließt die Geschichte mit dem Satz: »Und siehe, da traten die Engel zu ihm und dienten ihm.«

Da – wann: da? Da, wo es keinen Kompromiß mit anderen Göttern gibt, keine Einordnung der Kirche in die Tagesordnung der Welt, keine Solidarisierung mit den Propheten eines falschen Heils der Welt, da, wo die Einzigartigkeit und die Alleinherrschaft Gottes ganz klar ist, da weicht der Satan, da kommen die Engel.

»Da *traten* die Engel zu ihm!« Also wie der Engel in der Weihnachtsgeschichte, von dem es heißt: »Und der Engel des Herrn trat zu ihnen.« Gottes Engel kommen zu Fuß! Das heißt: Sie schweben nicht aus himmlischen Sphären und in unirdischem Strahlenkleid durch die Lüfte daher, sondern sie treten uns genau wie der Gottessohn in der Menschengestalt des Zimmermanns Jesus von Nazareth in höchst erdhafter Weise gegenüber.

Am meisten und immer neu begegnen sie uns in dem Wort der Botschaft Gottes. Denn Boten haben eine Botschaft auszurichten. Das griechische Wort angelos, eingedeutscht: Engel, heißt nämlich übersetzt einfach: Bote. Gottes Engel dienen uns mit der Botschaft Gottes in jeglicher Gestalt. So gewiß der Prediger auf der Kanzel, der Leiter einer Bibelstunde oder ein bekannter Evangelist kein

Engel ist, so gewiß dienen uns Gottes Boten doch zuerst und bis aufs Sterbebett mit Gottes Botschaft, mit seinem Wort in mancherlei Gestalt, in der Predigt, im Bibelseminar, mit Brot und Wein am Tisch des Herrn. Immer ist es das Wort ihres, unseres Herrn, das sie aus dem Brunnen der Ewigkeit bringen und uns als Brot des Lebens und zum Weitergeben darreichen.

Gottes Engel kommen zu Fuß. Manchmal ganz wörtlich, wenn da ein Mensch, ein gewöhnlicher Mensch wie Sie und ich, uns aufsucht und wir denken oder auch sagen: Du kommst mir wie gerufen, ich brauche dich jetzt so nötig! Natürlich ist das dann der Herr Maier oder die Tante Berta, aber daß Gott uns diesen Menschen gerade jetzt schickt, uns zu helfen, uns zu dienen, das ist's eben. Oder erwarten wir ein Glitzerwesen in der Luft, so eine Art himmlischen Supermann in Schwebehaltung mit Beleuchtung oder ähnliches? »Siehe, da traten die Engel zu ihm und dienten ihm.« Gottes Engel kommen zu Fuß. Aber sie kommen und sie bedeuten: Gott läßt mich nicht allein.

Manchmal, sehr selten einmal, weht um das Kommen seiner Engel etwas vom Geheimnis der anderen Welt. Es ist gut, daß das so selten ist. Vorgestern ließ ich es mir noch von der achtzigjährigen Witwe des Papuamissionars so sorgsam wie möglich erzählen, wie das damals war, als ihr hinterbracht wurde, daß die Eingeborenen während der Abwesenheit ihres Mannes die dürftige Missionshütte überfallen wollten. An diesem Tag der Todesangst hätte im Losungsbüchlein das Wort aus 2. Könige 6, Vers 16 gestanden, die Antwort Elisas an seinen, wegen der Größe des feindlichen Syrerheeres völlig verzagten Diener: »Fürchte dich nicht! denn derer sind mehr, die bei uns sind, als derer, die bei ihnen sind!« Am Abend hätte sie wohl eine halbe Stunde lang an den Kinderbetten kniend immer nur den einen Satz beten können: Herr, eine Mauer um uns bau!

Dann seien die Papuas mit ihren Speeren gekommen. Man hätte ihre Schatten deutlich in der Nacht gesehen. Warum hielten sie bloß immer wieder an? Warum zogen sie schließlich wieder ganz ab? Erst lange Zeit darnach sagte man ihr: »Wir konnten nicht, wir kamen nicht dagegen an.« Wogegen? »Da traten die Engel um sie und dienten ihr.« Sie mögen darüber so denken, wie es Ihnen Ihr Glaube sagt. Ich glaube, daß uns dort, wo Gott vorgeht, auch seine Engel dienen.

Hier im Evangelium dienen sie Jesus am Ende der vierzig Tage, nach dem Sieg über den Satan. Wir haben davon die vierzig Tage vor Ostern, die Passionszeit, übernommen, in der wir jetzt wieder stehen. Am Ende dieser anderen vierzig Tage, also der Passionszeit, kamen die Engel Gottes dann noch einmal zu Jesus, nämlich in Gethsemane. »Es erschien ihm aber ein Engel vom Himmel und stärkte ihn« – also vor dem Sieg. Vor dem Sieg von Golgatha, wo der Satan für immer verlor. Wo er mich und Sie verlor, wo er uns an Jesus abgeben mußte. Denn Jesus ist Sieger. Und bis es für uns vollends soweit ist, umgeben uns seine Engel. Amen.

# Christsein heißt: sein, was man ist

8. Sonntag nach dem Dreieinigkeitsfest     5. August 1979

*Matthäus 5, 13–16*
»Ihr seid das Salz der Erde. Wenn nun das Salz kraftlos wird, womit soll man's salzen? Es ist zu nichts hinfort nütze, denn daß man es hinausschütte und lasse es die Leute zertreten.
Ihr seid das Licht der Welt. Es kann die Stadt, die auf einem Berge liegt, nicht verborgen sein. Man zündet auch nicht ein Licht an und setzt es unter einen Scheffel, sondern auf einen Leuchter; so leuchtet es allen, die im Hause sind. So soll euer Licht leuchten vor den Leuten, daß sie eure guten Werke sehen und euren Vater im Himmel preisen.«

Haben Sie schon einmal eine Hausfrau gesehen, die Salz weggeworfen hat, weil es kraftlos geworden ist, »dumm« geworden, wie es in Luthers Übersetzung richtiger und ungleich anschaulicher geheißen hatte? Weggeworfen, weil es seine Salzkraft verloren hatte? Ich nicht – und Sie bestimmt auch nicht. Denn physikalisch ist das ganz unmöglich; Salz bleibt Salz und es verliert seine mineralische Eigenschaft nie, auch nicht durch noch so lange Lagerung und wenn's noch so pappig wird.
Darum versteht man Jesu Bildwort: »Ihr seid das Salz der Erde« wohl auch nicht richtig, wenn man an Speisesalz denkt, so naheliegend das auch sein könnte. Jesus hat offensichtlich etwas anderes im Auge, nämlich die alte Methode der Beduinen dort am Toten Meer und am unteren Jordan, wenn sie die Heizkraft ihres Lagerfeuers verstärken wollten. Die Flamme brannte bei dem einzigen Heizmaterial, das sie hatten, nämlich getrocknetem Kamelmist, reichlich schwach. Deshalb bauten sie gerne ein paar von den in Massen herumliegenden Salzplatten über das Feuer und erzielten dadurch eine stärkere Flamme, obwohl das

Salz selbst keinen Heizwert hat. Dennoch ist das ein bewährtes Verfahren bis heute.

Im Laufe der Zeit zersetzen aber Ammoniakgase und andere Chemikalien aus dem brennenden Kamelmist die Platten, die dann ihre Kraft als Katalysator – so nennt das der Chemiker – allmählich einbüßen. Man wirft sie weg; die Füße der Touristen treten dort am Toten Meer ohnehin unentwegt auf knirschenden Salzablagerungen herum. »Es ist zu nichts hinfort nütze, denn daß man es lasse die Leute zertreten.«

»Ihr seid das Salz der Erde«, also dieses merkwürdige Salz, das weder Heizmaterial ist noch das Feuer chemisch verändert. Und trotzdem wirkt es. Man merkt es einfach, daß solche Salzplatten, nun also ohne Bild gesprochen: daß die Leute Jesu, daß Christen irgendwo dazwischen sind, in einer Familie, in einer Schulklasse, an einer Arbeitsstelle, in einem Verein, in einem Altenheim. An sich ist der Verein ein Verein wie andere auch und der Betrieb ein Betrieb wie andere auch; aber man merkt es doch, daß da welche drunter sind, und wenn's bloß wenige sind oder bloß einer.

Darum sagt es Jesus seinen Leuten, seinen Christen auf den Kopf zu: Ihr seid das Salz der Erde; das ist einfach so. Ihr fallt auf wie die Lampe im dunklen Zimmer, wie die Stadt Jerusalem hoch über dem Steilhang des Kidrontals oder wie der Hohenzollern auf dem Berg. Das ist so, dafür braucht ihr gar nicht zu sorgen.

Diese Tatsache ist die Mitte dieses so bekannten Abschnitts aus der Bergpredigt. Alles dreht sich um den einen Satz:

**Christsein heißt: sein, was man ist.**

Christsein ist nicht das Ergebnis eigener Entschlüsse und Anstrengungen, sondern es ist die Tat dessen, der uns zu Christen gemacht hat. Christsein heißt: sein, was man ist, durch Christus ist. Jesus sagt das hier im Evangelium noch etwas genauer, und dem sollten wir nachgehen.

Er sagt als erstes: *Christen fallen auf.*

Also vorab: Jesus redet hier ausdrücklich die an, die ihm nachfolgen und mit Ernst Christen sein wollen. Er spricht hier zu Menschen, die er zu Bürgern seines kommenden, ewigen Reiches gemacht hat schon in dieser Welt. Denen sagt er: »Ihr seid das Salz der Erde«, ich habe euch dazu gemacht. Ihr müßt keine Pläne machen, wie ihr als Lichter in der Welt leuchten könntet, sondern ihr seht ja, daß die andern es überall sofort heraushaben, daß ihr es mit mir, mit Jesus habt. Ihr »scheinet als Lichter in der Welt, mitten unter einem verderbten und verkehrten Geschlecht«, wie es vorhin in der Altarlesung geheißen hat. Man merkt es euch irgendwie an, man sieht es euch an der christlichen Nasenspitze an. »Es kann die Stadt, die auf einem Berge liegt, nicht verborgen sein«, man sieht den Hohenzollern einfach oder vom Hohenloher Land aus die Bergstadt Waldenburg mit ihren Türmen. Christen fallen auf. Das ist so. Christsein heißt: sein, was man ist.

»Ihr seid das Licht der Welt.« Ist das nicht zu hoch gegriffen? Gott ist Licht, und Jesus sagt von sich: »Ich bin das Licht der Welt.« Aber wir doch nicht, ich nicht und Sie auch nicht. Das ist nun doch wohl so wie mit der Sonne und dem Mond oder den Planeten. Die leuchten zwar, aber nur vom Glanz des großen Lichtes der Sonne. Christen leuchten tatsächlich – »im Abglanz deiner Gnaden«, wie's im Gesangbuch heißt. Oder hier im Text: »Also soll euer Licht leuchten vor den Leuten, daß sie eure guten Werke sehen und euren Vater im Himmel preisen«. Ihr braucht euer Christsein nicht krampfhaft zu verstecken; man stellt eine Lampe ja auch nicht unter eine umgestülpte Backschüssel, unter einen Scheffel. Ihr sollt als meine Jünger schon ganz von selber auffallen.

Selbstverständlich dadurch, daß ihr als meine Jünger anders seid als andere Leute. Das hat nichts damit zu tun, daß man etwas Besseres sein will oder mit einer betonten äußeren Heiligkeit des Wandels. Das alles trifft die Sache nicht, auch wenn da leider oder Gott sei Dank etwas daran sein kann. Anders sind Christen deshalb, weil sie der Welt etwas anderes zu bringen haben als das, was die Welt gibt: den anderen Frieden, den, der von oben und dann von innen kommt; die andere Versöhnung, nämlich die Versöhnung des Sünders mit Gott; die andere Freiheit, nämlich die Freiheit der Kinder Gottes von Schuld, Tod und Teufel. Und dazu all das, was Christus, der Herr, gebracht hat, aber anders, ganz anders, als es die Fahnenträger und die Trommler der Welt und ihren verführten Massen zu bringen versprechen. Lasset dieses euer Licht leuchten vor den Leuten!«

Darum passen sich Jesu Jünger dieser Welt nicht an, sondern sie sind das Licht im Dunkel, die Stadt auf dem Berg gegen die konturenlose Einheitslandschaft der Gleichheit aller Menschen. Christen integrieren sich nicht in diese Welt, sie gliedern sich nicht ein, sie solidarisieren sich nicht mit den Ideologien und Systemen dieser Welt, sondern Christen fallen auf. Und die Kirche übernimmt nicht die Probleme und die Geschäfte dieser Welt, sondern sie ist das Licht der Welt, der helle Strahl Gottes gegen alles Dunkel dieser armen, berstenden, in Finsternissen versinkenden Welt, in der wir leben.

Gottes Licht aber leuchtet dort, wo sein Wort auf dem Leuchter steht. Christen sagen das Wort ihres Herrn als gültige Aussage weiter und sonst gar nichts. Die Kirche hat nur das Wort ihres Gottes, das Wort der Heiligen Schrift zum Maßstab und zur Richtschnur aller Dinge. Die Bibel, das Wort Gottes, steht über allem, was in der Welt Geltung hat, steht über noch so modernen Ordnungen und Gesetzen, notfalls auch über dem Grundgesetz unseres Staates, dessen Bürger wir gewiß auch sind. Aber auf dem Leuchter steht nur das Wort dessen, der das Licht der Welt ist.

Christen können selbst schuldig daran werden, wenn dieses Licht verdunkelt wird, so wie einst im Krieg, als man jede Nacht alle Lichter gegen Fliegersicht verdunkeln mußte. Absichtlich verdunkeln, das meint das Bild vom Leuchter unter dem Scheffel. Nur dort kann Jesu Licht verdunkelt werden, wo seine Jünger es absichtlich abdunkeln, verstecken, zum Beispiel unter falsch verstandener Toleranz oder unter rein sozialen Tätigkeiten, und wo sie es gegen Gottes Wort zu einer Privatsache machen, die niemanden etwas angehe.

Im Gegenteil! »Ihr seid das Licht der Welt.« Sein Licht

ist eine öffentliche und ganz und gar keine private Sache. Jesus sagt: »Wer mich bekennet vor den Menschen, den will ich auch bekennen vor meinem himmlischen Vater ... Und was ihr hört in das Ohr – also im stillen Kämmerlein, im Gespräch Gottes mit einer Menschenseele –, das predigt auf den Dächern!« Nur wo wir dieses Licht verdekken, diesen Herrn verleugnen, kann das ewige Licht aufgehalten werden.

Schweigende oder in den Marsch der Welt einschwenkende oder sich mit ihrem Innenleben begnügende Christen wirft Gott weg – wie die nutzlosen Salzplatten der Beduinenfeuer. Sie sind »zu nichts hinfort nütze, denn daß man sie hinausschütte«. Christsein aber heißt sein, was man ist. Christen fallen auf.

Wir brauchen die beiden anderen Aussagen, in denen Jesus verdeutlicht, was Jüngersein im einzelnen bedeutet, nur noch in wenigen Strichen anzudeuten. Der zweite Satz heißt:

*Christen zählen wenig*

Christen sind in dieser Welt immer eine kleine Minderheit, und die Kirche kann zwar gewiß als sogenannte Volkskirche für ein ganzes Volk da sein, aber sie wird nie Kirche des Volkes, des ganzen Volkes. Sie bleibt immer die vergleichsweise kleine Lampe im Verhältnis zu dem großen Zimmer, immer die Stadt auf dem Berge, die doch nur ein Punkt ist in der weiten Landschaft, nur eine schmale Salzplatte auf dem großen, glostenden Haufen von getrocknetem Kamelmist.

Aber so gewiß Christen der Zahl nach wenige sind, so nutzlos ist eine große nächtliche Halle ohne Lampen, so orientierungslos irrt man durch die Wüste Juda, wenn man nicht endlich »seine Augen aufheben kann zu den Bergen, von welchen mir Hilfe kommt«, zu der im Vergleich zur großen Wüste doch kleinen, aber den Pilgern von Ferne her grüßenden, hochgebauten Stadt Jerusalem. In der zahlenmäßigen Minderheit bleiben Christen immer. Aber man braucht sie: das Salz, das Licht, den wegweisenden Turm auf dem Berg – die Christen in der Welt.

Es ist ein großes Wort, das der Herr seinen Jüngern

heute wie damals zuspricht: Ihr habt eine Sendung in dieser Welt – und ob ihr der Zahl nach noch so wenige seid, auch wenn ihr die unpopuläre Minderheit seid, um euretwillen sehe ich die Welt noch an, gebe ich der Welt noch Frist zur Umkehr, weil ihr mitten drin seid, als Minderheit, aber als Salz und als Licht.

Wir zucken fast zusammen bei diesen Worten unseres Herrn, und wir beugen uns im Erschrecken wegen unserer Armseligkeit und unseres Versagens. Aber es ist dennoch wahr; es ist so: »Ihr seid das Licht der Welt.«

Zum Schluß nun die dritte Aussage unter dem Thema: Christsein heißt sein, was man ist. Sie lautet:

*Christen bewirken viel*

Es ist wie bei den Salzplatten über dem Feuer. Das Feuer bleibt normales Feuer, chemisch ändert sich gar nichts. Die Welt bleibt Welt – die Welt, die nach Gottes Wort »im Argen liegt«. Das bleibt so bis zum Ende der Zeit. Es ist eine Illusion, zu meinen, man könne diese Welt verwandeln, zum Guten verändern, obgleich das heute überall behauptet und verlangt wird. Es wird nichts daraus. Auf die alten Bosheiten folgen neue, auf eine Revolution die andere, auf Blut Blut, auf Haß Haß. Die Welt wird nie besser. Sie kann nur neu werden – durch Gott, der die neue Welt bringt.

Aber merkwürdig: Es ist trotzdem eine Tatsache, daß das gleiche Feuer anders brennt, wenn die Salzplatten dazwischen sind. Es ist eben doch etwas anderes, wenn ein paar Jünger Jesu darunter sind in den Bereichen der Welt: in diesem Ort, in dieser Straße, in diesem Wohnblock, in diesem Stadtrat, in diesem Musikverein, in dieser Regierung (und in jener anderen absolut keiner!), in diesem unserem Landtag, in dieser Zeitungsredaktion, in dieser Bürgerinitiative, in Vietnam früher (und in Vietnam heute durchaus nicht), in der Regierungs- und Beratermannschaft des einen Staatsoberhaupts und in der des anderen ganz im Gegenteil, in der Handhabung des Rechts durch den zu früh verstorbenen Justizminister und überzeugten Christen Traugott Bender einerseits und durch den Ayatollah Khomeini andrerseits. Es ist nicht dasselbe in dieser

Welt, ob Christen darunter sind oder nicht. Christen bewirken viel – in dieser Welt und für sie. »Lasset euer Licht leuchten vor den Leuten, daß sie eure guten Werke sehen und euren Vater im Himmel preisen.«

Gott macht gegen allen Augenschein dennoch Weltgeschichte durch seine Jünger, durch die Gemeinde seines Sohnes. Diese Welt weiß nicht und will es nicht wissen, daß Gott ihr um seiner Kirche willen Gnadenfrist gibt, um seiner Nachfolger willen, die mitten in dieser Welt Salz und Licht sein dürfen. Daß Gott uns doch bloß vor dem Scheffel bewahre, daß wir ihn nicht über das Licht der Welt stülpen! » . . . und allein von deinem Brennen nehme unser Licht den Schein. Also wird die Welt erkennen, daß wir deine Jünger sein.« Amen.

# Ostern oder nichts

Osterfest                                             6. April 1980

*1. Korinther 15, 12–20*

»Wenn aber Christus gepredigt wird, daß er ist von den
Toten auferstanden, wie sagen denn etliche unter euch: Es
gibt keine Auferstehung der Toten? Gibt es aber keine
Auferstehung der Toten, so ist auch Christus nicht auferstanden. Ist aber Christus nicht auferstanden, so ist unsre
Predigt vergeblich, so ist auch euer Glaube vergeblich. Wir
würden aber auch erfunden als falsche Zeugen Gottes,
weil wir wider Gott gezeugt hätten, er habe Christus auferweckt, den er nicht auferweckt hätte, wenn doch die Toten nicht auferstehen. Denn wenn die Toten nicht auferstehen, so ist Christus auch nicht auferstanden. Ist Christus
aber nicht auferstanden, so ist euer Glaube nichtig, so seid
ihr noch in euren Sünden; so sind auch die, die in Christus
entschlafen sind, verloren. Hoffen wir allein in diesem Leben auf Christus, so sind wir die elendesten unter allen
Menschen.

Nun aber ist Christus auferstanden von den Toten und
der Erstling geworden unter denen, die da schlafen.«

Er hatte uns eine hervorragende Einführung in die schil-
lernde Fülle der Religionen Asiens und zugleich der modernen Ideologien gegeben, die heute um den großen Erd-
teil kämpfen, dieser kleine chinesische Pfarrer aus Hong-
kong. Sein Wissen war staunenswert. Noch erstaunlicher
aber war die Kürze des Vergleichs mit dem christlichen
Glauben – es war nur ein einziger Satz, mit dem er seinen
Vortrag schloß: »Sie alle haben keine Hoffnung; nur wir
Christen haben eine Hoffnung.«

Nämlich eine Hoffnung, die über den Tod hinausreicht.
Ohne diesen Osterglauben an die Auferweckung der Toten ist das ganze Christentum ein möglicherweise chromb-
litzender, aber leerer Wagen ohne Motor. Christlicher

Glaube steht und fällt mit Ostern, mit der Auferstehung Jesu.

**Ostern oder nichts**

– das ist die Botschaft Gottes aus 1. Korinther 15, dem großen Kapitel von der Auferstehung Christi und der Hoffnung der Christen.

In drei Hauptsätzen wird diese christliche Fundamentalwahrheit: »Ostern oder nichts« hier entfaltet. Der erste lautet:

*Mit Ostern überlebe ich mein Sterben*

»Gibt es aber keine Auferstehung der Toten, so ist auch Christus nicht auferstanden.« Wenn unsere Friedhöfe das letzte Wort sind, wenn aus dem Gefängnis des Todes keiner mehr zurückkommt, wie es die melancholische Sage von Orpheus und Eurydike erzählt, dann gibt es keinen Durchbruch in die Welt des Lebens hinüber. Eben diese Bresche aber hat Jesus Christus, der auferstandene Sohn Gottes, an Ostern geschlagen. Seit diesem Tag gibt es den Ausgang aus der Gewalt des Todes.

Vermutlich sind es die meisten, die, ähnlich wie einige Leute aus der ältesten Christengemeinde in Korinth, von der eigenen Auferstehung aus dem Tode nichts wissen wollen. »Auf meine eigene Teilnahme an einer Auferwekkung der Toten lege ich keinen Wert«, erklärte mir sogar ein junger Theologe offenherzig und echt korinthisch. »Keine Auferstehung der Toten«, daran ist der Mensch normalerweise, wenn er ehrlich ist, wesentlich mehr interessiert als am Gegenteil. Auch wenn es die wenigsten so ehrlich und so drastisch ausdrücken wie Ferdinand Lassalle, einer der Väter des modernen Freidenkertums. Auf die Frage, was aber dann sei, wenn es nun doch eine Auferstehung der Toten gäbe, antwortete er mit umwerfender Aufrichtigkeit: »Dann sind wir die Lackierten!«

Der Glaube weiß, daß die Auferstehung des Gekreuzigten der Grund ist für unsere eigene Auferweckung aus dem Tode. »Weil du vom Tod erstanden bist, werd ich im Grab nicht bleiben« heißt es im Gesangbuchlied. Mit Ostern bin ich in der Lage, mein eigenes Sterben zu überleben. Und umgekehrt: Wenn Christus nicht auferstanden, sondern im

Grab vermodert ist, dann ist auch für mich und für Sie der Friedhofshandwagen mit dem Sarg und der Moder des Grabes das Letzte. Dann sind alle unsere christlichen Bestattungsfeiern nichts als ein rituelles Trauerspiel. Wenn auch die Kirche den unheilbar Kranken, den Sterbenden und den Trauernden nichts anderes zu bringen weiß als die Aussicht auf ein vermutlich ehrendes Andenken, dann hat sie überhaupt nichts zu bringen. Wenn Gott vor der Tatsache der Verwesung und des Grabes kapitulieren müßte, vor dem dunklen Gesetz, von dem wir alle in geheimer Angst gefesselt sind, wenn in der Nacht des Todes alles beim alten bliebe, dann könnte auch der Christ nur das Haupt verhüllen.

Die klare Antwort des Glaubens lautet: Weil Jesus Christus auferstanden ist, werden auch die Toten auferstehen. Wir alle werden aus dem Tod auferweckt werden. Wir werden nicht fortleben in den Kindern oder im ehrenden Andenken anderer Leute, durchaus nicht so, wie es Bloch, einer der modernen Philosophen ohne Gott, ausdrückt, wenn er sagt, der einzige Trost angesichts des Sterbens bestehe darin, »in der Erinnerung der Mit- und Nachwelt eine Berge zu finden, eingeschreint im Herzen der Arbeiterklasse« – wobei man statt Arbeiterklasse genausogut im Herzen der Familie oder der Mitbürger oder der Vereinskameraden oder sonst etwas sagen kann.

In dieser totalen Trostlosigkeit bleiben Christen nicht stecken. Sie wissen, daß aus dem Sieg des Auferstandenen über den Tod ihre eigene Auferweckung folgt, daß sie mit Ostern ihr eigenes Sterben überleben.

Der zweite Hauptsatz heißt:

*Ohne Ostern ist der Glaube eine Null*

Oder wie es Paulus unmißverständlich ausdrückt: »Ist Christus aber nicht auferstanden, so ist auch euer Glaube vergeblich, nichtig, so seid ihr noch in euren Sünden.« Also: Ohne die Auferweckung Christi ist das Christsein eine leere Hülse, eine Null. Es ist nicht wahr, daß doch auch ohne die Sache mit der Auferstehung noch eine Menge christlicher Werte übrig bleibe. Man nennt dann zum Beispiel: die hohen Ideale der Bergpredigt und die Schönheit der Gleichnisse Jesu, die Nächstenliebe des ziemlich strapazierten barmherzigen Samariters oder die Liebe Jesu zu den Kindern und zu den kleinen Leuten, den Unterprivilegierten, wie wir heute sagen würden – ja, und die christliche Diakonie vor allem bliebe auch ohne Auferstehung noch etwas wert und überhaupt all das Soziale am Christentum.

An all dem ist gewiß etwas dran und das ist gut und recht so. Aber all dies lebt doch davon, daß es durch Jesus zum Wegweiser wird zur neuen, todfreien Welt Gottes, zum Hinweisschild auf das Eigentliche. Das Eigentliche aber ist Gottes kommende Welt, die Welt ohne Leid und Tod. Ohne die Überwindung des Todes, ohne Ostern, wären alle diese Blinkzeichen des Glaubens, alles gute Tun und alle Mitmenschlichkeit nichtig, wie Paulus sagt, wäre der Glaube eine Null – nicht ein bißchen weniger wert, sondern eine Null. Der christliche Glaube lebt ganz von seinem Ziel her.

Darum haben wir dieser Welt zu Ostern nicht einige, nicht mehr so ganz neue, Weisheiten über das Erwachen des Frühlings anzubieten, sondern wir haben ihr zu sagen, daß Christus auferstanden ist und daß es deshalb für uns die neue Welt Gottes, die Welt des Lebens gibt. Wir haben Ostern oder nichts zu predigen.

Die Osterbotschaft kann durch nichts ersetzt werden, durch kein politisches Engagement der Kirche, durch keine sozialen Maßnahmen und durch keine christliche Moral. Wo die Totenauferstehung hinfällig ist, fällt alles andere mit, jedes moralische Wohlverhalten ganz besonders. Wenn es keine Totenauferstehung gibt, dann gibt es nur noch einen ehrlichen Wahlspruch: »Lasset uns essen und trinken, lasset uns reisen und konsumieren, denn morgen sind wir tot!«

Ohne Ostern ist der Glaube eine Null, ohne Totenauferstehung ist die christliche Predigt eine Anmaßung, der Glaube ein Krampf und das christliche Leben eine Farce. Und ein um die Auferstehungsbotschaft verkürztes, ein um Ostern betrogenes Evangelium ist ein anderes Evangelium als das von Jesus Christus, eines, mit dem die christliche

Kirche nichts zu tun hat. Ohne Auferstehung ist Jesus ein am Tode gescheiterter Phantast, sind die Christen geistige Habenichtse – und Nachfolge Jesu wird dann zu einem törichten Theater solcher, die nicht alle werden. Christ wird man erst durch den Glauben an Christus, den Auferstandenen. »Ist aber Christus nicht auferstanden, so seid ihr noch in euren Sünden.« Das ist eine todernste Sache. Wenn die Auferstehung Christi nicht die Brücke über den Abgrund der Trennung von Gott, über die Sünde also, geschlagen hat, dann bleibt nur der Abgrund, die endgültige Gottesferne und das Todesurteil über mich Sünder. Heimkehr zu Gott gibt es darum nur durch den Auferstandenen.

Darum würden wir Jesus gänzlich mißverstehen, wollten wir ihn als Rezeptschreiber für praktische Lebensbewältigung ansehen. »Hoffen wir allein in diesem Leben auf Christus, so sind wir die elendesten unter allen Menschen.« Wir sind dann ganz arme Leute, wenn wir Jesus nur als Vorbild für eine anständige Lebensführung ansehen. Jesus ist viel mehr: Er ist der Sieger über den Tod. Er ist der, der uns das neue Leben bei Gott bringt.

Wobei Christus ganz gewiß in diese Welt hinein auferstanden ist. Das ist der Sinn der Augenzeugenberichte von den Begegnungen mit dem Auferstanden, auf denen die Evangelien und Paulus so beharrlich bestehen, auf jenen Augenzeugen, die als Reporter ernstgenommen und nicht als Spinner abqualifiziert werden wollen. In diese Welt hinein auferstanden, das bedeutet: Ihm ist diese Welt nicht gleichgültig, und seinen Jüngern, seiner Kirche darf sie es auch nicht sein. Darum dienen Jesu Nachfolger, so gut sie können, auch dem Frieden unter den Menschen, sie helfen Notleidenden und Entrechteten, sie opfern für Hungernde. Alle Diakonie der Kirche hat daher ihre Triebkraft in der Auferstehung Christi. Ohne seine Auferstehung verliert alles sogenannte Tatchristentum seine Basis, seine Begründung. Mit Ostern hat der Weg, den unser Leben darstellt, erst seinen Sinn empfangen, erst ein Ziel bekommen. Wer ans Ziel gelangen will, nimmt den Weg ernst, nimmt das Leben und seine Aufgaben wichtig. Mit dem Glauben an Ostern lohnt es sich erst, das irdische Leben, seine Menschen, seine Aufgaben ernstzunehmen.

Der dritte Hauptsatz heißt:

*Durch Ostern ist der Tod entmachtet*

»Nun aber ist Christus auferstanden von den Toten.« Diese granitene Tatsache ist der feste Grund unseres Glaubens. Mit der Tatsache der Auferstehung Christi steht und fällt die Kirche – samt aller Nächstenliebe und aller Diakonie. Nur weil Christus wahrhaftig auferstanden ist, nur deshalb kann man sagen: Die Sache mit Jesus geht weiter. Denn durch Ostern ist der Tod entmachtet. Es gibt ihn noch, und jeder von uns muß durch das Dunkel des Todes mutterseelenallein hindurch. Aber das letzte Wort hat er nicht mehr, seit Christus »der Erstling geworden ist unter denen, die da schlafen«. Der Erstling – das will sagen: Das gab's noch nie, das ist erstmalig und einmalig. Er, der tot war, ist lebendig geworden und zieht nun als erster dem unendlichen Zug derer, die tot waren, durch die zerborstene Mauer des Todesverlieses hindurch voran ins Leben. Er ist das unerhörte Gegenstück zu jenen mittelalterlichen Bildern, die wir Totentanz nennen, und wo das Gerippe des Todes dem langen Zug derer voranfiedelt, die lebendig waren, nun aber tot sind. Christus eröffnet den unfaßlichen Gegenzug zum Totentanz einer vergehenden Welt, den Zug derer, die tot waren, nun aber lebendig sind. Der Herr ist wahrhaftig auferstanden!

Was haben die Menschen nicht alles versucht, um den König Tod zu überspielen! Mit Lebensverlängerungsrezepten, mit Meditationsübungen, mit spiritistischen Experimenten, besonders aber mit Reden davon, daß irdischer Einsatz für bessere Verhältnisse und für eine bessere Menschlichkeit doch schon so etwas sei wie die Hereinnahme der Zukunft in die eigene Gegenwart. Als ob Gottes Zukunft in der Gegenwart stattfände! Seine Zukunft kommt, kommt dann, wenn seine neue Welt anbricht!

Alles Jetzt und Heute ist kein Trost für die, die im Schatten des Todes stehen, die auf der Intensivstation die Todesangst unter dem Tropf und an Instrumenten erfahren, die von ihrem Krebs wissen oder die um den noch offenen Sarg stehen. Wer die Zukunft ins Heute verlegen will, für den bleibt das Leben eine verzuckende Episode.

Weil aber durch Ostern der Tod entmachtet ist, wissen die Leute Jesu, daß Gottes Wege mit ihnen auch dort nicht am Ende sind, wo sie am Ende sind: im Leid, in der Krankenstube, im zerbeulten Blechgewirr auf der Autobahn, in der letzten Angst. Gottes Wege gehen weiter, wo bei uns alles zu Ende ist. Denn das Ja Gottes zum Menschen ist zugleich das Nein Gottes zum Tode, – weil Jesus auferstanden ist.

Darum hat Ostern die Welt verändert. Alle Weltveränderungsprogramme der Ideologien aller Jahrhunderte vermögen daran nichts zu ändern, daß diese Welt eine Welt des Todes bleibt. Christus aber hat die Welt verändert, er ganz allein. Er hat die Tür zur Welt des neuen Lebens aufgestoßen. Ohne ihn wäre für uns alle der Tod das Letzte. »Nun aber ist Christus auferstanden!« Nun aber gibt es das neue Leben. »Gelobt sei Gott im höchsten Thron!« Amen.

# Gott ist nicht am Ende,
# Gott ist Anfang und Ende

Himmelfahrtsfest                                    16. Mai 1980

*Apostelgeschichte 1, 1–11*
»Den ersten Bericht habe ich gegeben, lieber Theophilus, von all dem, was Jesus anfing zu tun und zu lehren bis
an den Tag, da er aufgenommen ward, nachdem er den
Aposteln, welche er hatte erwählt, durch den Heiligen
Geist Weisung gegeben hatte. Ihnen hat er sich auch als
der Lebendige erzeigt nach seinem Leiden in mancherlei
Erweisungen, und ließ sich sehen unter ihnen vierzig Tage
lang und redete mit ihnen vom Reich Gottes. Und als er sie
versammelt hatte, befahl er ihnen, daß sie nicht von Jerusalem wichen, sondern warteten auf die Verheißung des Vaters, welche ihr, so sprach er, gehört habt von mir; denn
Johannes hat mit Wasser getauft, ihr aber sollt mit dem
Heiligen Geist getauft werden nicht lange nach diesen Tagen.
Die aber zusammengekommen waren, fragten ihn und
sprachen: Herr, wirst du in dieser Zeit wieder aufrichten
das Reich für Israel? Er sprach aber zu ihnen: Es gebührt
euch nicht, zu wissen Zeit oder Stunde, welche der Vater
in seiner Macht bestimmt hat; ihr werdet aber die Kraft
des Heiligen Geistes empfangen, welcher auf euch kommen wird, und werdet meine Zeugen sein zu Jerusalem
und in ganz Judäa und Samarien und bis an das Ende der
Erde.
Und da er solches gesagt, ward er aufgehoben zusehends, und eine Wolke nahm ihn auf vor ihren Augen weg.
Und als sie ihm nachsahen, wie er gen Himmel fuhr, siehe,
da standen bei ihnen zwei Männer in weißen Kleidern,
welche auch sagten: Ihr Männer von Galiläa, was stehet
ihr und sehet gen Himmel? Dieser Jesus, welcher von euch
ist aufgenommen gen Himmel, wird so kommen, wie ihr
ihn habt gen Himmel fahren sehen.«

Und das ist wahr. Die Himmelfahrt des Herrn hat stattgefunden, genauso wie die Kreuzigung und die Auferstehung stattgefunden haben. Nur: Über das, was sich am Tag der Himmelfahrt zugetragen hat, soll man nicht mehr sagen wollen als das, was in der Bibel steht. Maler und Erzähler haben das leider oft versucht, und das ist nicht gut.

Was in der Bibel steht, ist einfach und klar: Daß der auferstandene Herr sich in jener unvergleichbaren Freudenzeit der heiligen vierzig Tage nach Ostern unter seinen Jüngern gezeigt hat und »redete mit ihnen vom Reich Gottes« und daß eine dieser Begegnungen dann die letzte war. Die Jünger waren alle versammelt, als ihr Herr diese Erde endgültig verließ, und sie wußten aus den letzten Erdenworten ihres Herrn, daß er wiederkommen würde zum Weltgericht. Das steht so in der Bibel.

Dies aber ist so groß, so herrlich, daß es nicht von ungefähr ist, wenn die Himmelfahrtslieder unseres Gesangbuchs zu den großartigsten Lobgesängen der Kirche zählen, die wir überhaupt haben. Diese großen Hymnen feiern und preisen alle dieselbe große Wahrheit, unter der dieser Bibelabschnitt aus Apostelgeschichte 1 steht:

**Gott ist nicht am Ende, Gott ist Anfang und Ende.**

Die drei gut erkennbaren Phasen dieser Botschaft von der Himmelfahrt Christi können dabei jedesmal mit einem Hauptwort überschrieben werden.

Das erste dieser Worte heißt: *Gründung.*

Im Bericht des Lukas, der seine Apostelgeschichte einem Freund namens Theophilus gewidmet hat, geht es in der ersten Phase um jene vom Osterglanz umleuchteten Begegnungen der Jünger mit dem auferstandenen Herrn, bei denen er mit ihnen vom kommenden Reich Gottes und von der bevorstehenden Gründung der Kirche durch Gottes Heiligen Geist geredet hatte. »Denn, so sprach er, Johannes hat mit Wasser getauft, ihr aber sollt mit dem Heiligen Geist getauft werden nicht lange nach diesen Tagen.«

Also ist die Himmelfahrt Christi nicht das Ende seiner Sache, sondern sie markiert den neuen Anfang. Gott ist nie am Ende, bei Gott geht es weiter, Gott ist Anfang und Ende, so lange, bis am Ende aller Zeiten dieser Welt erst recht und in Wahrheit der endgültige Anfang gesetzt werden wird, der Anfang von Gottes neuer, ewiger Welt. Himmelfahrt sagt: Christus wartet am Ende aller unsrer Wege und am Ende der Welt auf uns, er ist das Ziel aller Dinge. Das ist eine so großartige Sache, so voller Freude und Trost, daß schon hier im Vorfeld, bei der Himmelfahrt, alles ein einziger, jetzt noch verhaltener Jubel ist über Jesu Christi »höchst verklärte Majestät«.

Der neue Anfang aber, der hier schon für diese vergehende Welt gesetzt wird, ist das Wort des Herrn von der Gründung der Kirche, wie sie »nicht lange nach diesen Tagen«, nämlich zehn Tage später an Pfingsten, zur Tatsache wurde. Zu jener Tatsache, daß es in der Zwischenzeit, also in der Zeit zwischen der Himmelfahrt und der Wiederkehr Christi, seine Kirche geben wird, die Gemeinde derer, die auch quer durch alle Wirrnisse dieser Welt, ihrer Machthaber und ihrer Macher – und auch quer durch alle Armseligkeit und Mißlichkeit dieser irdischen Kirche hindurch mit dem Auge des Glaubens sieht und erkennt, daß ihr Herr schon jetzt »sitzt zur Rechten Gottes, des allmächtigen Vaters«, und daß er, niemand als er, allem gegenteiligen Augenschein zum Trotz das Sagen hat im Himmel und auf Erden.

Darum fängt auch die Apostelgeschichte nicht mit den Aposteln an, sondern mit dem Herrn. Er ist es, der die Gründung der Kirche will und der sie proklamiert. Die Gründung der Kirche fußt nicht auf einem menschlichen Gründungsbeschluß, zum Beispiel auf einem mitreißenden Appell des Petrus an seine Mitapostel: Ihr Männer, wir dürfen jetzt doch nicht schlappmachen! Reißt euch zusammen, wir müssen jetzt das Christentum gründen! – sondern sie fußt auf dem Gründungswort ihres Herrn am Ende jener glanzerfüllten vierzig Tage nach Ostern am Tage der Himmelfahrt. Und dieser Herr ist seiner Gemeinde auch heute gegenwärtig nahe: in der Botschaft seines Wortes, in seinen in der Taufe uns aufgelegten Händen, in seiner Gegenwart im Heiligen Abendmahl, in der Gemeinschaft seiner Kinder. Unser Herr ist nie am Ende, er ist selbst immer Anfang und Ende, und er ist alle Tage bei uns. »Sollt ich nicht zu Fuß dir fallen und mein Herz vor Freude wallen, wenn mein Glaubensaug betracht' deine Glorie, deine Macht?«

Das zweite Hauptwort heißt: *Sendung*

Es steht über der zweiten Phase dieses Berichtes, also über der Frage der Jünger nach dem Wann des kommenden Reiches. Die Antwort Jesu ist das letzte Wort, das er auf Erden gesprochen hat, und dieses letzte Wort des Herrn ist der Befehl zur Weltmission. Mit diesem Auftrag rückt Jesus die alte, immer neue Frage der Jünger, der Kirche zurecht und weist sie in die ganz andere, allein rechte Richtung. Es war die Frage: »Herr, wirst du in dieser Zeit wieder aufrichten das Reich für Israel?«

Die Antwort des Herrn ist gleichzeitig eine Zurückweisung und eine Anweisung. Eine Zurückweisung, indem er allen sektiererhaften Berechnungsversuchen über seine Wiederkunft entgegentritt und sagt: »Es gebührt euch nicht, zu wissen Tag oder Stunde, welche der Vater in seiner Macht bestimmt hat.« Die Fristen und Termine stehen in Gottes Macht, nicht in der Hand des Menschen. Wir können die Uhr Gottes nie beschleunigen oder anhalten. Schon in den oft nicht leicht zu ertragenden Zeiten des Wartens und Ausharrens im eigenen Leben müssen wir lebenslang neu lernen, die Majestät Gottes zu ehren. Wieviel mehr gilt das für die Stundenschläge im Erdentag der Kirche und am meisten für den Zwölfuhrschlag der Weltzeit!

Und eine Anweisung bekommen die Jünger auch, und über die Reihenfolge läßt Gottes Wort gerade hier keinen Zweifel: Vor der Vollendung kommt die Sendung. »Ihr werdet meine Zeugen sein in Jerusalem und in ganz Judäa und Samarien und bis an das Ende der Erde.« Gott ist nicht am Ende, auch nicht mit dieser Welt. Gott ist Anfang und Ende. Darum sendet Christus seine Jünger, seine Gemeinde in die Welt – ganz gewiß nicht, um die Kirche in diese Welt einzugliedern und sie zu einem Stück dieser Welt zu machen – diese Verirrung widerfahre uns nur ja nicht –, aber um dieser Welt die Botschaft von der einzigen Rettung zu verkündigen, die bis über den Tod hinaus gilt; um Menschen herauszurufen aus den Massen der marschierenden Bataillone des Todes und hinein in die Gemeinde des lebendigen Herrn.

Himmelfahrt, das ist die Proklamation der Sendung der Kirche durch den Herrn der Kirche. Die Zukunft ist Gott vorbehalten. Über sie zu befinden ist nicht Sache der Jünger, der Kirche. Die Sache der Gemeinde ist die Sendung der Kirche »bis an das Ende der Erde«.

Wir sagen das nicht so forsch-christlich dahin. Denn diese Sendung ist eine harte Sache, nicht nur in unseren entchristlichten Städten bis hinein in unsere eigenen Familien, sondern auch »bis an das Ende der Erde«, also in der Ausbreitung des Evangeliums in allen Erdteilen. Auf die erdrückende Vielfalt aller Probleme der Mission können wir jetzt nicht eingehen, zumal sie sowohl aus dem verhärteten Widerstand einer heidnischen als auch aus einer zum totalen Angriff übergegangenen islamischen oder auch einer entschlossen atheistischen Welt der Massenbewegungen unsrer Welt erwachsen und nicht zuletzt *auch* aus geistlicher Verwirrung in der christlichen Kirche selbst.

Aber wir können und müssen dennoch ganz klar daran festhalten, daß die Mission auch dann bleibender Auftrag der Christen ist, wenn wir am eigenen Leib erfahren, wie recht der Herr hat, wenn er sagt: »Ich sende euch wie Schafe mitten unter die Wölfe.« Das ist auch heute der Auftrag zur Mission vor und innerhalb der eigenen Wohnungstür, am eigenen Arbeitsplatz, im eigenen Kollegen- und Freundeskreis – und gewiß auch der zur Mission auf den Kanzeln und auf fernen Missionsstationen in anderen Ländern – *und* ebenso unter den Moslems in der eigenen Stadt, in der eigenen Nachbarschaft!

Himmelfahrt ist Sendung. Der Herr will von seinen Nachfolgern, von seiner Kirche nicht untätiges Warten auf seine Wiederkunft, sondern tätiges Zeugnis aller seiner Missionare. Er will von Ihnen, von mir, von jedem Christen, daß wir seine Zeugen seien.

Zeugen sind nicht Kolporteure von Binsenwahrheiten, bei denen es um Menschenfreundlichkeit geht und daß man sich nett und sozial gegenüber anderen Leuten verhalten soll, sondern es geht um Menschen, die Zeugen von

Christi Auferstehung und Zeugen des Glaubens sind, daß dieses Leben samt dem Tod keine Endstation ist. Es geht darum, daß bezeugt wird, daß der das letzte Wort hat, der wiederkommt vom Himmel, um die neue, todfreie Welt zu bringen, und daß er jetzt schon für die, die an ihn glauben, Trost und Freude und Frieden mitten in allem Unfrieden dieser immer schneller ihrem Ende entgegentorkelnden Welt bedeutet, daß er die Nähe Gottes mitten in alle Gottverlassenheit hineinbringt. Das muß der Welt gesagt werden, das ist die Sendung der Gemeinde des zum Himmel aufgefahrenen Herrn.

Gott ist nicht am Ende, Gott ist Anfang und Ende, – dies bekundet noch ein drittes Hauptwort. Es heißt: *Vollendung.*

Es steht über der letzten Phase, über jenem nur aus Andeutungen bestehenden, ganz knappen Bericht von der Auffahrt Jesu in den Himmel. »Und als er dies sagte, ward er aufgehoben zusehends.« Nur daß das »zusehends« darin bestand, daß im selben Augenblick, als man zusehen wollte, alles schon zerfloß. Es war also gerade nichts zu sehen, »denn eine Wolke nahm ihn auf vor ihren Augen weg«, wie es hier heißt.

Also genau wie bei der Auferstehung: *Wie* es nun eigentlich zuging, hat niemand gesehen, weil man Gott zwar auf die Hände schauen, aber nicht auf die Finger sehen kann. Es gibt sehr wohl den Bericht der Zeugen über die Himmelfahrt, aber es gibt keine Bildreportage darüber.

Umso klarer ist aber, *was* der kurze Bericht von der Himmelfahrt uns sagen will. Er will erstens dies sagen: Hier ist etwas geschehen, was verläßliche Männer erlebt haben. Zweitens dies: Die Sache mit der Wolke bedeutet, daß den eigentlichen Vorgang niemand beschreiben kann und daß darum niemand darum herumkommt, die Frage: Wo ist der Herr nun? aus eigener Glaubensüberzeugung selbst beantworten zu müssen. Und drittens dies: Jesus löst sich nicht in nichts auf, sondern er sitzt jetzt zur Rechten des Vaters, das will sagen: Er hat die Weltregierung bereits angetreten. Und ob auch für das Auge des Menschen die Welt von Machthabern, Diktatoren, Ayatollahs, Volksaufwieglern und Chefideologen regiert wird, das Auge des Glaubens sieht es dennoch anders, der Glaube weiß, bekennt und singt: »Jesus Christus herrscht als König, alles wird ihm untertänig, alles legt ihm Gott zu Fuß.«

Diese Vollendung des Rettungsplanes Gottes ist der letzte Sinn der Himmelfahrt. Vollendung, das besagt: Jesus Christus hat die Macht. Auch wenn die Mächte der Welt übermächtig zu werden scheinen, die sowjetische Waffenrüstung und die marschierende kommunistische Weltrevolution, der Rassenhaß und der Klassenhaß, die Geldgier und der Hunger, Gott wird dennoch durch alle diese Todeswehen einer vergehenden Welt hindurch »sein herrlich Werk vollenden«. »Denn dieser Jesus wird wiederkommen, wie ihr ihn gesehen habt gen Himmel fahren.«

Am Tag der Himmelfahrt Christi ertönte der Gong Gottes zur letzten Runde. Seitdem ist Gottes letzte, lange Runde mit dieser Welt im Gang, Gottes Endzeit. Das ist's auch, was diese beiden seltsamen Boten Gottes sagen, die da zum Schluß plötzlich zu den Jüngern treten (merke wohl: Auch hier kommen Gottes Engel zu Fuß!) und die sie zurückgeleiten aus der unsagbaren Gottesstunde auf dem Berg in die Niederung des Alltags: Nun aber ans Werk! Träumt jetzt nicht der großen Vergangenheit nach! Denn wer den großen Stunden Gottes nachstarrt, der hat leicht das Nachsehen. Macht euch ans Werk und sagt es jetzt allen weiter, daß Jesus Christus der Herr der Welt ist und daß er im Kommen ist! Versucht nicht auszurechnen, wann seine Wiederkunft sein könnte! Die Kraft des Glaubens kommt nicht aus dem Berechenbaren, sondern der Glaube lebt aus dem Unberechenbaren der gewaltigen Hand Gottes. Er bringt die Vollendung.

Glauben Sie es: Jesus ist nicht am Ende, nie. Er ist immer der Anfang, und er ist *das* Ende, das aus dem Tor der Ewigkeit als das ewige Licht flutet. Wer Jesus kennt, und wen Jesus hat, für den geht der Himmel auf.

»Komm, du König aller Ehren, du mußt auch bei mir einkehren, ewig in mir leb und wohn als in deinem Himmelsthron!« Amen.